KB038700

교육복지의 논의:
쟁점, 과제 및 전망

Education Welfare:
Issues, Challenges and Prospects

박주호 편저

Preface 머리말

　　오늘날 세계 각국은 자본주의 경제성장 과정에서 파생된 빈곤의 문제, 사회 불평등의 문제, 사회변화에 따른 가족기능의 문제, 그로 인한 교육 문제에 대해 국가 차원에서 개입하여 복지라는 이름하에 나름의 다양한 해결책을 강구해 오고 있다. 지난 반세기 동안 우리나라는 세계사에서 그 유례를 찾아볼 수 없을 정도의 급속한 경제적·사회적 발전을 이루었다. 하지만, 이러한 성공적인 사회경제 발전은 소득 격차로 인한 사회양극화 문제를 야기하였다. 우리나라의 사회경제 발전의 핵심 견인이 바로 교육의 힘이었다는 점은 누구도 부정할 수 없지만, 불균형적 성장과 맞물려 교육이 우리 사회에서 부와 지위의 세습화를 가속시킨다는 점도 역시 부인할 수 없다. 즉, 사회경제 발전 과정에서 교육이 부와 소득의 격차를 감소시키는 방향이 아니라, 오히려 확장시키는 방향으로, 불평등을 보다 심화시키는 방향으로 작용하고 있다. 구체적으로 최근 연구 보고서는 고소득층의 대학진학률이 빈곤층의 최대 10배에 이르고 있고, 상위권 대학의 고소득층 자녀 입학 비율이 상대적으로 증가하고 있다는 사실을 보고하고 있다. 결과적으로 오늘날 우리 사회는 가구의 소득격차가 교육 격차를 야기하고, 교육격차는 궁극적으로 아동이나 학생의 사회계층 이동을 가로막아 희망의 사다리를 무너뜨리고 있는 실정이다.

이에 따라, 우리 사회에서 점점 심화되고 있는 교육격차의 해소를 위해 교육 소외계층 지원 중심 교육복지가 그동안 교육 및 사회정책 분야의 지속적인 핵심 화두였다. 특히, 지난 2003년 참여정부 이후 현재까지도 매년 교육복지 정책과 사업예산이 지속적으로 확대·증가되고 있음이 이를 입증하고 있다. 구체적으로, 정부는 초중등 및 고등교육을 막론하고 교육기회 불균형으로 인한 차별을 극복하기 위해 장학금 및 기회균등 입시전형 등 각종 지원 제도를 마련해 왔다. 아울러 정부는 다문화 및 가족 여건의 불리함, 개인의 신체적 또는 정서적 원인에 의해 발생하는 다양한 교육격차와 학교 부적응으로 인해 파생된 교육 소외자에 대한 교육복지 서비스를 제공하고 있다.

그럼에도 불구하고, 향후 우리나라가 선진 복지국가로 거듭나기 위해서는 보다 더 촘촘한 교육복지 정책이 필요하다. 구체적으로 저소득층 자녀가 성공적인 생애경로의 사다리로 올라갈 수 있도록, 학교가 적극적인 역할을 하는 기관이 되도록 복지적 맥락의 학교교육 개혁이 절실히 요망된다. 또한, 전반적으로 국가 차원에서 정부는 교육운영의 투입, 과정, 성과 면에서 최소기준의 교육복지 수준을 제시하고 그것을 구현하기 위한 지원책도 필요하다. 국가는 모든 학생, 학교 및 지역이 최소기준의 교육복지 수준에 도달하도록 교육의 전 과정에서 교육복지 서비스를 확대·제공하여야 한다. 특히, 교육복지 대상 아동의 교육 문제는 단순히 학교 및 교육당국만의 노력으로 온전히 해결될 수 없기 때문에 지역사회와 학교가 연계된 시스템 구축을 통한 교육복지 서비스 이행도 필요하다. 이를 위해 학교와 지역사회 간의 유기적인 연대, 네트워크 체제가 구축되도록 학교 조직체제의 정비 등 학교개혁이 필수적이다.

한편, 지난 2012년 대통령 선거와 지방자치단체 선거에서 정치적으로 무상급식 논쟁이 촉발된 이후, 2014년 현재까지도 교육실제에서는 물론 학문적으로도 교육복지가 선별적 지원과 보편적 지원 중 어디에 우선순위를 두어야 하는지의 문제가 핵심 쟁점이 되고 있다. 뿐만 아니라 교육과 사회복지 간의 불분명한 경계, 교육복지 개념의 미 정립, 교육복지의 이론적·철학적 토대의 미 확립, 학교현장에서 교육복지 서비스 이행 주체의 혼란, 지역사회로부터 교육복지 자원 확충 여건의 미약, 교육복지에 대한 교원의 낮은 이해도, 교육복지 전달체계의 비효율성, 그리고 종합적 차원에서의 한국형 교육복지모형 정립 등 교육복지 이론과 실제에서 다양한 쟁점이 산재해 있다.

이렇듯, 교육복지와 관련하여 이론적·실제적으로 다양한 쟁점이 존재하는 상황에서 저자는 「교육복지의 논의: 쟁점, 과제 및 전망」이라는 저술을 통해서 구체적으로 그 쟁점에 대한 실체를 밝히고, 대안을 탐색해 보고자 하였다. 보다 구체적으로 본 서 제1부에서는 교육복지의 개념적 차원의 쟁점과 우선 지원기준 논쟁을 살펴보았고, 학문으로서의 교육복지를 정착시키기 위해 교육복지의 이론적·철학적 토대를 탐색하였다. 제2부에서는 교육복지 대상에 대한 서비스를 제공해야 하는 당위성 탐색과 서비스 이행 실제를 살펴보았다. 제3부에서는 성공적 교육복지 실현을 위한 핵심 과제들을 실증적인 분석을 통해 접근하고 이에 대한 대책을 모색하였다. 마지막으로 제4부에서는 향후 선진 복지국가 발전의 근간이 되는 한국형 교육복지 모형의 창출을 위해 벤치마킹의 일환으로서 복지선진국들의 교육복지 모형의 지니고 있는 특징을 파악하여 제시하고, 미래 우리 나름의 교육복지 모형 구축 시 수반되는 핵심적인 구성요인에 대한 정책적 제언을 논의하였다.

정부(교육부) 지원의 교육복지정책연구소를 한양대학교 교육학과가 주도하여 운영해 온지 올해로 3년째를 맞이하고 있다. 본 서인 「교육복지의 논의: 쟁점, 과제 및 전망」은 지난 2년간 교육복지정책중점연구소 운영 성과 중 그 하나이다. 그동안 교육복지정책중점연구소를 운영해 오는 과정에서 많은 정책

연구과제 수행에 참여해 온 여러 교수님들과 교육부 학생복지정책과에게 본
서의 출간 자리를 빌려 감사의 인사를 올린다.

끝으로 본 서 발간을 위해 '제3장 보편적·선별적 교육복지 논쟁'을 기술
해 준 서울대학교 교육학과 정동욱 교수, '제10장 교육 취약계층 학생의 특성
이해'를 서술해 준 한양대학교 교육학과 신태섭 교수와 '제13장 복지국가 유형
에 따른 교육복지의 제도적 모형'을 작성해 준 한양대학교 교육학과 함승환 교
수에게 고맙다는 인사를 드린다. 그리고 처음부터 마지막 교정까지 촘촘한 교
정과 편집 작업을 해주신 박영사 편집부 김효선 선생님께 심심한 감사의 인사
를 드린다.

2014년 11월
교육복지정책중점연구소 소장
한양대학교 교육학과 교수 **박주호**

Contents 차 례

제1부
교육복지의 논쟁과 이론적 기초

제 1 장 Education Welfare

교육복지의 등장과 개념적 쟁점

[1.] 정부정책으로서 교육복지의 등장

교육복지가 어원적으로 한국 교육 및 교육정책 상황에 최초로 등장한 것은 1995년 문민정부에서 발표한 5·31교육개혁 비전이었다(류방란·이혜영·김미란·김성식, 2006). 당시 교육개혁 비전에서는 누구나, 언제, 어디서나 원하는 교육을 받을 수 있는 열린교육체제를 구축하여, 모든 국민이 자아실현을 극대화할 수 있는 교육복지국가(edutopia)를 만든다고 선언하고 있다(교육개혁위원회, 1996; 류방란 외, 2006). 이는 교육과 관련한 이상주의를 추구하고 있다. 실제 어떠한 모습이 교육복지국가인지는 구체적으로 제시하고 있지 않았지만,

당시 교육개혁안의 핵심은 전반적으로 단위학교의 자율성 확대와 교육의 질을 개선하며, 공·사립간 사회계층간, 지역 간에 교육형평성 제고를 내포하고 있었다.

그 이후 교육인적자원부는 '1997년 교육복지종합대책'을 발표하여 장애아, 유아, 학습부진아, 학교 중도탈락자, 해외 귀국자녀 교육지원 방안을 마련하고 추진하였다. 1997년 외환위기를 거치며, 계층간 소득불평등 심화와 사회양극화 및 빈곤의 대물림이 사회적 이슈로 등장했다. 이에 따라 빈곤의 대물림을 막고, 취약계층에 대한 생산적 복지정책으로서 교육 및 훈련 서비스를 강화하였다(류방란 외, 2006). 교육에서 기회보장과 질 높은 교육서비스를 취약계층에 제공하는 것이 복지국가 실현에 핵심으로 작용하였다.

국가 교육정책에서 교육복지가 보다 종합적이고 구체적인 모습을 드러낸 것은 참여정부 시기이다. 2004년 당시 '참여정부 교육복지 5개년 계획'이 입안되어 적극적으로 추진되었다. 국민 기초 교육수준 보장, 교육부적응 해소, 교육여건 불평등 해소, 복지친화적 교육환경 조성을 정책목표로 설정하고, 각 영역에서 본격적으로 교육기회 보장과 교육격차 해소에 주력하였으며, 교육복지투자우선지역 사업을 시작으로 차차 다양한 교육복지 사업이 전개되었다. 2006년도에는 당시 이슈로 등장한 사회양극화 대처의 일환으로 교육격차 해소를 위한 교육안전망 구축 정책 목표 및 정책 과제가 추진되었다. 참여정부 당시 추진된 교육복지 정책계획과 교육안전망 정책 과제를 정리하면 〈표 1-1〉과 같이 정리할 수 있다.

참여정부에서 적극적으로 추진된 교육복지 관련 정책은 이명박 정부에서도 지속적으로 전개되었다. 구체적으로 이명박 정부는 학력 수준 향상과 교육격차 완화, 가난 걱정 없이 다닐 수 있는 학교, 교육복지 지원체제 구축, 건강한 학생 안전한 학교, 선진화된 유아교육과 특수교육 보장, 평생 공부할 수 있는 학습환경 조성을 추진하는 등 교육복지 대책을 마련하고 교육복지 15대 핵

표 1-1	참여정부 당시 교육복지 정책과 교육안전망 정책 과제

2004 교육복지 정책 대상과 과제			
정책 목표	문 제	대상 집단	정책 과제
국민기초 교육수준 보장	기초교육 수준, 기초학력 미달	장애인, 병·허약자 저소득층 아동·학생 저학력 성인 외국인근로자 자녀 기초학력 미달자	특수교육 강화 유아교육 기회 확대 저소득층 자녀 교육비 지원 저학력 성인 교육기회 확대 외국인근로자 자녀 교육지원 기초학력 보장
교육부적응 해소	학교부적응	학업중단자 귀국학생 북한이탈 청소년	학업중단자 예방 및 대책 귀국학생 교육지원 북한이탈 청소년 대책
교육여건 불평등 해소	교육여건 불평등	도시저소득지역학생 농어촌지역학생 정보화 취약계층 모든 학생	도시저소득지역 학생을 위한 지원 농어촌지역 교육여건 개선 정보화 격차 해소 방과후 교육활동
복지친화적 교육환경 조성	교육환경의 낙후	모든 학생	밝고 즐거운 학교 만들기 학생 건강증진 안전하고 건강한 교육환경 조성

2006 교육격차 해소를 위한 교육안전망 정책 과제			
정책 목표	문 제	대상 집단	정책 과제
지역간 교육격차 해소	지역간 교육격차	도시저소득밀집지역 농산어촌	교육복지투자우선지역 지원 사업 농산어촌 1군 1우수교 평생학습도시 조성 확대 대학생 멘토링 지원
계층간 교육격차 해소	소득간 교육격차	저소득층	저소득층 유아교육비 지원 저소득층 중고생 학비 및 급식 지원 저소득층 자녀 정보화 지원 방과후 학교 활성화 정부보증 학자금 대출 국가근로장학생
소외계층 교육기회 확대	소수 교육격차	부적응 학생 저학력 성인 장기입원 아동·청소년 장애학생 새터민 자녀 다문화가정 자녀	대안교육의 활성화 저학력 성인 문해 지원 병원학교 확대 장애학생 교육지원 확대 새터민 자녀 교육지원 다문화가정 자녀 교육지원

출처: 교육인적자원부(2006. 9. 5) 보도자료에서 재구성.

심과제를 발표하였다. 이를 통해 지속적으로 적극적인 교육복지 정책과 교육복지 사업이 실시되었다. 최근 2013년 2월 출범한 박근혜 정부는 이명박 정부의 교육복지 정책을 기반으로 꿈과 끼를 키울 수 있는 학교 교육 정상화, 고른 교육기회 보장을 위한 교육비 부담 경감, 미래 인재 양성을 위한 능력중심사회 기반 구축이라는 '교육복지 3대 중점 추진과제'를 선정하고 국민행복을 위한 맞춤형 교육복지에 주력해 오고 있다. 각 정부별 교육복지의 주요 정책과 추진된 사업을 정리하면 〈표 1-2〉와 같다.

표 1-2 각 정부별 교육복지 관련 핵심 정책 및 주요 내용

정 부	정책 내용 및 주요 사업
문민정부 1993. 2~1998. 2	• 1995년 5·31교육개혁에서 교육개혁 비전으로 교육복지국가(edutopia) 제시 • 1997년 교육복지 종합대책 발표
국민의 정부 1998. 2~2003. 2	• 1999년 '교육발전 5개년 계획' • '국가 인적 자원 개발 기본 계획' 수립 　만 5세아 무상교육 실시(1999), 저소득층 자녀 학비지원 실시
참여정부 2003. 2~2008. 2	• 2004년 '참여정부 교육복지 종합계획' 수립 • 2006년 교육격차 해소를 초점으로 교육안전망 구축 지원 정책 발표 • 도시 저소득층 교육복지투자우선지역 사업 시작(2003), 방과후 학교사업(2006), 지역아동센터(2004), 희망스타트(2007, 차후 드림스타트), CYS-Net(2005), 청소년 방과후 아카데미(2005), 돌봄교실(2004에는 방과후 교실, 2009년 초등돌봄교실)
이명박 정부 2008. 2~2013. 2	• 2008~2012 이명박 정부 교육복지 대책 추진 • 교육복지우선 지원사업, 방과후 학교사업, 초등돌봄교실(2010~2011), Wee프로젝트(2008), 다문화 학생 교육지원(2009), 탈북청소년 교육지원, 창의경영학교(2009), 전원학교사업(2009), 드림스타트, 지역아동센터, 희망복지지원단(2011), CYS-Net, 청소년 방과후 아카데미
박근혜 정부 2013. 2~현재	• 교육복지 3대 중점 추진 과제(우선배려 학생 맞춤형 교육지원 강화, 소득수준간·지역간 교육격차 해소, 모두를 위한 교육기회 확대) 선정 • 국민행복을 위한 맞춤복지 주력

출처: 고전 외(2009). 교육복지지원법 제정 방안. p. 3을 수정 및 재구성.

〈표 1-2〉에서 드러나는 것처럼, 문민정부와 국민의 정부 시절에는 교육복지 실현을 위한 구체적인 집행사업은 본격적으로 전개되지 못하였다. 그 이후 교육복지 대상별 세부 정책 및 사업 시행은 참여정부에서 시작되었고, 그 후속으로 이명박 정부 및 박근혜 정부에서 사업 내용이나 초점은 다소 변화되었으나 지속되어 오고 있다.

참여정부는 교육복지 정책을 제안하고, 도시 저소득층 교육복지투자우선지역 사업, 방과후 학교사업(돌봄교실 포함), 지역아동센터, 희망스타트, CYS-Net, 청소년 방과후 아카데미 등 교육복지 관련 사업을 정책적으로 적극 실시하였다. 이명박 정부에서는 다문화 학생 교육지원, 탈북청소년 교육지원, 창의경영학교, Wee프로젝트, 농산어촌·전원학교 사업 등을 추가로 확대하였다. 참여정부가 추진한 교육복지 사업이 이명박 정부에 비해 적은 편이나 교육복지의 틀과 범위에 있어서는 이명박 정부와 큰 차이가 없고, 이명박 정부는 보다 지원의 폭을 넓히기 위해 사업 수나 재정, 대상의 범위 등 양적으로 교육복지 사업을 다소 확대하였다(고전 외, 2009). 박근혜 정부는 이명박 정부와 외형적으로는 사업 수가 동일한 것으로 보이나, 교육복지 사업을 이어 추진하면서 세부적으로는 예산과 운영 지원 방안을 확대해 나가고 있다. 최근 들어서는 정부 부처 간 및 지역 기관들의 통합지원체계를 구축하여 협력 방안을 모색하며 교육복지 사업을 전개해 나가고 있다는 점이 특징적이다.

[2. 교육복지의 개념적 쟁점

교육복지는 교육과 복지가 결합된 합성어이다. 이에 따라 학문 또는 이론 차원에서 교육현상을 대상으로 하는 교육학과 사회복지를 대상으로 하는 사회복지학 입장에서 다소 다르게 교육복지를 규정하고 접근한다. 이들 두 학문은 추구하는 가치, 원리, 접근 방법 면에서 다소 상이하기 때문에 교육복지를 정의하는데 차이가 있다. 구체적으로 교육복지의 개념을 정립하기 위한 시도는 교육과 복지 사이의 관계를 규명하는 과정 속에서 이루어졌다(한만길 외, 2000; 이혜영, 2002; 홍봉선, 2004; 김인희, 2006; 류방란 외, 2006; 성기선 외, 2009). 〈표 1-3〉은 교육과 복지 사이의 관계를 바라보는 학자들의 관점을 정리한 것이다. 학자들의 입장을 정리해 보면, 원론적으로 교육 그 자체가 바로 복지이기 때문에 교육과 복지를 동일한 개념으로 보아야 한다는 입장과, 교육은 사회복지 실현의 수단이라는 전제 하에 교육을 사회복지의 한 부분으로서 바라보는 입장, 그리고 교육을 위한 지원으로서 교육복지를 바라보는 입장 등으로 구분할 수 있다(정동욱, 2011).

표 1-3   연구자별 교육복지 개념상 교육과 복지의 관계

연구자	관계 표현
김인희 (2006)	① 교육과 복지는 동일 개념 ② 교육복지는 교육과 복지에 중첩되는 부분 ③ 교육은 사회복지의 한 하위 영역
류방란 외 (2006)	① 교육의 복지적 동기 명시화 ② 사회복지의 한 부분으로서의 교육복지 ③ 교육을 위한 지원으로서의 교육복지
홍봉선 (2004)	① 교육복지는 복지의 한 영역 ② 교육이 바로 복지
이혜영 (2002)	① 교육복지를 복지의 한 영역 ② 교육복지를 교육받고 있는 사람을 대상으로 한 사회복지 ③ 교육복지를 교육적 가치를 구현하기 위해 제반 지원 활동
성기선 외 (2009)	① 교육복지의 개념을 교육과 동일하게 보는 견해 ② 교육복지를 교육의 일환으로 간주 ③ 교육복지는 부분적으로 교육과 공유
한만길 외 (2000)	① 교육 외적인 관점에서 복지의 문제 ② 교육 내적인 관점에서 복지의 문제

출처: 정동욱 (2011)의 p. 13 〈표 II-1〉 교육과 교육복지의 관계를 재구성.

〈표 1-3〉에서 보듯이 아직까지 교육복지 개념은 학문적으로나 실제적으로 사회복지나 교육현장에서 개념적 합의가 이루어지지 못한 상태이다. 특히, 개념 정의 차원에서 통일된 합의 부재는 실제 교육현장인 학교에서 교육복지를 누가 담당하며 그 실행 주체는 누구냐의 문제를 야기하고, 교육복지 담당자가 교육복지를 무엇이라고 보고 어디까지 어느 수준까지 서비스를 공급하느냐에 있어서 혼란으로 이어지고 있다. 이는 곧 교육복지 정책이나 교육복지 사업의 효과성 확보 문제로까지 귀결된다. 이러한 맥락에서 이론적으로나 실제적으로 합의되어 통용되는 교육복지 개념 정립은 매우 중요하다.

구체적으로 최근까지 교육복지를 연구한 여러 학자들은 어떻게 서로 다르게 그 개념을 정의하고 있는지를 살펴보면, 〈표 1-4〉와 같이 개념 정의와 각 개념에 내포된 핵심요소로 정리할 수 있다. 대부분의 학자들은 교육과 복지 양자 간의 관계에서 교육복지의 개념을 정의하고 있다.

표 1-4 문헌에서 규정된 교육복지의 개념 정의와 핵심요소

학자	개념 정의	핵심요소
윤정일 (1990)	교육복지란 교육 소외, 결손집단에 대하여 교육기회를 확충함과 동시에, 정상적인 학생집단에 대하여는 잠재능력을 최대한으로 계발할 수 있는 기회를 제공하고, 나아가 모든 국민의 교육적 요구에 부응하여 평생교육 기회를 제공함으로써 모든 개인으로 하여금 교육적 욕구를 충족시키고 자아를 실현케 하며, 사회 전체가 학습하는 사회로 발전토록 하는 교육 서비스와 제도를 말한다.	• 대상: 교육 취약집단, 모든 국민 • 기능: 교육격차 해소, 개인 자아실현 • 지원: 교육활동, 각종 교육조건
이돈희 (1999)	교육은 개인의 성장 욕구의 실현이라는 내재적 가치를 추구한다는 점에서 누구에게나 보편적으로 적용되는 복지적 동기를 지니며, 이러한 복지적 동기에 의한 교육기회가 바로 '교육복지'이다.	• 대상: 전체 사회구성원 • 기능: 교육기회 제공, 사회 구성원 삶의 질 향상 • 지원: 교육활동
류방란 외 (2006)	모든 국민을 위한 교육의 질 제고를 추구하면서 취약집단의 교육적 취약성을 예방하고 극복할 수 있도록 교육의 기회를 제공하고, 교육의 과정 속에서 유의미한 학습	• 대상: 교육 취약집단, 모든 국민 • 기능: 교육 불평등 해소, 유의미한 학습경험 제공, 구성원

	경험을 제공하며, 개인의 역량을 충분히 발휘하여 교육적 성취를 얻을 수 있도록 지원함으로써 교육불평등을 해소 혹은 완화하려는 사회적인 행위를 말한다.	삶의 질 제고 • 지원: 교육활동, 각종 교육조건
김인희 (2006)	교육복지는 교육소외를 극복하여 정상적인 교육과 학습이 이루어지는 상태 또는 교육소외를 극복하기 위한 의도된 노력의 총체를 의미하며, 교육소외란 정상적인 교육의 기회를 통해 자신에게 필요한 학습경험을 갖지 못하여 자신이 지닌 잠재능력을 제대로 개발하지 못하여 정상적인 성장의 길을 걷지 못하고 그로 인하여 삶의 질이 향상되지 못하는 현상이다.	• 대상: 교육소외 대상 • 기능: 교육 소외 극복, 학습자 삶의 질 향상 • 지원: 교육활동, 각종 교육조건
정영수 (2009)	모든 국민이 자신의 잠재적 능력을 충분히 발휘할 수 있도록 기회를 부여하며, '교육적 삶의 가치와 의미'를 깨닫고, '삶의 질'을 높이며 살아갈 수 있도록 하는 것이다.	• 대상: 모든 국민 • 기능: 교육기회 제공, 삶의 질 제고 • 지원: 교육활동 등 각종 활동
홍봉선 남미애 (2009)	교육복지란 사회복지의 한 영역으로서 인간의 출발점 평등지향의 가치를 근간으로 하고 전 국민의 교육적 욕구를 충족시키기 위해 교육취약집단은 물론 모든 일반 국민을 대상으로 교육기회의 확대에서부터 교육과정, 교육결과에 이르는 전 과정에 걸쳐 불평등을 해소하고 교육여건을 개선해 주는 정책, 서비스 및 전문적 활동을 의미한다.	• 대상: 교육 취약집단, 모든 국민 • 기능: 교육기회 확대, 교육 전 과정에서 불평등 해소 • 지원: 교육여건 개선, 서비스 및 활동
안홍선 (2010)	교육복지는 적어도 한 사회에서 설정하고 있는 교육에서의 최소 기준에 모든 국민이 도달할 수 있도록 보장하고, 나아가 모든 국민이 처한 위치에도 불구하고 각자 필요한 교육을 받아 그 잠재력을 최대한 발휘할 수 있도록 하기 위한 공적 지원이다. 모든 이들을 대상으로 하는 개념이되, 그 중에서 가장 취약한 집단에 대한 집중적인 관심을 촉구하는 개념이다.	• 대상: 교육 취약집단, 모든 국민 • 기능: 교육형평성 기회 실현 • 지원: 공적 활동
한만길 외 (2000)	교육복지의 개념을 교육을 받고 있는 사람을 대상으로 한 사회복지, 즉 사회보장의 하나로 본다. 사회보장은 사회생활에서 부적절하게 나타나는 불평등을 해소하는 데에 일차적 관심이 있다. 이렇게 볼 때, 교육보장은 교육 불평등 해소에 초점이 맞추어진다.	• 대상: 교육 대상 • 기능: 교육 불평등 해소 • 지원: 교육 대상에 필요한 제반 조건
임혜숙 송노원	교육복지란 개인적, 가정적, 지역적, 사회·경제적 요인 등으로 인해 발생하는 각종 교육소외 및 교육불평등 현	• 대상: 교육소외 대상, 모든 국민 • 기능: 교육 불평등 해소, 삶의

(2010)	상들을 해소하고 전 국민이 높은 교육의 질적 수준을 누리도록 하여, 궁극적으로 국민 삶의 질 향상과 사회 통합을 기함은 물론 나아가 국가의 성장 동력을 강화하기 위해 펼치는 교육현장에서의 다양한 노력들의 총체를 의미한다.	질 향상, 사회 통합 • 지원: 교육활동 등 각종 활동
최송식 외 (2007)	교육복지라 함은 협의의 교육복지인 교육취약집단을 대상으로 최소한의 기회를 보장하는 것과 같은 서비스 중심의 접근은 물론, 모든 국민을 대상으로 초·중·고등교육까지의 의무교육 및 교육환경과 관련된 정책과 제도가 구축되고 실천되는 것이다.	• 대상: 교육 취약집단, 모든 국민 • 기능: 교육기회 보장 • 지원: 교육기회 보장을 위한 각종 활동

정동욱(2011)과 류방란 외(2006)는 다수의 학자(한만길 외, 2000; 이혜영·류방란·윤종혁·천세영, 2002; 홍봉선, 2004; 김인희, 2006; 성기선·박철희·양길석·류방란, 2009)가 교육과 복지의 관계 속에서 교육복지를 개념화 하고 있다는 점을 지적하고 있다. 구체적으로 이혜영 외(2002)와 류방란 외(2006)는 교육과 복지의 관계 맥락 관점에서 세 가지 개념 유형을 구분하고 있다. 첫째, 교육복지는 '복지'가 '교육'에 내재된 의미로서, 사회 구성원의 삶의 질 향상이라는 복지적 동기를 명시적으로 '교육' 뒤에 병렬시켜 강조한 개념이다. 둘째, 교육복지는 사회복지의 한 분야로서 교육을 통해 사회복지를 구현하는 개념이다. 이 개념은 사회복지를 실현하기 위해 어떤 교육을 제공하는 것에 초점을 두고, 사회복지의 한 영역으로 교육을 간주한다. 이에 따라, 교육이 사회복지를 위한 수단이나 방법으로 간주되고, 교육은 그 자체로 목적의 의미를 지니고 있지 못하다는 약점이 있다. 셋째, 교육복지는 교육을 받고 있는 사람을 대상으로 한 사회복지라는 개념이다. 즉, 교육을 받고 있는 사람에 대한 복지활동이 교육복지라는 것이다. 이 경우 교육복지는 교육활동이 아니라, 교육을 받고 있는 사람들에게 제반조건을 지원(예를 들어, 학교급식 지원, 학비 지원, 학습여건에 필요한 물리적 또는 심리적 지원 등)함을 의미한다. 이 개념의 경우, 교육과 교육복지 활동을 별개로 보기 때문에 교육을 받지 못한 사람에게 교육을 제공

하는 것이나, 보다 더 좋은 내용의 교육을 제공하는 것이 교육복지에 포함되지 못하는 한계가 있음이 문제로 지적되었다. 이들과 동일하게 김인희(2006)의 경우 첫째, 교육 그 자체가 바로 복지이기에 교육과 복지를 동일한 개념으로 바라보는 입장, 둘째, 사회복지적 관점에서 사회복지의 한 부분으로 사회복지적 방법을 통한 교육지원 활동을 교육복지로 바라보는 입장, 즉 교육복지는 교육의 내재적 가치를 실현하는 지원이고 교육과 다른 지원활동을 의미, 셋째, 교육은 사회복지의 수단으로서 사회복지의 한 부분으로서 교육을 바라봐야 한다는 입장으로 기존 교육복지 개념을 구분하고 있다. 이들과는 다소 다르게 정동욱(2011)은 교육복지에서 지원 내용과 범위에 따라 두개의 유형, 즉 교육격차 해소 또는 교육소외의 해소 등 상대적 격차의 해소에 중점을 둔 교육복지 개념과 교육에서 최소한 절대적 수준 보장의 교육복지 개념으로 구분하였다. 전자의 교육복지는 학생을 둘러싼 제반환경으로 인해 발생하는 교육기회의 문제와 상대적으로 나타나는 격차 및 소외의 문제를 해소하는 데 관심을 두는 데 반해, 후자의 교육복지는 최소한의 절대적 수준, 특히 교육결과에 초점을 맞추어 충분한 교육투자를 강조한다는 점에서 그 차이가 있다.

기존 학자들이 정의한 교육복지 개념에 내포된 쟁점요소에서 보듯이, 교육복지 개념을 규정하는 경우, 우선 교육복지가 추구하는 최종 목적이 교육인지 아니면 복지인지의 쟁점 규명이 요구된다. 즉, 교육복지가 교육과 동일한 개념인지, 아니면 교육에 참여하는 학생의 교육여건과 환경을 지원하는 사회복지 서비스만을 의미하는지, 또는 이들 둘 다를 포함하는지도 규명될 필요도 있다. 또한, 교육복지의 경우, 그 지원 대상이 누구인지, 대상 집단을 지원할 때 어느 정도, 어느 범위까지를 포함할 것인지도 나름의 해답을 제시해야 할 것으로 보인다. 이러한 쟁점이 교육복지 개념에서 야기되는 근원적 이유는 이론과 접근 방식이 다소 다르고, 서비스 실천 이행자가 서로 상이한 교육과 사회복지 영역이 겹쳐 있기 때문이다. 그럼에도 불구하고 교육복지는 사회복지

관심에서가 아니라, 교육의 영역에서 논의되는 것이 바람직하다는 것이 교육
학계의 일반적인 입장이다(김인희, 2006; 류방란 외, 2006; 정동욱, 2011).

교육복지를 개념적으로 규정함은 한 나라의 교육과 사회복지 여건 및 상
황 맥락을 기반으로 한다. 즉, 교육복지 개념은 그것이 추론되고, 적용되며, 설
명되는 어떤 특정의 국가 사회의 교육여건과 상황을 바탕으로 해야 한다는 점
이다. 예를 들어 현재 우리나라의 경우, 단순히 교육기회 제한에 대한 교육기
회의 확대가 교육복지의 핵심은 아니다. 즉, 경제적 차원에서 돈이 없어 초·
중등학교에 못가는 경우에 무상교육 확대, 지리적 차원에서 거리가 멀어 학교
에 못가는 경우에 도서벽지 학교설립 등 교육기회의 평등 구현을 위한 교육복
지가 작금의 상황에서 핵심 쟁점은 아니다. 교육기회가 일부 계층에만 제한되
던 과거의 경우, 양적 측면의 교육기회 확대가 교육복지의 핵심이었다. 하지
만, 일정한 수준 이상으로 교육기회가 확대된 현 상황에서 교육복지는 계층이
나 지역에 관계없이 교육조건을 일정 수준 이상으로 동등하게 갖추게 하는 등
교육결과에서까지의 적극적인 평등 구현이 핵심이다(류방란 외, 2006). 최근 상
황에서는 낮은 학습 성취의 아동이나 학생에게 특별한 교육을 지원하고 학교
부적응 학생에 대해 상응한 배려를 하는 것이 핵심적인 교육복지에 해당한다.
결과적으로 교육복지 개념 정의가 상황 맥락을 요구함은 기본적으로 빈곤과
불평등 문제를 바라보고 해결하려는 관점과 방식이 국가마다 다양하고, 그 다
양한 관점에 따라 국가마다 복지제도 및 유형이 다르다는 점과 동일하다. 아울
러, 복지 이론적 차원에서도, Esping- Andersen(1990)이 노동의 시장화에서
벗어난 탈상품화(de-comodification) 정도와 사회복지/사회정책에 의해 사회
의 계층화가 완화된 정도(사회계층화 정도)를 기반으로 계량화하여 세 가지 복
지국가 모형(자유주의 복지국가, 조합주의 복지국가, 사회민주주의 복지국가)을
분류했듯이, 교육복지 개념도 한 사회에서 교육이 그 사회의 계층 완화와 탈상
품화 정도에 따라 다양하게 규정될 수도 있다는 점이다.

교육복지에 대한 명확한 개념 정립은 교육복지를 실현하기 위한 정책이 입안 및 집행되는 과정에서 반드시 선행되어야 할 부분으로 그 필요성이 논의되어 왔다(김인희, 2006). 특히, 우리나라의 경우 헌법에서 명시한 '균등하게 교육받을 권리'의 보장이 바로 제도적 측면에서 교육의 본질임을 감안해 볼 때, 교육복지의 개념 정립은 헌법 및 교육기본법 등에 명시된 학습권을 보장하고 이를 통해 공교육 체제의 발전에 기여하기 위한 선결과제로서 그 중요성을 갖는다. 교육 실제에서 교육복지가 정책으로 출현되고 강조되기 시작한 것은 어느 정도 경제성장에 도달한 이후, 즉 선진국 클럽인 경제개발협력기구(Organization for Economic Co-operation and Development: OECD) 가입 이후이다. 이러한 시기에 국가 경제사회의 핵심가치는 성장을 넘어 분배나 형평의 문제였다. 특히, 한 나라의 복지체제가 어떤 형태이든지 그 국가의 복지가 해결하려는 문제는 자본주의와 경제성장 과정에서 야기된 빈곤과 사회적 불평등, 그리고 사회변화에 따른 가족기능 약화 문제 해소에 초점을 두고 있다(류방란 외, 2006). 이러한 관점을 교육복지에 투영해 보면, 교육복지는 모든 사람을 대상으로 하기보다는 교육에서 취약집단을 우선 대상으로 하고, 그들에 대해 교육 관련 재화와 사회적 가치의 평등 또는 배분이 중요한 관건임을 시사한다.

또 한편, 학문적으로 어떤 개념을 새롭게 정의하는 경우, 그 개념 규정이 이론적으로 또는 실제 차원에서 실익이 있어야 한다. 안병영·김인희(2009)의 경우, 새롭게 교육복지 개념을 구성하는 이유를 두 가지에서 찾고 있다. 첫째, 관련 문제들이 통합적·체계적으로 정리됨으로써 효율적 의사소통과 사고의 발전을 이룬다는 것과, 새로운 시각으로 기존의 교육문제를 대처하여 우리의 교육시스템과 정책의 발전 방향을 설정할 수 있다는 점이다. 둘째, 우리의 기존 교육이 교육복지적 차원에서 취약성, 즉 심화된 교육소외 현상을 처방하여 교육적 효율성을 구현하는 것이 필요하다는 점이다.

　결과적으로 볼 때, 교육복지 개념을 기존 교육개념과 동일하다고 규정하거나, 사회복지 개념의 일부라고 규정하는 것은 오히려 혼란만 가중할 뿐이고 구체적 실익이 미약하다. 특히, 서비스 활동 중심 맥락에서 교육복지와 사회복지는 구별될 필요가 있다. 이러한 견지에서 김용일(2012)은 교육복지는 복지 그 자체인 동시에 사회복지의 하위 개념이라 할 수 있지만, 교육 본연의 활동을 중심으로 학교를 기반으로 한 교육공간에서 영위되고 있다는 점에서 연기금, 주거, 의료, 노동 등의 부조, 급부, 또는 보장에 의한 활동인 사회복지와 구별된다는 점을 강조한다. 즉, 교육복지는 교육 그 자체나 사회복지와는 다른 개념이지만, 교육과 사회복지라는 양자의 개념적 요소를 일정 부분 포함한다. 이에 따라 본서에서는 아동 및 학생의 온전한 생애발달을 지원하는 포괄적이고 종합적인 차원에서 교육복지를 개념 정의 하고자 한다. 교육복지란 아동 및 학생의 학습에 영향을 미치는 가시적 요인(신체적·정서적 결함, 생활주거 지역의 낙후성, 가정의 경제적 빈곤 등)에 의해 발생하는 교육격차와, 보다 적극적으로 아동 및 학생의 성장 및 발달에 영향을 미치는 비가시적 요인(가정 및 학교가 지닌 사회적 자본,[1] 부모 등 양육권자의 교육에 대한 기대와 관심)의 작용으로 인해 야기된 교육격차를 완화하기 위해 정부 또는 민간에 의한 공적인 교육서비스와 교육여건 지원을 의미한다. 즉, 이 개념 정의는 교육의 기회불평등 문제 해소를 넘어, 교육기회가 주어졌음에도 불구하고 보다 적극적으로

---

[1] 사회적 자본(social capital)은 사회조직의 한 유형 내 개인들 간의 관계 속에서 존재하는 것으로서 개인들 사이의 연계, 그리고 이로부터 발생하는 사회적 네트워크, 호혜성과 신뢰의 규범을 말한다. 전현곤(2011)은 많은 선행연구가 가정 내의 관계적 사회자본, 즉 가족 간의 높은 수준의 신뢰와 기대, 교육적 관여가 학생들의 교육적 성취도에 높은 수준의 영향력을 미치고 있으며, 이러한 사회적 자본은 경제적 자본과 별개로 학생들의 교육적 성취에 영향을 미친다는 사실을 밝히고 있다는 점을 지적하였다.

교육의 과정에서 야기되는 다양한 학습여건의 장애와 불리함을 해소할 목적으로 정부 또는 민간에 의해 수행된 공적인 지원 활동이 교육복지 임을 시사한다.

우선, 이렇게 정의된 교육복지 개념에 내포된, 비가시적 요인인 사회적 자본과 교육에 대한 기대와 관심 차이를 주목할 필요가 있다. 표면상 교육기회 접근 제한, 교육 부적응, 학습여건 불평등의 문제는 단순히 학생 개인의 문제인 경우도 있지만, 사회환경적 요인과 연계된 문제인 경우가 많다. 특히, 오랜 기간에 걸쳐 가정 및 지역사회로부터 형성되고 축적된 사회적 자본의 격차는 학교교육에서 해당 학생의 유의미한 학습경험에 주요한 영향을 미친다. 미국의 경우 사회적 자본이 학교에서 학생성공과 학업성취도, 중도 탈락률, 고등교육 참여기간에 주요한 영향을 미친다는 결과가 보고되었다. 특히, Allen-Meares(2007)는 빈곤층 지역일수록 학교와 지역사회가 서로 단절되어 있거나 상호 불신 상태에 있어 지역사회가 학생을 제대로 돌보아 주지 못하고 있는 상황임을 강조하고 있다. 결과적으로 학생, 가정 및 학교가 보유한 사회적 자본은 성공적 학교교육을 위해 중요한 요인이다. 아울러, 해당 학생의 가정 및 학부모가 지닌 교육 기대와 관심 차이가 교육복지에서 중요한 요인이다. 예를 들어 소득이 낮은 가정이나, 학력이 낮은 학부모는 자녀의 교육열은 높으나, 물리적 여건이나 자신의 경력상 한계로 인해 자녀 교육에 대한 구체적인 관심이 부족하다. 자기의 자녀가 대학 가기를 바라지만, 진학 시 진로나 경력목표에 대한 지원이 부족하다.

보다 구체적으로 위에서 정의한 교육복지 개념은 세 가지 핵심요소를 포함하고 있다. 첫째, 교육복지 서비스 유형 차원에서 교육활동 지원과 교육여건 지원–원활한 교육이 실현되도록 아동 및 학생의 복지 지원(예, 학교급식 지원, 학비 지원 등) –을 포함하고 있다. 즉, 교육활동과 교육대상에 대한 사회복지 서비스 활동 모두를 포함하고 있다. 구체적으로 교육복지는 대상자의 읽기, 쓰기, 말하기 능력, 수리계산능력 부족 등 기초지식 습득과 관련된 보충학습 제공은 물론, 수업료, 급식비 부족 등 경제적 요인과 심리사회적 문제, 무단결석과 학업성적 부진 등 학교 부적응 문제와 학생의 보건의료 등 물리적 또는 심리적 지원 활동까지를 포함하고 있다. 이러한 지원 개념을 전제하는 경우, 교육복지 실천 주체는 학교교육 맥락에서 교장 및 교사뿐만 아니라, 학교사회복지 종사자(예, 지역사회전문가) 모두를 포괄한다.

둘째, 교육복지의 지원 대상과 구현하려는 목적의 경우, 신체적·정서적 결함, 경제적 빈곤 또는 열악한 사회적 자본을 지닌 아동 및 학생을 대상으로 하며, 학교교육의 참여 기회 보장과 학교교육 과정에서 그들에게 발생하는 학습장애 해소를 그 목적으로 한다. 이는 궁극적으로 교육복지가 개인적 이유로 또는 경제적으로나 사회적으로 또는 정치적 원인으로 인해 한계상황에 위치한 아동 및 학생이 전 생애에 걸쳐 교육의 사다리를 원만하게 올라갈 수 있도록 지원하고 돕는 제반 활동임을 시사한다. 특히, 교육의 사회적 기능이 각 개인으로 하여금 현시대 삶의 요구에 대처하게 할 뿐만 아니라 국가경제의 생존을 위해서도 결정적인 역할을 하게 한다는 점에서, 교육복지는 한 사회에서 교육이 제공하는 것을 원활하게 활용할 수 없는 여건에 처한 학생들에게 우선적 관심을 가져야 함을 시사한다. 예를 들어, 급속한 경제발전 과정에서 사회양극화 심화로 저소득층이나 다문화 가정의 증가는 이들 가정의 자녀에 대한 부가적 특별교육이나 교육여건 지원을 위한 요구와 기회를 발생시키고 있다. 따라서 일반 보통 가정의 아이들과 이들 취약 집단 가정의 아이들 간에 교육격차 해소를 위해 공식적인 학교교육 기간은 물론이고 학교 입학 전에 적절한 교육적 서비스 및 사회적 보살핌을 제공하는 것이 교육복지 실현이다.

셋째, 교육복지 서비스 지원 정도 또는 범위 측면에서, 교육복지는 학교교육에 참여할 기회의 적극적인 보장과 학교교육 과정에서 야기되는 유의미한 학습경험 장애를 극복하기 위한 정부 또는 민간에 의한 공적 지원 활동을 말한다. 특히, 교수학습 과정에서 유의미한 학습경험 장애 극복 지원은 학교교육에서 개별 학생의 신체적·정서적 결함, 경제적 빈곤 또는 사회적 자본격차로 인해 발생하는 학습활동의 장애를 해소함을 의미한다. 예를 들어 가정형편이 어려워 아침을 거르는 아동의 경우 조식을 무료로 제공하거나, 학습준비물을 챙기지 못한 경우, 학습준비물을 지원하여 수업 집중에서 어려움을 해소하는 활동이 포함된다. 아울러 교육복지 실현을 위한 그 지원 활동이 정부나 민간에 의한 공적인 활동은 그 사회에 의해 최소한의 일정한 지원 수준까지 합의가 이루어진 범위를 의미한다. 민간에 의한 공적 지원 활동은 개인이나 민간기관이 사적인 영리를 위해서가 아니라 공익 추구를 목적으로 한 다양한 교육봉사 또는 교육기부 활동을 의미한다. 예를 들어 가정 파탄 또는 가출 학생에 대한 지역의 사회복지 단체, 사회복지사, 자선가 등이 지원하거나 건전한 가정에 입양 주선 또는 결연 사업하는 경우나, 지역사회의 체육기관, 병원 또는 교회가 해당 교육복지 대상 학생에게 학업, 체육, 예술, 인성 개발 등에 도움을 제공하는 서비스 활동이 이에 포함된다.

참고문헌

■ 고전·황준성·신지수(2009). 교육복지지원법 제정 방안. 정책자료 91집. 한국교원단
  체총연합회.
■ 교육개혁위원회(1996). 신교육체제 수립을 위한 교육개혁보고서. 교육개혁위원회.
■ 교육인적자원부(2006. 9. 5). 보도자료.
■ 김용일(2012). 교육복지 실현을 위한 교육개혁 과제 도출에 관한 시론. 교육 정치학
  연구, 19(4). 35-59.
■ 김인희(2006). 교육복지의 개념에 관한 고찰: 교육소외 해소를 위한 교육복지의 이
  론적 기초 정립에 관하여. 교육행정학연구, 24(3), 289-314.
■ 류방란·이혜영·김미란·김성식(2006). 한국 사회 교육복지지표 개발 및 교육격차분
  석-교육복지지표 개발. 한국교육개발원.
■ 성기선·박철희·양길석·류방란(2009). 농산어촌 교육 실태 분석 및 교육복지방안 연
  구. 한국교육개발원. 연구자료 RR 2009-11.
■ 안병영·김인희(2009). 교육복지정책론. 다산출판사.
■ 안홍선(2010). 서울시 교육복지투자우선지역지원사업에 관한 사례연구: 서울 동작
  교육청을 중심으로. 극동사회복지저널, 6, 49-68.
■ 윤정일(1990). 21세기사회의 교육복지정책. 교육이론, 5(1), 121-146.
■ 이돈희(1999). 교육정의론. 서울: 교육과학사.
■ 이혜영(2002). 교육복지정책. 한국교육개발원 편. 2002 한국교육평론: 국민의 정부
  교육정책의 평가. 한국교육개발원. 253-269.
■ 이혜영·류방란·윤종혁·천세영(2002). 교육복지 투자우선지역 선정 지원을 위한 연
  구. 한국교육개발원. 연구자료 CR 2002-42.
■ 임혜숙·송노원(2010). 소외계층 영재들에 대한 교육복지정책 분석. 21세기사회복

지연구, 7(1), 219-242.

■ 전현곤(2011). 교육학에서의 사회자본 논의에 대한 비판적 탐색: 가정의 사회적 자본을 중심으로. 한국교육학연구, 17(3), 151-174.

■ 정동욱(2011). **교육복지정책의 쟁점과 추진방향 연구**. 한국인적자원연구센터. 연구과제 KHR 2011-5.

■ 정영수(2009). 교육복지정책의 방향과 과제. 교육정치학연구, 16(3), 31-52.

■ 최송식·김효정·박해긍·배은석·송영지(2007). 한국교육복지정책의 지역적 접근에 관한 사례연구. 한국사회복지교육, 11(3), 125-153.

■ 한만길·김정래·윤여각·윤종혁(2000). **21세기 교육복지 발전 방안 연구**. 한국교육개발원. 연구자료 CRM 2000-3.

■ 홍봉선(2004). 우리나라 교육복지의 방향과 과제. 한국사회복지학, 56(1), 253-282.

■ 홍봉선·남미애(2009). **학교사회복지론**. 공동체

■ Allen-Meares, P. (2007). Social work services in schools(5th ed.) Boston: Allyn & Bacon.

■ Esping-Andersen, G. (1990). *The Three Worlds of Welfare Capitalism*. Oxford: Polity Press.

제 2 장　Education Welfare

학교사회복지와의 관계 쟁점

[1. 학교사회복지의 개관

1) 학교사회복지의 개념

　　학교사회복지 또는 학교사회사업(school social work)은 사회복지 실천의
한 영역이다. Allen-Meares(2007)는 학교사회복지를 학교사회복지사가 학교가
본연의 목적을 달성하도록 지원하고, 아동과 학생들이 자신감을 가지고 문제
해결 및 의사결정능력을 습득하여 변화에 적응하고 자신의 평생학습에 대한
책임을 질 수 있도록 교수 및 학습의 장을 제공하는 것으로 규정하였다. 한인

영 외(1997)는 학교를 실천 장소로 하여 학생-가정-학교-지역사회 간에서 발생하는 학생의 심리 사회적 문제를 예방하고 해결하며, 모든 학생이 자신의 잠재능력을 최대로 발휘 할 수 있는 교육환경을 제공하며, 이를 통해서 학교가 교육의 본질적인 목적을 달성할 수 있도록 도와주는 교육기능의 한 부문이 학교사회복지라고 정의하였다. 주석진·한성덕(2013)은 학교사회복지의 목적을 다음의 세 가지로 제시하고 있다. 첫째, 학교사회복지는 학생들의 학업능력을 저해하는 요소를 감소시키고, 학생들이 학교에 잘 적응할 수 있는 여건을 마련하여 학교에서 교육목적이 달성되도록 지원한다. 둘째, 학교사회복지는 결식아동, 피학대아동, 소년소녀가장 등 보호가 필요한 학생을 집중적으로 돕는 것과 전반적으로 학생의 삶의 질 향상 도모, 즉 학생복지 도모를 목적으로 한다. 마지막으로, 학교사회복지는 심리적, 사회적, 가정적 어려움에 대해 전문적인 상담서비스를 제공하고 필요에 따라 지역사회의 다양한 자원을 연계함으로써, 학생이 학교생활에 적응하고 학습효과를 최대화 하도록 학생의 복지 수준을 증진하는 것을 목적으로 한다.

학교사회복지의 개념과 목적에 포함된 핵심요소의 경우, 첫째, 학교사회복지 수행자는 학교사회복지사라는 점이다. 둘째, 학교사회복지의 내용은 학교교육에서 학생의 정상적인 생활에 장애가 되는 심리적·사회적 부적응을 조기에 발견, 예방 치료하여 학교교육의 장애를 해소하는 데에 필요한 서비스를 제공하는 것이다. 셋째, 학교사회복지는 사회복지 실천의 원리와 방법의 적용을 적용한다는 점이다. 결론적으로 볼 때, 학교사회복지란 학생들이 학교에 잘 적응할 수 있도록 심리 사회문제의 예방 및 해결을 돕고, 이를 위해 학교, 가족, 지역사회가 수행하는 노력을 조정하고 영향을 미치는 학교사회복지사의 활동을 말한다.

2) 학교사회복지제도의 출현과 발전 과정

미국에서 일반적으로 사회복지의 발전이 전개된 것처럼, 학교사회복지도 최초에는 소위 상대적으로 덜 혜택 받은 사람 및 학생에게 서비스 제공을 의도하며 시작되었다. 구체적으로 1900년 초 미국에서 학교사회복지가 출연하게 된 배경은 당시 미국 사회발전 과정에서 학교교육을 받고 있는 모든 아동에게 학교가 더 좋은 서비스를 많이 제공하라는 수요의 지속적인 증가 때문이다(Allen-Meares, 2007). 당시 미국의 사회적 여건, 즉 이민자의 급증과 힘든 생활여건이 교육과 학교 사회사업의 확장 및 발전에 중요한 영향을 미쳤다. 학교와 지역사회 사이에서 지원 업무에 대한 조정의 경우, 가장 우선적으로 지원이 필요한 낮은 경제적 수준 및 저소득층 지역의 아동을 위한 것에는 결함이 있었다. 특히, 사회발전 과정에서 점차적으로 교육이 모든 아동들을 위한 권리로서 간주됨에 따라, 학교와 지역사회 연계의 중요성이 보다 강조되었다. 1906년 무렵 뉴욕, 보스톤, 하트포워드에서 방문교사(visiting teachers) 운영이 최초의 학교사회복지 실행 사례이다. 당시 방문교사는 아동들의 학교교육의 효과를 높이고, 학교와 지역사회를 보다 밀접하게 작동시키기 위해 학교와 가정을 방문하였다. 그리고 아동들의 삶에 부정적으로 영향을 미치는 학교정책을 변화시키는 것에도 주력하였으며, 학교와 가정 간의 연계를 위해 봉사하는 역할도 수행하였다. 방문교사 임명 및 운영은 아동들의 전체 복지를 위한 학교의 책무성에 부응하는 시도였다.

특히, 20세기 초 미국의 경우 이민 아동의 문맹과 더불어 전체적으로 아동의 문맹문제는 최소한의 교육에 대한 아동의 권리에 관심을 불러왔다. 문맹문제는 모든 아동의 교육 받을 권리 보장에 대한 주정부의 책임과 관심을 야기하였다. 일부 주에서는 의무교육법이 제정되고 의무교육법 범위가 확장됨에 따라 학교들은 다양한 아동들의 차별적 능력과 배경을 기반으로 더 많은 수의 아동들에게 편의시설 제공을 요구하였다. 특히, 각 주들은 다양한 아동을 위해 교육경험의 제공을 강요받았고, 아동들 간의 개인차가 새롭게 나타나면서 학교인사들은 아동의 개인차 이해를 위해 다른 영역으로 눈을 돌리게 되었다. 의무교육이전에는 아동들이 다양한 학습수요를 가진 것에 관하여 관심이 없었다. 그러나 결과적으로 의무교육법은 아동들의 다양한 개인차와 배제된 아동들에 대한 관심을 야기했다. 이에 따라 학교사회복지사는 학교인사 및 교사들에게 아동들의 학습에 영향을 미치는 외부 삶의 여건에 대한 정보와 이해를 제공하였다. 이는 학교사회복지사가 지역사회에 주거 정착을 통해 아동들의 현재와 미래 삶에 보다 밀접하게 학교교육을 관련시키기 위해 학교에게 요구하는 활동이었다.

1930년대 이후 미국에서 학교사회복지사 역할은 학교-지역사회 연계 역할로부터 사회사업과 연관된 업무, 즉 아이들의 빈약한 정신건강을 방지하는 역할로 변화되었다(Allen-Meares, 2007). 당시 학교사회복지사의 역할은 학교가 제공하는 것을 학생들이 사용하도록 돕는 방법, 즉 전문화된 사회 사례 업무(social casework)였다. 학교사회복지사는 아동의 성격문제를 조기에 인식하고, 당해 교사들을 도우며 아동의 정서적 어려움을 해석하기 위해 빈번히 교사들을 컨설팅하였다. 그 이후 1960년에는 많은 학교사회복지사들이 정서적으로 장애를 가진 아동들과 개별적으로 업무를 하였다. 1970년대의 경우 장애아동이나, 여타 학교교육 관련 원리에서 학교사회복지사와 팀웍, 그리고 지역사회 및 가족에게 보다 더 많은 관심이 제기되었다. 당시 미국은 사회여건이 급변하게 변화되고 학교사회복지에서도 새로운 리더십이 요청되었다. 특히, 다양한 학교사회복지 실행모델이 출현되었다. 예를 들어 Alderson(1972)에 의해 전통적 임상모델(traditional clinical model), 학교변화 모델(school change model), 사회적 상호작용모델(social interaction model)과 지역사회 학교모델(community school model)이 제시 되었다. 또한 그 이후 Costin(1975)은 학교-지역사회-학생 관계모델을 제시하였다.

1980년대에 들어 미국에서는 사회복지와 교육의 상호 교호작용이 강조되었다. 학교사회복지는 특별히 장애 아동 그룹에 초점을 두었고, 학교인사와 함께 일하는 것에 관심을 기울였다. 교육 관련 입법이 학교와 학교사회복지 서비스 형성 및 확장에 중요한 역할을 지속적으로 수행하였다. 당시, 교육에서 수월성을 강조한 것은 상대적으로 빈곤, 부적절한 건강보호, 인종 및 성 차별, 학교교육과 그것들의 상호작용과 같은 장애를 무시한 것이 되었다(Allen-Meares, 2007). 당시에 교육에서 수월성 확보를 위해 효과적인 학교행정가 보유, 학생 및 학교직원을 위한 높은 기대 유지, 학습에 학생 참여, 그리고 학교 문제 해결이 주요소로 제시되었다.

1990년대 이후 현재까지 학교사회복지 관련해서는 학교사회복지의 서비스 질 제고가 핵심 이슈이다. 이를 위해 학교사회복지 자격증 요건과 학교에서 사회복지 서비스를 위한 기준이 제시되었다. 학교사회복지 전문가 자격증은 자발적이었고 주사회복지 자격을 요구하지 않았다. 학교사회복지 전문가의 자격에는 ① 전국교사시험에서 학교사회복지사 특별영역의 통과 점수를 확보하여 국가적으로 지식과 실제의 기준을 확립한 사람, ② 학교에서 2년 간의 전문적 슈퍼비전과 사회복지 경험을 입증한 사람, ③ 대학으로부터 레퍼런스와 사회복지 감독자로부터 전문적 평가를 받은 사람이 포함되었다. 한편, 1999년 학교사회복지에 대한 관심이 감소하였기 때문에 교사시험에서 사회복지 부분을 삭제하기로 결정되었다. 학교의 사회복지서비스에 대한 기준의 경우, 최초 기준은 1976년에 만들어 졌고, 그 후 1992년과 2002년 수정되었다. 현재 학교의 사회복지서비스의 기준은 세 가지 영역, 즉 유능성과 전문적 실행, 전문적 준비와 개발, 행정적 구조와 지원을 포함하고 있다.

교육재정지원 맥락에서 보면 1965년 존슨 대통령 시절 Great Society Initiative를 통해 연방에서 초중등교육법이 제정되고, 사상 처음으로 경제적으로나 학업적으로 불리한 처지에 있는 아동들의 교육기회를 향상하기 위해 공립학교에 연방재원이 투자되었다. 이것이 미국에서 저소득층 자녀에 대한 교육적 기회의 지원을 착수한 시대의 시작이고, 학교에 새로운 자원 제공이었다. 그 이후 2002년 조지부시 대통령이 서명한 The No Child Left Behind Act를 기반으로 연방정부의 권력과 권한이 학교교육에 크게 영향을 미쳐왔다. 한편, 최근까지 연방, 주, 지방정부 차원에서 학교에 대해 막대한 재정이 투자되어 왔으나, 여전히 지속적 성취도(SAT 점수, 교육적 성취도, 중도탈락률 등)에서 차이가 있고, 소수집단 출신 학생 및 경제적으로 불리한 학생들에 의해 경험된 학습성과 차이의 축소에 뚜렷한 진보가 없었다(Allen-Meares, 2007). 즉, 학생들의 경제사회적 배경(SES)과 학업성과 간의 지속적 관계는 피할 수 없었다는 점이다. 결과적으로 미국의 경우 지속적으로 소수집단 출신 인구의 비균형적 증가-마이너널티 학생수의 증가는 부가적 사회복지 서비스 제공을 위한 기회와 수요를 파생시키고 있다. 이에 따라 학교교육 기간 동안은 물론, 학교교육 전에 적절한 교육적, 사회지원적, 그리고 보건의료 서비스를 제공하는 학교사회복지 활동이 더욱 특히 중요해졌다.

보다 최근 학교교육을 둘러싸고 있는 미국의 사회상황, 즉 학교교육의 질에 관한 의문, 축소된 재정, 더욱 다양화된 학생인구에 대한 증가된 요구, 심화된 빈곤문제, 그리고 증가된 폭력문제 등과 관련하여, Allen-Meares(2007)는 학교사회복지의 직무서비스와 학교사회복지사의 창의적 사고가 필요함을 지적한다. 특히 그는 사회적·경제적 지원의 범위와 유능성을 향상하기 위해서는 지역사회 역량이 결정적이고, 학교와 지역사회의 통합된 서비스 모델 형성이 중요함을 강조한다. 결과적으로 미국의 경우 학교와 지역사회 기관들 간 협력 전개를 포함한 학교사회복지 서비스 전달체제의 통합적 개발이 강조된 학교사회복지의 새로운 패러다임이 등장하고 있는 추세이다. 유사한 맥락에서 성민선 외(2009)는 제한된 학교자원만을 가지고 학교체계 내에서 발생하는 많은 문제를 해결하는 데에 한계가 있기 때문에 지역사회와 연계하여 학생복지 증진을 지원해야 함을 주장한다. 이러한 점에서 볼 때, 지역사회 자원을 학교 안으로 끌어 들이는 일이 학교사회복지에서 중요한 이슈임을 알 수 있다.

3) 학교사회복지 구성요소와 학교사회복지사의 기능

학교사회복지를 구성하고 있은 핵심 요인은 장소, 서비스 대상, 처방할 문제, 공급할 서비스 내용, 그리고 수행 프로그램이다(Perlman, 1957). Perlman (1957)에 의해 제시된 학교사회복지 구성요소를 기반으로 국내 학자들(성민선 외, 2009; 주석진 외, 2013)은 다음과 같이 구체적으로 그 구성요소를 제시하고 있다. 학교사회복지는 첫째, 장소 측면에서 학교를 중심으로 사회복지 실천이 이루어진다. 둘째, 학교사회복지는 학생을 대상으로 하나, 학생의 문제해결을 위해 학부모나 교사를 대상으로 하는 경우도 있다. 셋째, 학교사회복지는 학생 개인이 가지고 있는 심리 사회문제 또는 학교 부적응, 학습부진 등의 문제에 대처한다. 넷째, 학교사회복지는 학교사회복지사라는 전문가가 개입한다. 즉, 학생의 문제해결을 위해 필요한 경우 교사, 학부모, 그리고 지역사회 이해당사자가 관계에 개입한다. 다섯째, 학교사회복지 실천은 학교사회복지사가 접수면접, 사정, 개입계획 수립, 개입, 평가 등으로 이루어진 일련의 체계적이고 전문적인 과정을 통해 이루어진다. 여섯째, 학교사회복지는 실천 프로그램이 포함되어 있다. 프로그램에는 학생들과 가족에 대한 직접적인 임상적 서비스, 학부모와 교사에 대한 자문, 가족과 지역사회에 대한 연계활동, 학교체계의 변화를 위한 옹호와 정책개발 등이 포함된다.

이렇게 여섯 가지로 구성된 학교사회복지는 학교사회복지사라는 전문가에 의해 그 서비스가 실행된다. Allen-Meares(2007)는 학교사회복지사의 가장 중요한 기능 중 하나는 학교에서 학생들의 어려움에 원인이 되는 불리한 여건을 증거로 제공하고, 필요한 변화를 지적하여 학교의 행정과 운영체제 재조직화를 지원하는 것이라고 강조한다. 성민선 외(2009)와 주석진 외(2013)는 학교사회복지사의 기능을 다음과 같이 세부적으로 열거하고 있다. 학교사회복지사의 기능은 ① 학교와 가정의 연계자, 학생들의 가정, 이웃, 환경 조사, ② 정신지체가 의심될 때, 심리적 평가를 위한 학생 및 가정 배경 조사, ③ 교육기회 균등을 촉진하는 정책을 확립하고 집행하기 위해 학교행정가와 함께 일하는 것, ④ 학교와 지역사회 간 중재, ⑤ 학생과 교사가 정서적 유대감을 촉진할 수 있도록 인간관계 활동이나 프로그램 개발, ⑥ 어려움을 가진 아이들을 개별지원 및 그룹지원, ⑦ 학생들의 교육기회 불균형의 장벽을 줄이는 것, ⑧ 학교와 지역사회 사이의 관계를 확장하기 위한 대행자로서 역할을 포함한다.

[2.] 학교사회복지 실행모델

위에서 살펴보았듯이 미국에서 학교사회복지의 실천은 1906년경부터 뉴욕, 보스톤, 하트퍼트 등 세 도시에서 방문교사(visiting teacher)의 활동으로 시작해서 1970년대 Alderson(1972)과 Costin(1975)에 의해 다양한 학교사회복지 실행모델이 제시되었다. 이들 실행모델에는 전통적 임상모델(traditional clinical model), 학교변화 모델(school change model), 사회적 상호작용모델(social interaction model)과 지역사회 학교모델(community school model), 그리고 학교-지역사회-학생 관계모델(school-community-pupil relations model)이 포함되어 있다. 이들 모델들에서 나타나는 개괄적 특징을 살펴보면 주로 개입의 중심이 개인에서 지역사회로, 더 나아가서 학교-지역사회 및 관계를 지향하는 변화가 나타나고 있다는 점이다. 구체적으로 각 모델들의 내용을 살펴보면 〈표 2-1〉과 같이 정리된다.

표 2-1 학교사회복지 실천모델

	전통적 임상모델	학교변화모델	지역사회학교모델	사회적 상호작용모델	학교-지역사회-학생 관계모델
초점	학습 시 장애를 받아야 발생가 되는 사회적·정서적 문제를 가진 개별 학생	학교 운영기준 및 요건	학교를 불신하고 이해하지 못하며, 소외되고 불이익을 받는 차치의 지역사회	학생과 학교 사이의 상호작용 관련 문제를 확인하고 교정적 요인의 정비 지각	학교-지역사회-학생 간 관계에 필요한 변화를 계획하고 실행
목표	학교 관련 정서적·심리적 어려움을 가진 학생이 보다 효율적으로 기능하도록 하는 것	역기능적인 학교의 규범과 건 등의 개선	그 지역사회에 대한 이해와 지지를 얻고, 지역사회를 대상으로 하 교육과 과정의 이해와 인식을 높이며, 하교의 역할을 이해하고 지지하도록 하는 것	학교, 학생, 가정과 지역사회 간의 역기능 상호작용 유형에 변화를 주어 학교, 학생, 가정과 지역사회가 서로 연조할 수 있도록 돕는 것	학생, 학교와 지역사회 간의 상호작용 요인에 대한 변화를 가져 오게 하는 것
중점 지원 대상	정서적·심리적 어려움을 지난 학생 및 학부모	전체학교	학교와 지역사회, 다른 기관 체제	학교와 학생, 가정 및 지역사회 상호작용 영역	학교는 학생들이 저해 있는 사회·문화적인 요소를 고려한 다양한 서비스 제공
해소/지향할 문제	학생의 정서적·심리적 어려움, 특히 부모-아동 간의 문제에서 비롯된 정서적·심리적 장애	학교의 역기능적인 규범과 조건	역기능적인 규범과 조건	사회적 상호작용이 발생하는 상황에서 학생과 학생제가 어디관계자 및 체제 간의 경계	학교와 지역사회의 조건과 상호작용에서 발생하는 역기능적인 현상
학교사회복지사 직무 및 개입활동	개별 학교사회사업, 학생의 문제와 관련된 부모와 가족과의 회의 매개 학생들의 하습과 하교적 이동이 보다 잘 수 있는 상담을 위해 하교와 지역사회 기관에 의뢰(연계)	학교의 역기능적인 규범과 조 건을 확인, 교장, 교감, 교사, 교직원에게 지 속해 학생들의 하습과 학교의 이음을 지해하는 학교의 조건과 환경에 대한 정보를 조사·보고	지역사회 대상 하교의 교육내용과 방침 설명, 지역사회 환경에 대한 이해와 지원 개발, 교직원에게 지 역사회의 역동성과 사회적 요인들에 대해 설명 해제 버지 않게 하고 지역사회의 신뢰와 신용을 형성하는 학생을 연조하는 하교 프로그램 개발, 학생의 어려움을 야기하는 결핍환경에 대한 정보를 조사 역할	학교, 학생, 가정과 지역사회 간의 공동의 목표를 설정하고 향상시켜 상호 연조체계를 형성해 가는 데 개방하여 중재, 서비스 개발을 촉진하는 중 계줄과 이해를 촉진하는 중 계자와 지간가 그리고 하교에 협력해 조정	서비스의 제공대상을 확인하고 사정, 학생들과 부모와의 연결을 통해 요구 파악, 서비스 계획 수립, 서비스 계획을 개방하여 문서화, 서비스 계획을 수행함. 필요한 조정, 서비스 계획을 받은 사람들과 계약을 체결
학교사회 복지사 핵심 기능	상담자의 역할, 문제를 치료하는 치료자의 역할, 학생의 문제를 가 요구를 파악하고 새로운 자료를 학생들로부터 수집하여 문서화 하는 역할	학생의 대변자, 협상자, 자문가, 중재자, 매개자, 학생들의 변화를 야기를 파악하고 새로운 규칙에 대한 신뢰를 형성할 수 있도록 하교교육의 내용과 목표를 정보를 전달하는 정보 전달자, 지역사회 하교를 알리는 홍보 역할	학교와 지역사회가 유기적으로 상 호 교환·교류할 수 있도록 도와주 는 중간 매개자, 지역사회와 하교 에 대한 신뢰를 형성할 수 있도록 하교교육의 내용과 목표를 정보를 전달하는 정보 전달자, 지역사회를 알리는 홍보 역할	각 체제 간의 대립상황을 하 결하는 공사적 권위를 바탕으로 교의 공사적 권위를 바탕으로 조정하는 역할	프로그램 기획자, 학생과 지역사회 특성을 연구자, 정보 제공 자, 하교와 지역사회와의 서비스를 연계하는 조정자 등의 역할
이론적 토대	정신분석학, 자아심리학, 개별 사 회사업 이론과 방법	일탈이론, 조직이론	지역사회조직이론, 체계이론, 의사 소통이론	사회과학이론, 의사소통이론	사회학습이론, 체계이론과 발 달·상황이론 등

학교사회복지의 제도화가 이루어지지 않은 우리나라의 경우, 앞에서 제시된 학교사회복지모델이 충실히 실행되고 있는 사례는 발견하기 어렵다. 다만, 현재 교육복지투자우선지역 사업을 통해 교육복지 프로그램을 운영하는 학교들의 경우, 앞에서 제시된 여러 모델의 개별적 일부 실행요소들이 실천되고 있다. 또한 일부 학교의 경우 지역사회와 교육적 연계망을 구성하고, 지역의 사회복지관이나 문화단체 등과 협력하여 지역주민들을 위한 행사 등이 실시되는 사례도 있다. 학교와 지역사회 간의 연계활동이 활성화되기 위해선 각 기관과 기관, 체계와 체계 간의 중재활동을 할 학교사회복지사가 필요하나, 아직 우리나라에서는 그러한 책임과 권한을 부여받은 학교사회복지사가 없어 관련 학교사회복지 실행모델을 찾기가 힘들다.

[3.] 학교사회복지와 교육복지 관계

우리나라 학교현장이나 교육정책 실제에서는 교육복지 개념이 통용되고, 교육복지 서비스 활동이 실천되고 있다. 학교사회복지(school social work)와 학교사회복지 서비스는 사회복지학 분야에서 교과로 운영되고, 복지이론 차원으로 다루어지고 있다. 특히 학교사회복지의 경우, 미국에서 전개 및 운영되고 있는 학교사회복지 제도가 우리나라 사회복지학에 받아 들여 지고, 사회복지 영역 내 세부 전공 분야로 접근되어 교육 및 연구가 전개되고 있다.

앞 장에서 제시한 교육복지 개념과 위에서 개관한 학교사회복지의 관계를 요약해서 제시하면 〈그림 2-1〉과 같다. 교육과 사회복지가 결합한 교육복지 전체 영역에서 기존 사회복지 영역 중 교육복지가 학교사회복지에 해당한다. 즉, 학교사회복지는 교육복지에 포함된 사회복지 영역이다.

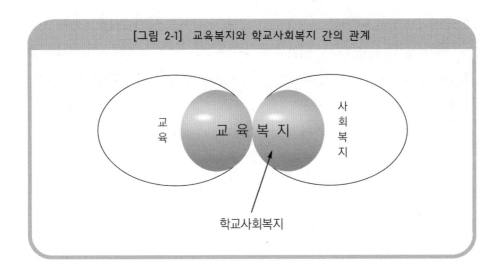

[그림 2-1] 교육복지와 학교사회복지 간의 관계

교육

교 육 복 지

사회복지

학교사회복지

　　구체적으로 개념적인 측면에서 보면, 학교사회복지는 우리나라에서 통용되고 있는 교육복지 중 교수-학습 지원이 아닌 교육여건 지원 서비스 부문만을 의미한다. 학교사회복지는 제1장에서 규정한 교육복지 개념 중 교육 서비스(교수-학습 지원) 부문만을 제외하고 모든 것이 교육복지와 동일한 개념이다. 즉, 학교사회복지란 아동 및 학생의 신체적·정서적 결함, 경제적 빈곤, 또는 비가시적 측면에서의 학생, 가정 및 학교가 보유한 사회적 자본 및 학부모의 교육에 기대와 관심의 격차 등 다양한 장애를 해소하기 위해 정부 또는 민간에 의해 수행되는 공적활동인 교육여건 지원 서비스라고 볼 수 있다. 한편 실제로 교육복지 활동 전개 과정에서 교육복지 대상 학생에게 교육 서비스 지원과 교육여건 지원이 동시에 작동되는 경우가 대부분이기 때문에 교육복지에서 학교사회복지를 실제 구별해서 접근할 실익은 크지 않다. 특히, 우리나라 경우 아직 학교사회복지 및 학교사회복지사가 법적인 제도로 정착되어 있지 않기 때문에, 굳이 학교사회복지를 교육복지와 구별해서 접근할 필요성은 지대하지 않다. 결과적으로 포괄적 차원에서 학교사회복지는 교육복지에 포함된 하위 요소 개념으로 보는 것이 현실적으로 타당하다. 아무튼 학교사회복지사 제도가 교육관계 법에 규정되어 있지 않기 때문에 학교교육 현장에서 전개되는 교육복지 중 학교사회복지에 해당되는 역할을 실제 누가 담당하느냐는 별개의 문제에 해당한다.

참고문헌

■ 성민선·조흥식·오창순·홍금자·김혜래(2009). 학교사회복지의 이론과 실제. 서울: 학지사.
■ 주석진·한성덕(2013). 직업상담과 직업정보. 고양: 공동체.
■ 한인영·홍순혜·김혜란·김기환(1997). 학교와 사회복지. 학문사
■ Alderson, J. J. (1972). Models of school social work practice. In R. C. Sarri & F. F. Maple (Eds.). *The school in the community.* (pp. 57-74). Washington, D.C.: NASW.
■ Allen-Meares, P. (2007). *Social work services in schools*(5th ed.) Boston: Allyn & Bacon.
■ Costin, L. B. (1975). School Social Work Practice: A New Model. Social Work, 20(2), 135-139.
■ Perlman, H. (1957) *Social casework: a problem solving process.* Chicago: University of Chicago Press.

정동욱** · 이호준***

[1. 서 론

지난 2010년 지방자치단체장 및 교육감 선거에서 무상급식으로 시작된 교육복지에 대한 논쟁은 복지의 성격에서부터 수혜대상과 내용, 재원 마련 방법, 교육복지 국가론에 이르기까지 다양한 교육복지 담론을 불러 일으켰다. 그 중에서도 교육복지를 모든 학생에게 제공하고자 하는 보편적 접근방식과 그

＊ 본 장은 교육복지 정책의 쟁점과 추진방향 연구(정동욱, 2011)를 요약 또는 수정 보완 하여 재구성한 것임을 밝혀둔다.
＊＊ 정동욱: 서울대학교 교육학과 조교수(jeongdw@snu.ac.kr)
＊＊＊ 이호준: 서울대학교 교육학과 박사과정(l3900hs0417@snu.ac.kr)

수혜대상을 저소득층 등 사회적 소외계층에 한정하자는 선별적 접근방식은 교육계뿐만 아니라, 정치와 사회 전반에 걸쳐 이데올로기적 대립 양상으로까지 전개되었다. 특히, 정치권에서는 향후 주요 선거에서 이슈 선점을 위해 교육복지의 문제를 제기하면서, '교육복지의 확대가 시대정신'이라는 점을 부각시키며 교육복지의 논의를 주도해 나갔다.

지금까지 정치권과 언론을 통해 제기되고 있는 교육복지 관련 쟁점들은 교육복지의 개념 정립과 이론화보다는 교육복지 정책 또는 사업의 당위성, 수혜대상, 재원 마련 방법 등 교육복지의 실제적인 문제에 초점을 맞추고 있다. 그러나, 교육복지의 개념 및 성격, 이론적 구성과 같은 학술적인 논의 없이 실제적인 주제에 대한 논쟁은 교육복지에 대한 오해와 개념적 혼란만 가중시키고 있다. 교육복지를 수혜대상의 범위와 예산의 실현 가능성의 문제로만 인식하고 있는 것이 가장 대표적인 사례이다. 교육복지 정책을 교육복지의 개념적 및 이론적 타당성과 정당성을 따지기보다, 그 정책의 수혜대상이 모든 학생인지, 소외계층에 한정되어야 하는지에 대한 논란과 현재 재정여건이 허락하는지가 주요 쟁점이었고, 교육복지의 모든 것으로 여겨졌다. 이러한 현상은 교육복지가 학문적, 철학적 논의와 검증 하에서 체계적으로 정립되기 전에, 정치적 및 정책적 요구에 의해서 교육복지 정책과 사업들을 추진하면서 비롯되었다.

교육복지의 개념 정립과 이론화에 대한 노력은 학계에서 늦게나마 시작되었다. 지금까지 연구의 주된 관심사는 교육복지의 개념, 실천원리, 발전방안, 관련 시책사업의 분석 등으로, 주로 교육과 사회복지의 개념 틀 속에서 교육복지를 어떻게 자리매김할 것인지에 대한 논의(한만길 외, 2000; 이혜영, 2002; 홍봉선, 2004; 김인희, 2006; 류방란 외, 2006; 성기선 외, 2009)가 주를 이루었다. 교육복지를 교육과 복지의 관계 속에서 이해할 필요가 있다는 인식 하에 양자 사이에서 교육복지의 개념을 구체화하려고 노력하였다. 연구자의 학문적 배경에 따라 학자들마다 견해를 달리 하였다. 아울러, 교육복지의 개념을 구체화하려는 노력도 이어졌다(윤정일, 1990; 이돈희, 1999; 김병욱 외, 1999; 한만길 외, 2000; 이혜영, 2002; 송인자, 2003; 이태수, 2004; 김정원 외, 2005; 윤철수, 2005; 김인희, 2006; 최송식 외, 2007; 김정원, 2008; 김은선, 2009; 박철희, 2009; 이정선, 2009; 정영수, 2009; 홍봉선, 2009; 류방란 외, 2010; 임혜숙 외, 2010). 다수의 학자들은 교육복지를 상대적인 격차·소외를 극복하는 과정으로 이해하고 논의를 전개하였다. 또한 다수의 연구들이 교육복지의 개념에 대한 이론적인 고찰보다는 교육복지 관련 시책 사업을 분석하기 위한 선행단계로 교육복지의 개념을 논의하는 경향을 보였다.

먼저 기존 연구들은 교육복지를 상대적 소외 및 차이의 해소에 초점을 맞춰 수혜대상을 설정하고, 이러한 병리현상을 극복할 수 있는 방안들을 제시하고 있다. 그러나 교육복지의 개념을 상대적 소외현상의 최소화로 이해하고 이에 대한 정책적 개입을 하려면, 그 사회에서 용인 또는 묵인될 수 있는 상대적 차이는 무엇인가에 대한 구체적인 기준 정립과 이에 대한 연구가 필요하나, 지금까지 연구에서 이에 대한 논의는 찾아보기 힘들다. 무엇보다 중요한 것은 교육복지를 상대적인 격차의 해소로만 이해하기엔 그 한계가 있다. 교육은 헌법과 교육관련 법률 등에서 국민이 기본적으로 누려야 할 권리로 보장되고 있다. 또한, 교육을 인간이 당연히 가져야 할 인격권 또는 인권(Human Right)으로 이해하는 관점에서 본다면, 국가는 국민, 개인 간 교육의 상대적 격차 해소뿐만 아니라, 최소한의 절대적 기준에 도달하는 교육을 제공해야 할 의무를 지니고 있다. 즉, 교육복지의 개념 정립이 헌법에서 규명한 '균등하게 교육받을 권리'를 보장하고, '만인을 위한 교육'을 표방하는 공교육체제가 정상적으로 실현되기 위한 필요조건으로 이해되어야 한다. 그렇기에 교육복지의 개념 정립은 교육의 본질 구현과 공교육의 정상화를 가능하게하기 위한 선결과제로서 중요성을 갖는다. 교육복지를 상대적 격차의 해소로만 보는 입장은 교육복지의 수혜대상을 일부 저소득층 학생에만 한정하게 된다. 반면, 교육을 국민의 기본권 또는 인권으로 이해하는 입장은 국민 전체를 대상으로 최소한 절대적 수준의 교육을 보장하는 롤스(John Rawls)적 정의에 보다 가깝다고 볼 수 있다. 또한, 인간의 잠재능력 실현이라는 교육의 본질적인 개념에 보다 부합한다. 교육복지의 개념을 상대적 격차의 해소인가 최소한 절대적 수준의 보장인가 또는 양자 모두 필요한 상호 보완관계로 이해해야 하는가에 대해 보다 심도 있는 논의가 필요하다.

[2. 교육복지 지원기준 관점의 차이

문헌상에 나타난 교육복지 개념의 경우, 지역격차에 따른 교육기회의 불균형 해소, 교육복지 환경의 조성, 교육복지 네트워크 구축, 삶의 질 제고, 교육소외 극복 등으로 다양하게 논의되어 왔으나(정영수, 2009), 정리해 보면, 크게 '상대적인 교육소외 및 교육격차의 해소'와 '최소한의 절대적 수준의 보장' 등으로 구분된다. 교육복지를 '최소한의 절대적 수준의 보장'으로 개념화할 경우 교육복지는 모든 사람들에게 최소한의 절대적 수준의 교육을 통해 각 개인의 잠재능력을 개발하여 삶의 질을 향상시킬 수 있는 교육여건을 중시한다. 반면, '상대적인 교육격차의 해소'와 같이 상대적인 관점에서 교육복지를 바라볼 경우 교육복지는 교육여건이 취약한 소외집단에 관심을 두고 집단 간에 벌어진 교육격차를 줄일 수 있는 교육여건을 마련하여 소외집단의 교육기회 향상을 중시한다.

다음에서는 우선 교육복지의 개념과 관련하여 교육복지를 최소한의 절대적 수준(minimum level) 보장과 상대적 격차의 해소라는 관점으로 나누어 기존의 연구들이 교육복지를 어떻게 개념화하였는지 살펴본다. 나아가 '상대적인 교육소외 및 교육격차의 해소'와 '최소한의 절대적 수준의 보장'과 같은 개념들이 상호보완적인 관계로 논의될 수 있음을 밝혀 보고자 한다.

1) '상대적 격차의 해소'로서 교육복지

〈표 3-1〉에서 제시된 바와 같이, '교육복지'와 관련한 대다수의 선행연구들은 교육복지를 상대적인 교육격차를 해소하는 과정으로 정의해 왔다(한만길 외, 2000; 송인자, 2003; 이태수, 2004; 홍봉선, 2004; 김정원 외, 2005; 이혜영, 2005; 윤철수, 2005; 류방란 외, 2006; 김정원 외, 2005; 최송식 외, 2007; 김정원, 2008; 박재윤 외, 2008; 표갑수·장영인, 2008; 김은선, 2009; 박철희, 2009; 이정선, 2009; 정영수, 2009; 홍봉선, 2009; 임혜숙 외, 2010). 교육 불평등을 해소하기 위한 교육격차의 해소과정으로 교육복지를 바라본 한만길 외(2000)의 연구에서는 사회보장의 한 하위 영역으로 교육복지를 간주하였다. 여기서 사회보장이 사회생활에서 부적절하게 나타나는 불평등의 해소로 정의되고 있다는 점을 고려해 볼 때, 교육복지는 교육 불평등을 해소하는 사회보장의 한 방편으로 논의한 개념임을 알 수 있다. 또한 류방란 외(2006)도 교육 불평등을 해소 혹은 완화하기 위한 사회적 행위로 교육복지의 개념을 정의하였다. 이와 유사하게 김정원(2008)은 한 사회에서 교육적으로 가장 취약한 집단과 그렇지 않은 집단 간의 관계 속에서 취약집단의 상황을 판단하고, 교육취약집단을 중심으로 그들에게 필요한 정책을 개발하고 지원하여 교육에서의 형평성을 실현하려는 개념이 바로 교육복지라고 강조하였다. 이런 입장들은 교육복지가 궁극적으로 보편적인 복지로 나아가야 하는 것이 바람직하나 상대적으로 소외된 계층에 대한 집중투자의 방식으로 실현되는 것이 바람직하다고 바라보았다.

이렇게 교육복지를 상대적 격차의 해소로 보는 입장에서는 다음과 같은 한계점을 가진다. 첫째, 상대적 격차의 해소로 교육복지를 바라볼 경우 교육복

표 3-1	교육복지를 '상대적 격차 해소'로 바라본 문헌 정리
학 자	**개념 정의**
한만길 외 (2000)	교육복지의 개념을 사회보장의 하나로 보고, (중략) 사회보장은 사회생활에서 부적절하게 나타나는 불평등을 해소하는 데에 일차적 관심이 있다. 이렇게 볼 때, 교육보장은 교육불평등 해소에 초점이 맞추어진다. (중략) 이상과 같이 교육보장으로 파악되는 교육복지는 불평등을 해소하는 '교육의 기초보장'으로 보아야 한다.
이태수 (2004)	교육복지란 개인적, 가정적, 지역적, 사회·경제적 요인 등으로 인해 발생하는 각종 교육소외 및 교육불평등 현상들을 해소하고 전 국민이 높은 교육의 질적 수준을 누리도록 하여, 궁극적으로 국민 삶의 질 향상과 사회 통합을 기함은 물론 나아가 국가의 성장 동력을 강화하기 위해 펼치는 교육현장에서의 다양한 노력들의 총체를 의미한다.
김정원 외 (2005)	교육복지란 교육의 기회, 과정, 결과에서 특정 집단이 갖는 취약성을 최대한 보완하기 위한 공적 부분에서의 물적, 정신적 지원이다.
이혜영 외 (2005)	개인 및 사회경제적 요인으로 인해 발생하는 교육소외·부적응·불평등 현상을 해소하여 모든 국민이 각자의 교육적 요구에 맞는 교육을 받음으로써 잠재능력을 최대한 계발할 수 있도록 제반 지원을 제공하는 것이다.
류방란 외 (2006)	모든 국민을 위한 교육의 질 제고를 추구하면서 취약집단의 교육적 취약성을 예방하고 극복할 수 있도록 교육의 기회를 제공하고, 교육의 과정 속에서 유의미한 학습경험을 제공하며, 개인의 역량을 충분히 발휘하여 교육적 성취를 얻을 수 있도록 지원함으로써 교육불평등을 해소 혹은 완화하려는 사회적인 행위를 말한다.
김정원 (2008)	한 사회에서 교육적으로 가장 취약한 집단의 상황을 그렇지 않은 집단과의 관계 속에서 판단하며, 교육취약집단을 중심에 두고 그들에게 필요한 정책을 개발하고 지원하여 교육에서의 형평성을 실현하려는 개념이다.
김은선 (2009)	교육복지는 교육취약집단들이 교육기회, 교육과정, 학습결과 등 제반 교육의 장에서 배제되지 않고, 다른 집단과 적극적인 상호관계를 형성하면서 그들에게 필요한 교육의 기회를 제공 받으며, 접근한 기회 속에서 교육과정을 통해 자신들에게 의미 있는 학습경험을 할 수 있고, 학습한 결과에 의한 한 사회의 성원으로 주체적 삶을 살 수 있도록 하는 일련의 공적 교육 관련 사업 및 활동으로 정의할 수 있다.
이정선 (2009)	교육복지는 교육취약집단들이 교육기회, 과정, 결과 등 제반 교육의 장에서 배제되지 않고 다른 집단들과 적극적인 상호관계를 형성해 나가는 가운데 그들이 필요로 하는 교육을 받을 기회를 얻으며, 접근한 기회 속에서 자신들에게 의미 있는 학습경험을 할 수 있고, 학습결과에 의해 한 사회의 성원으로 주체적 삶을 살 수 있도록 하는 공적 지원을 의미한다.
정영수 (2009)	교육복지의 개념에는 지역격차에 따른 기회불균등을 해소한다는 의미를 함축한다. (중략) 교육복지의 핵심적 개념요소의 하나는 교육소외 및 학습결손을 극복할 수 있도록 한다는 것이다.

주: 정동욱 (2011) 연구의 pp. 17-19에 있는 〈표Ⅱ-3〉을 인용.

지는 사회복지를 실현하기 위한 도구로 인식될 가능성이 높다. 이런 관점에서 교육복지는 교육 불평등을 해소하기 위해 상대적으로 취약한 집단을 대상으로 행해지는 기초적인 교육권 보장활동으로 상대성을 중시한다. 여기서 상대성은 교육적으로 취약한 집단과 그렇지 않은 집단 사이의 상황 및 여건의 차이에 주목한다. 이렇게 '상대적 차이의 해소'로 교육복지를 바라보는 입장에서는 사회복지의 한 하위영역으로 교육복지를 간주하여 교육의 본질적인 의미를 제대로 실현하지 못한 채 단순히 불평등을 해소하기 위한 과정으로 인식될 수 있다는 한계를 가진다. 환언하면, 이런 관점은 도구주의적인 관점으로 교육복지를 바라보고, 교육복지의 개념을 '복지를 위한 교육'으로 그 의미를 한정시킨다는 한계점을 가진다.

둘째, 교육복지의 개념이 상대적 격차의 해소로 한정될 경우 상대적 격차가 과연 무엇인지에 관한 구체적인 기준 정립이 요구된다. 기존 연구들은 상대적 격차를 '교육 불평등', '교육소외', '교육취약집단', '기회 불균등' 등으로 명명하였다(김정원, 2008; 이혜영, 2005; 한만길 외, 2000). 하지만 이런 개념이 구체적으로 의미하는 바가 무엇인지 실질적인 연구가 충분히 이루어지지 못하였다. 또한 그 사회에서 용인 또는 묵인될 수 있는 상대적 차이가 무엇인지를 규명할 수 있는 구체적인 기준에 대한 연구도 부족하였다.

2) '최소한의 절대적 수준 보장'으로서 교육복지

교육복지를 '상대적 격차의 해소'로 보는 입장과 달리, '최소한의 절대적 수준의 보장'으로 바라보는 관점이 있다. 〈표 3-2〉에 제시된 바와 같이, 관련 연구들은 교육복지가 교육에 참여하는 모든 구성원들의 교육적 욕구를 충족시키고 이를 통해 잠재능력을 최대한으로 계발할 수 있도록 여건을 보장하는데 그 일차적인 목적이 있다고 강조하였다(윤정일, 1990; 이돈희, 1999; 김병욱 외,

표 3-2	교육복지를 '최소한의 절대적 수준'으로 바라본 연구 정리
학 자	개념 정의
윤정일 (1990)	교육복지란 교육소외, 결손집단에 대하여 교육기회를 확충함과 동시에, 정상적인 학생 집단에 대하여는 잠재능력을 최대한으로 계발할 수 있는 기회를 제공하고, 나아가 모든 국민의 교육적 요구에 부응하여 평생교육 기회를 제공함으로써 모든 개인으로 하여금 교육적 욕구를 충족시키고 자아를 실현케 하며, 사회 전체가 학습하는 사회로 발전토록 하는 교육 서비스와 제도를 말한다.
이돈희 (1999)	교육은 개인의 성장 욕구의 실현이라는 내재적 가치를 추구한다는 점에서 누구에게나 보편적으로 적용되는 복지적 동기를 지니며, 이러한 복지적 동기에 의한 교육기회가 바로 '교육복지'이다.
김병욱 외 (1999)	일반적으로, 교육복지란 교육에 관여하는 모든 구성원의 양호한 복지 상태 및 양질의 삶을 일컫는 말이다. 즉, 교육복지란 삶의 질과 기회를 향상시키기 위해 양질의 교육을 받을 수 있는 조건이 정비된 상태이다. (중략) 연구에서는 교육복지의 개념을 교육에 관여하는 사람들이 사회의 구성원으로 행복한 삶을 영위하는 데 필요한 최소한의 교육적 조건을 정비하여 주는 활동과 구성원의 만족감이라 정의한다.
이혜영 (2002)	교육복지의 개념을 '교육적 가치를 구현하기 위해 제반 지원 활동을 제공하는 것'이라고 정의하고자 한다. 이것은 교육적 가치를 구현하는 것을 목적으로 삼는다는 점에서 교육을 복지의 수단으로 보는 전자의 문제를, 교육과 교육복지를 별개의 차원으로 간주하는 후자의 문제를 해소할 수 있을 것으로 판단된다.
이혜영 (2005)	모든 국민에게 일정 수준의 교육을 받을 수 있는 기회를 제공하며, (중략) 교육복지의 목표가 모든 아동 및 청소년의 전인적 발달을 지원하는 데 있다.
김인희 (2006)	교육복지는 교육소외를 극복하여 정상적인 교육과 학습이 이루어지는 상태 또는 교육소외를 극복하기 위한 의도된 노력의 총체를 의미하며, 교육소외란 정상적인 교육의 기회를 통해 자신에게 필요한 학습경험을 갖지 못함으로써 자신이 지닌 잠재능력을 제대로 개발하지 못하여 정상적인 성장의 길을 걷지 못하고 그로 인하여 삶의 질이 향상되지 못하는 현상이다.
정영수 (2009)	모든 국민이 자신의 잠재적 능력을 충분히 발휘할 수 있도록 기회를 부여하며, '교육적 삶의 가치와 의미'를 깨닫고, '삶의 질'을 높이며 살아갈 수 있도록 하는 것이다.
류방란 외 (2010)	교육복지를 "교육형평성(equity)을 보장하여 모든 국민이 유의미한 학습경험을 통해 잠재력을 최대한 발휘하며 주체적인 시민으로 성장할 수 있도록 하는 공적 행위"로 정의하고자 한다.

주: 정동욱(2011) 연구의 pp. 15-16에 있는 〈표Ⅱ-2〉을 인용.

1999; 이혜영, 2002; 이혜영, 2005; 김인희, 2006; 류방란 외, 2010). 이와 관련하여 윤정일(1990)은 교육소외, 결손집단에 대하여 교육기회를 확충함과 동시에, 정상적인 학생 집단에 대하여는 잠재능력을 최대한으로 계발할 수 있는 기회를 제공하고, 나아가 모든 국민의 교육적 요구에 부응하여 평생교육 기회를 제공함으로써 모든 개인으로 하여금 교육적 욕구를 충족시키고 자아를 실현케 하며, 사회 전체가 학습하는 사회로 발전토록 하는 교육 서비스와 제도를 총칭하여 교육복지라고 정의하였다. 또한 교육이 개인의 성장 욕구의 실현이라는 내재적 가치를 추구한다고 바라본 이돈희(1999)는 누구에게나 보편적으로 적용되는 복지적 동기를 지니며, 이러한 복지적 동기에 의한 교육기회가 바로 교육복지임을 명시하였다. 김인희(2006)는 교육복지가 교육소외를 극복하여 정상적인 교육과 학습이 이루어지는 상태 또는 교육소외를 극복하기 위한 의도된 노력의 총체로 정의하였다. 여기서 교육소외는 정상적인 교육의 기회를 통해 자신에게 필요한 학습경험을 갖지 못함으로써 정상적인 성장의 길을 걷지 못하고 그로 인하여 삶의 질이 향상되지 못하는 현상을 의미한다. 마지막으로 류방란 외(2010)의 연구에서는 교육복지를 교육의 형평성을 보장하여 모든 국민이 유의미한 학습경험을 통해 잠재력을 최대한 발휘하고 주체적인 시민으로 성장할 수 있도록 하는 공적 행위로 바라보았다.

이렇게 각 개인에게 유의미한 성장의 기회를 제공하여 '최소한의 절대적 수준'을 보장하기 위한 노력을 교육복지로 바라보는 입장에서는 교육복지가 바로 인권 및 인격권의 실현 과정이라고 강조한다. 교육은 개별 학생이 갖는 학습권에 대한 법적·철학적인 관점에서 본질적으로 보편성을 띠는 활동이기 때문에 교육복지는 학습자의 유의미한 경험의 성장이라는 교육의 본질과 상통한 개념으로 이해한다. 즉, 대한민국 헌법, 세계인권선언, 아동협약 등의 법령과 규약 등에서 논의하고 있는 학습자의 학습권을 인정하고 이를 보장한다는 입장에서는 교육복지의 개념을 학생들이 가지고 있는 실제적인 문제들을 해결하는 과정으로 인식하였다. 결국 이런 관점으로 교육복지를 바라본 입장은 교육복지 사업의 근간이 최소한의 절대적 수준(national minimum)을 국가가 명시하고 그 목표를 달성토록 지원하는데 있음을 강조하였다. 즉, 사회·경제적 계급, 성별, 인종, 지역을 막론하고 인간이라면 반드시 누려야 할 기준인 최소한의 절대적 기준(national minimum)을 보장하려는 노력이 교육복지를 실현하기 위해 가장 우선시되어야 할 선결요소로 논의되었다.

3) 교육복지의 경제학적 접근: 교육후생함수

교육복지가 '상대적 격차의 해소'인지 혹은 '최소한의 절대적 수준 보장'인지를 명확하게 구분하기 위해서는 그 사회에서 교육복지를 바라보는 관점의 차이를 규명해야 한다. 교육복지를 바라보는 관점의 차이는 교육복지에 대한 사회 구성원들의 합의에 의해 결정된다. 교육복지모형은 한정된 교육기회를 배분하는 방식에 대한 구성원들 간의 합의를 모형화한 것인데, 여기서 교육기회의 배분문제는 한 사회가 제공할 수 있는 교육기회를 배분하는 구체적인 기준을 정립하는 문제로 귀결된다. 가령 상대적으로 교육기회의 여건을 보장받지 못한 집단에게 더 많은 교육의 기회를 제공하는 것이 바람직한지 혹은 모든 국민에게 최소한의 절대적인 교육수준을 보장할 것인지의 여부는 결국 교육기회 분배를 바라보는 한 사회의 관점에 따라 달라진다. 한 사회를 구성하는 다양한 구성원들의 효용 중에 특정 구성원의 효용을 상대적으로 더 중시해야 한다면 그 상대성을 용인할 수 있는 기준은 사회후생(social welfare)과 밀접한 관련이 있다(Varian, 2010).

사회후생함수를 활용하여 교육복지를 논의하는 과정에서 교육후생함수가 도출될 수 있다. 여기서 사회후생함수란 사회구성원의 효용이 사회 전체의 효용 수준과 어떠한 관계가 있는지를 보여주는 함수이다(김동건, 2005). 사회후생함수는 개개인의 효용을 집합적으로 표현하는 과정에서 다소 제한점이 있지만(Bergson, 1954), 자원배분의 효율성과 소득분배 상의 공평성을 실현할 수 있는 정책을 마련하는데 필요한 중요한 시사점을 제공한다(김동건, 2005; 주노종·이우형, 2006). 사회후생함수를 교육복지로 적용해 보면, 교육복지를 바라보는 한 사회의 합의된 관점을 교육후생함수로 정의할 수 있다. 교육후생함수는 교육복지를 바라보는 주체들의 인식 차이를 파악하기 용이하며, 이를 토대로 한 사회에서 교육복지가 궁극적으로 지향해 나아가야 할 방향을 제시할 수 있다는 이점이 있다. 따라서 한 사회의 예산 제약 하에서 효율적인 교육재원의 배분 및 올바른 교육정책의 집행을 위해서 교육후생함수에 대해 고찰해 보는 과정은 중요하다.

사회후생함수의 가치 준거를 바탕으로 교육후생함수를 유형화하면 크게 세 가지 관점으로 구분이 가능하다. 즉, 교육후생함수는 사회후생함수와 마찬가지로 공리주의적 관점, 평등주의적 관점, 롤즈주의적 관점과 같이 크게 3가지 가치 준거로 구분하여 살펴볼 수 있다. 첫째, 공리주의적 관점은 사회 구성원의 효용함수가 다르다는 점을 고려하여 사회 전체의 효용을 어떻게 극대화할 것인지에 대해 관심을 갖는다. 공리주의적 관점은 사회 전체적인 효용을 높이기 위해 한계효용이 상대적으로 큰 사람에게 지원이 더 이루어지는 것이 바람직하다고 본다(소병희, 2004). 하지만 공리주의적 관점에서는 이미 충분한 교육기회를 제공받고 있는 집단에게서 얻을 수 있는 한계효용이 더 크다면 사회 전체적으로 얻을 수 있는 효용이 더 크기 때문에 이들 집단에게 더 많은 교육기회를 제공하는 것이 바람직하다고 바라본다. 교육복지가 상대적으로 소외된 계층이나 혹은 최소한의 절대적 기준을 충족하지 못한 계층을 대상으로 이루어진다는 사실을 감안해 볼 때, 공리주의적 관점은 교육복지를 설명할 수 있는 교육후생함수의 한 가치 준거로 논의되기에는 적절하지 못하다.

둘째, 평등주의적(egalitarian) 가치 준거는 상대적으로 소외된 계층에게

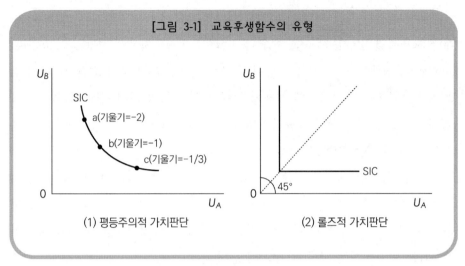

[그림 3-1] 교육후생함수의 유형

(1) 평등주의적 가치판단

(2) 롤즈적 가치판단

주: 정동욱(2011) 연구의 p. 59에 있는 [그림 1]을 인용.

지원할 경우 더 많은 가중치를 적용해야 한다는 입장이다(이준구, 2004; 김동건, 2005; 이준구, 2008). 즉, 평등주의적 가치 준거는 상대적으로 소외된 계층은 그렇지 않은 계층에 비해 더 많은 교육기회를 제공받아야 사회 전체적인 효용이 증대한다고 바라본다. 〈그림 3-1〉의 경우가 평등주의적 관점을 교육복지에 적용한 사례로 볼 수 있다. 가령, a 지점에서 A와 B 사이의 교환 비율은 1 : 2이다. 즉, A의 효용을 1만큼을 더 올리는데 B의 효용을 2만큼 줄여야 한다는 것을 의미한다. 실제 B가 A에 비해 교육여건이 양호할 경우 A의 효용은 B의 효용에 비해 2배의 가중치를 적용받고 있음을 알 수 있다. 이렇듯, 평등주의적 관점은 교육기회가 상대적으로 취약했던 집단에게 더 많은 교육혜택을 지원하는 것을 정당화하는 입장으로 이해할 수 있다. 이런 교육복지모형의 특징은 영국의 교육복지 사례를 통해서도 살펴볼 수 있다. 영국의 교육복지모델은 신자유주의와 사회민주주의를 동시에 아우르는 복지정책을 표방하였다(정영순, 2002; 천세영, 2002; 홍봉선, 2004). 이에 따라 인적 자본에 대한 투자적 관점에서 교육복지를 이해하였으며, 상대적으로 소외되었던 교육소외계층에 대한 교육여건 및 지원을 중시하였다. 예컨대 교육투자우선지역(education action zone) 정책은 인적 자본에 대한 투자를 확대함과 동시에 소외계층에게 더 많은 교육기회를 제공하는데 정책의 목표가 있었다. 따라서 '상대적 격차의 해소'로 바라보는 관점에서 교육복지를 바라보는 입장에서는 기본적으로 평등주의적 가치 준거를 전제로 함을 알 수 있다.

셋째, 롤즈주의적 가치 준거는 평등주의적 성향이 강해져 극한에 이를 경우 사회무차별곡선은 원점에 대해 뾰족한 레온티에프 생산함수와 동일한 모양을 갖는 롤즈주의적 사회무차별곡선으로 나타난다. 롤즈주의적 가치 준거를 중시하는 입장에게는 '최소 극대화의 원칙'을 바탕으로 한 사회에서 가장 가난한 사람의 효용이야말로 해당 사회의 교육복지 수준을 가장 잘 대변해 주는 지표였다. 〈그림 3-1〉의 (2)를 살펴보면, 사회무차별곡선은 레온티에프 생산함수의 등량곡선과 유사하다. 가령 A의 효용이 B의 효용에 비해 클 경우 A의 효용이 커지는 것과 상관없이 전체적인 사회후생은 B의 효용에 의해서 결정된다. 또한 반대로 B의 효용이 A의 효용에 비해 클 경우 해당 사회의 전체적인 사회후생은 A의 효용에 의해서 결정된다. 한편, 핀란드의 교육복지모형은 이러한 롤즈주의적 가치판단을 충실히 대변하는 사례라고 볼 수 있다. 핀란드의 교육복지모형은 모든 국민을 대상으로 교육기회, 과정, 결과에서 달성해야 할 교육목표를 성취할 수 있도록 교육기회와 여건을 보장하는데 정책의 주안점이 있다(권충훈·김훈희, 2009; 한국교육개발원, 2007). 또한 모두를 위한 교육복지를 실현하기 위해 국가 차원에서 생애주기에 따른 통합적이며 지속적인 교육기회를 제공하기 위한 노력을 기울인다. 이러한 핀란드의 노력은 롤즈주의적 가치 준거를 잘 대변한다. 따라서 교육복지를 '최소한의 절대적 수준의 보장'으로 바라보는 입장에서는 교육기회의 배분과 관련하여 롤즈주의적 가치 준거를 표방함을 알 수 있다.

[3. 교육복지 지원기준 논쟁의 재구성

1) 새로운 교육복지의 지원기준 탐색

지금까지 교육복지에 대한 주요 논점이 교육복지가 과연 모든 사람들에게 보편적으로 제공되어야 할 성질의 개념인지 혹은 소외된 계층에 대해 선별적으로 지원해야 하는 성질의 개념인지에 초점이 맞추어져 있었다. 선행연구에 따르면, 상대적으로 소외된 집단이나 계층을 교육복지 정책의 수혜대상으로 제시하는데 이견이 없었다(김병욱 외, 1999; 홍봉선, 2004; 김정원 외, 2005; 이혜영, 2005; 류방란 외, 2006; 박재윤 외, 2008; 박철희, 2009; 성기선 외, 2009; 정영수, 2009; 임혜숙 외, 2010). 이들은 주로 이들 소외계층에 대한 교육복지 실태 분석과 실천방안에 관심을 두었다. 특히, 교육기회의 배분 과정에서 상대적으로 소외된 집단에게 더 큰 가중치를 부여하였다. 즉, 교육복지를 통해 투입에 있어서 개인 간 상대적인 격차를 해소 또는 줄여주는데 초점을 두었다. 이는 앞서 살펴보았듯이 사회후생함수의 분류에 따르면 롤스적 가치판단 보다는 평등주의적 가치판단의 입장에서 바라보는 관점이라고 이해할 수 있다.

한편, 교육복지를 최소한의 절대적 수준을 보장해야 한다고 보는 입장은 모든 사람들을 교육복지의 수혜대상으로 간주하며, 투입뿐만 아니라 과정과 결과에 이르기까지 교육복지의 개념적 외연을 확대하여 교육복지를 개념화하였다. 이러한 입장은 교육복지를 평등주의적 가치 준거에서 벗어나 롤즈주의적 가치 준거에 보다 부합한다고 볼 수 있다. 이러한 입장에서는 교육기회를 박탈당해 정상적인 교육여건을 보장받지 못한 모든 사람이 교육복지의 주된 관심 대상이 되며, 최소한의 절대적인 수준 보장을 중시하였다.

하지만 교육복지를 '상대적 격차의 해소'나 '최소한의 절대적 수준 보장' 등으로 한정하여 바라볼 경우 특정 관점으로 치우친 상태에서 교육복지의 개념을 설정하게 된다는 한계를 가진다. 가령 '상대적 격차의 해소'를 교육복지의 개념으로 바라볼 경우 상대적 차이를 구체적으로 규명할 수 있는 기준이 명확하지 않다는 한계를 가진다. 또한 실제 교육복지가 가지는 위상을 복지 실현을 위한 하나의 수단이나 도구로 바라본다는 점에서 교육복지의 개념을 왜곡할 수 있다는 제한점이 있다. 반면, 교육복지를 최소한의 절대적 수준의 보장으로 개념화할 경우에는 최소한의 교육수준이 보장된 이후에는 상대적인 교육여건의 격차를 묵인하는 것이 정당화될 수 있다는 한계가 있다. 따라서 이런 개념적 한계를 보완하기 위해서는 교육복지의 개념은 상대적 격차의 해소와 최소한의 절대적 수준의 보장을 함께 아우르는 개념으로 재정립될 필요가 있다.

이런 접근 방식의 필요성은 정동욱(2011)의 연구에서 제시한 접근방식을 통해 정당화될 수 있다. 〈그림 3-2〉의 '가' 모형은 교육복지를 상대적인 격차의 해소로 개념화할 경우 발생할 수 있는 문제점을 보여준다. A집단과 B집단의 경우 모두 인간으로서 당연히 보장받아야 할 최소한의 절대적 수준의 교육기회 및 여건을 제대로 보장받지 못하고 있는 상황으로 볼 수 있다. 교육복지를 상대적인 격차의 해소로만 보는 입장에 따르면, 이러한 경우에라도 B집단에 대한 집중투자를 통해 A와 B집단 사이의 상대적인 교육격차가 감소한다면 교육복지가 제대로 구현되는 상황으로 바라볼 수 있다. 즉, 특정 교육영역에서 최소한의 절대적 수준에 미달하더라도 두 집단 간 차이가 점차 줄어들어 없어졌다면 교육복지 정책의 추가적인 수요가 더 이상 존재하지 않는다는 논리가 성립한다. 그러나 교육복지의 최소한의 절대 수준 보장으로 이해하는 입장에서는 이 경우에도 교육복지 정책에 대한 수요는 잔존하는 것으로 인식한다.

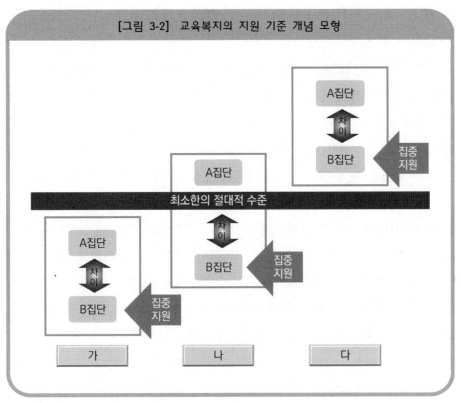

[그림 3-2] 교육복지의 지원 기준 개념 모형

주: 정동욱(2011) 연구의 p. 95에 있는 [그림 3]을 인용.

　　〈그림 3-2〉의 '나' 모형은 상대적인 격차를 해소하려는 노력이 최소한의 절대적 기준을 보장하려는 노력과 일치하는 상황을 도식화한 것이다. '나' 모형에서 A집단은 이미 최소한의 절대적인 교육수준을 이미 달성한 집단으로 볼 수 있다. 반면, B집단의 경우 그 기준을 미달한 집단이다. 두 집단 사이에는 상대적인 교육격차가 존재하는데, 이를 줄이기 위해 B집단에 집중적인 교육지원이 이루어지는 과정은 A집단과 B집단 사이의 상대적인 교육격차를 줄이기 위한 노력의 일환임과 동시에 B집단이 최소한의 절대적 교육수준을 달성할 수 있도록 지원하는 과정이다. 따라서 이 경우에는 교육복지의 개념을 바라보는

두 관점, 즉 '상대적 격차의 해소'와 '최소한의 절대적 기준' 등이 상통하는 상황으로 볼 수 있다.

마지막으로 〈그림 3-2〉의 '다'의 경우에는 '최소한의 절대적 수준의 보장'만으로 교육복지를 온전히 개념화하기 어렵다는 것을 잘 보여준다. '다'의 경우 A집단과 B집단 모두 최소한의 절대적 수준을 보장받은 상태이다. 이런 상황에서 A집단과 B집단 사이의 상대적인 격차가 존재한다면 이를 해소하기 위한 노력이 필요하다. 따라서 이럴 경우에는 B집단에 대한 교육지원을 강화하여 A집단과 B집단 사이의 교육격차를 줄이려는 노력이 요구된다.

따라서 교육복지를 상대적 격차의 해소로만 보는 입장에서 벗어나 최소한의 절대적인 수준의 보장을 함께 고려해야 한다. 〈그림 3-2〉의 '가' 모형에서 두 집단 간 차이에 관계없이 최소한의 절대적 수준의 교육을 받을 수 있도록 하는 교육복지 정책이 우선적으로 추진해야 한다. 또한 '나' 모형에서는 우선, 최소한의 절대적 기준에 미달하는 B집단에게 집중적으로 교육복지 서비스를 제공하고, 최소 기준이 달성된 상황 하에서 두 집단 간 상대적 격차를 해소하려는 노력이 필요하다. 마지막으로 〈그림 3-2〉의 '다' 모형에서는 두 집단 모두 최소한의 절대적인 교육기준을 보장받은 상황이므로 두 집단 간 상대적인 격차 해소에 중점을 두어야 한다. 이런 접근방식은 교육복지의 개념에 대한 김인희(2010)의 접근방식과 유사하다. 김인희(2010)는 절대적 소외와 상대적 소외 등의 개념을 통해 "교육소외를 극복하여 정상적인 교육과 학습이 이루어지는 상태 또는 교육소외를 극복하기 위한 의도적 노력"으로 교육복지를 개념화하였다. 따라서 교육복지는 단순히 상대적인 격차의 해소이냐 혹은 최소한의 절대적 수준의 보장이냐를 구분하기 보다는 최소한의 절대적 수준으로부터의 소외 현상과 집단 간의 상대적인 소외현상을 지속적으로 해결하기 위한 과정으로 논의될 필요가 있다.

2) 대상에서 내용 중심으로 교육복지의 패러다임 전환

　　교육복지는 최소한의 절대적 수준을 보장하는 것과 상대적인 차이의 해소를 함께 논의하는 것이 바람직하다. 교육복지의 개념을 이렇게 두 가지 견해의 상호 보완적인 관계로 이해하게 되면, 기존 교육복지의 수혜대상 중심의 논란은 더 이상 의미를 찾기 어렵게 된다. 교육복지를 상대적인 격차의 해소로 이해하는 입장에서는 주로 교육복지의 대상에 대해 관심을 두어 왔으나, 최소한의 절대적 수준의 보장이라는 견해에 따르게 되면 교육복지의 대상이 아니라 그 내용이 더 중요하게 된다. 양 견해의 보완관계로 이해하는 입장에서는 교육복지의 대상과 함께 교육복지의 내용과 수준까지 함께 논의해야 궁극적으로 교육복지의 실현이 가능할 수 있다. 즉, '누구를' 대상으로 하여 '무엇을', '어느 수준까지' 지원할 것인지의 논의가 함께 고려되어야 한다. 이는 지금까지의 교육복지 수혜대상 중심의 논의가 교육복지의 내용으로 확산 전이되어야 함을 의미한다.

　　물론 '무엇을 어느 수준까지' 지원할 것인지에 대한 개념 정립은 결국 교육복지를 통해 궁극적으로 달성해야 하는 최소한의 절대적 기준(national minimum)에 대한 구체화 과정을 통해 가능하다. 여기서 '최소한의 기준'은 교육복지에서의 '무엇을'에 해당하며, '절대적'이라는 용어는 어느 수준까지 해당 기준을 달성해야 하는 것인가를 내포하는 표현이다. 즉, 인간의 존엄성을 근간으로 하는 학습권에 대한 충분한 보장이 바로 교육복지의 근저에 있는 이념적 핵심이라고 한다면, 결국 이러한 기준을 구체적으로 명시하여 그 기준을 모든 학습자가 달성하도록 보장하는 것이 바로 교육복지의 핵심이다. 따라서 최소한의 절대적 수준을 무엇으로 보아야 하는지 그 개념과 세부 기준을 정립할 필요가 있다.

3) 교육복지 내용과 최소한 절대적 수준의 개념 정립

기존의 선행연구들은 교육복지가 본질적으로 상대적인 격차 해소에 초점을 둘 수밖에 없다고 보았다. 이로 인해 지금까지 사회적으로 소외되었던 계층들에 초점을 두고, 이들에게 집중적인 투자를 해야 한다는 입장을 강조하였다. 즉, 교육은 보편적인 성격을 가지는데 반해, 교육복지는 상대적인 소외현상을 해소하는 과정으로 보는 관점에서 주로 논의되었다.

하지만, 교육복지를 상대적 격차의 해소와 최소한의 절대적 수준의 보장을 함께 아우르는 개념으로 재개념화 할 경우 교육복지의 내용이 달라져야 한다. 김인희(2010)는 교육복지를 절대적 소외와 상대적 소외로 나누고, 양자의 관점에서 교육복지를 논의해야 한다고 보았다. 특히나, 절대적 소외를 논의하기 위해서는 최소한의 절대적 수준(national minimum)의 세부내용을 구체화하는 과정이 필요하다고 강조하였다. 하지만 기존에는 이러한 최소한의 절대적 수준의 개념 및 세부기준에 대한 관심이 부족하였다. 구성원들의 합의를 통해 무엇이 최소한의 절대적 수준이 되어야 하는지에 대한 논의 과정이 무엇보다 중요하였으나, 많은 선행연구들은 이러한 논의에 관심을 기울이지 못하였다. 즉, 기존의 교육복지를 바라보았던 관점이 상대적 격차의 해소였다면, 여기에 더하여 최소한의 절대적 수준을 보장해야 한다. 따라서 교육복지를 상대적 소외의 해소로만 볼 것이 아니라 최소한의 절대적 수준의 보장을 함께 고려하는 과정에서 교육복지의 내용이 무엇인지 이론적 접근이 요구된다.

교육복지의 개념을 최소한의 절대적 수준까지 함께 아울러 개념화할 경우 교육복지의 내용 중의 핵심인 '최소한의 절대적인 수준'을 과연 무엇으로 볼 것인지 구체화하는 과정이 필요하다. 정동욱(2011)의 연구에 따르면, 다수의 전문가들은 의무교육연한이 최소한의 절대적 수준으로 논의되는 것이 바람직하다고 보았다. 또한 일부 전문가들은 학급당 학생 수, 교사 자격 등에 대해

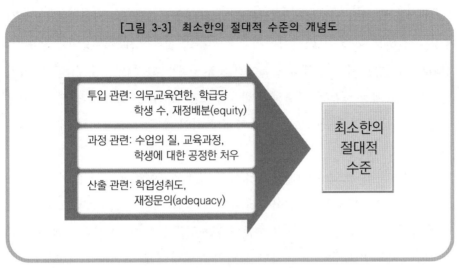

[그림 3-3] 최소한의 절대적 수준의 개념도

투입 관련: 의무교육연한, 학급당 학생 수, 재정배분(equity)

과정 관련: 수업의 질, 교육과정, 학생에 대한 공정한 처우

산출 관련: 학업성취도, 재정문의(adequacy)

최소한의 절대적 수준

주: 정동욱(2011) 연구의 p. 99에 있는 [그림 5]를 인용.

서도 사회적으로 일정한 수준의 합의가 가능하다고 보았다. 그러나 이러한 논의에도 불구하고, 최소한의 절대적 수준에 대한 내용과 범위에 대한 구체적인 합의가 없었다는 점에 공감하면서 이에 대한 심도 있는 연구의 필요성을 강조하였다.

최소한의 절대적 수준으로 적합한 요소들은 〈그림 3-3〉과 같이 투입-과정-산출의 범주로 구분해 볼 수 있다. 첫째, 투입과 관련한 최소한의 절대적 수준으로는 의무교육연한, 학급당 학생 수, 형평성(equity)과 관련한 교육재정 등이 있다. 먼저, 정동욱(2011)의 연구에서 전문가들은 공통적으로 의무교육연한을 최소한의 절대적 수준으로 보는 것이 바람직하다고 보았다. 즉, 한 개인에게 국가가 정한 최소한의 교육연한을 보장함으로써 한 개인의 인간다운 삶을 영위하고 사회통합 및 경제성장의 동력을 확보할 수 있다고 강조하였다. 다음으로 학급당 학생 수의 경우에도 최소한의 절대적 기준의 한 예로 볼 수 있다. 학급당 학생 수와 관련하여 교육과정에 명시되어 있는 수업을 하기 위해서는 학급당 몇 명의 학생들이 적정한지 살펴볼 필요가 있다. 적정 학급당 학생 수를 추산하는 과정은 최소한의 절대적 수준의 교육여건을 보장하기 위해 우선되는 과정으로서 최소한의 교육여건을 보장하는 과정으로 볼 수 있다. 마지막으로 교육재정 배분과 관련하여 학생 1인당 교육비를 균등하게 배분하고자 하는 노력 역시 학생들에게 최소한의 절대적인 수준의 교육비를 제공하려는 과정으로 볼 수 있다.

둘째, 과정요소와 관련해서 최소한의 절대적 수준으로 바라볼 수 있는 요소들로 수업의 질, 교육과정, 학생에 대한 공정한 처우 등을 살펴보고자 한다. 먼저 학생들이 최소한의 절대적 수준의 교육혜택을 누릴 수 있기 위해서는 최소한의 절대적인 수준에서 합당한 수업이 누구나에게 보장되어야 한다. 다음으로 교실에서 이루어지는 수업은 국가에서 법으로 명시한 교육과정을 충실하게 수행되는 것을 기본으로 한다. 모든 학생들에게 국가교육과정을 교육해야 하며, 이런 과정 역시 최소한의 절대적 수준으로 이해됨이 바람직하다.

셋째, 결과 단계와 관련하여 일정한 학업성취를 모든 학생들에게 보장해야 한다는 관점에서는 특정한 학업성취 결과를 모든 사람들이 달성해야 하는 최소한의 절대적 기준으로 바라본다. 이러한 입장은 다음 단계의 교육을 받는 데 있어 선행되어야 할 지식을 분명하게 습득하도록 충분히 지원해야 한다는 측면에서 의의가 있다. 이런 과정을 통해 사회 성원으로서 필요한 자질을 함양한다는 측면까지도 고려되어야 한다. 또한, 교육재정의 운영과 관련하여 최소한의 절대적 수준의 교육성취를 보장하기 위해 필요한 재원을 충분히 지원해야 한다는 충분성(adequacy) 역시 결과 측면에서 최소한의 절대적 수준으로 볼 수 있다.

최소한의 절대적 수준의 개념과 세부기준을 사회적 합의를 통해 설정하는 과정은 상대적인 소외계층에 대한 지원과 투자로 간주하였던 교육복지의 영역을 교육과정, 수업의 질, 학업성취 등과 같은 과정 및 결과의 영역까지로 확대한다. 즉, 교육복지의 스펙트럼이 더욱 넓어진다는 것을 의미한다. 하지만 아직까지도 최소한의 절대적인 수준이 구체적으로 어떤 요소들을 포함해야 하는지 구체적인 연구가 이루어지고 있지 못하는 실정이다. 결국 이러한 최소한의 절대적 수준의 개념 및 세부 기준을 살펴보는 과정은 교육정책 목표의 구체화, 교육복지 실현을 위한 전초단계로서 우선적으로 논의되어야 할 필요가 있다.

4) 교육복지 대상의 확대

일반적으로 교육복지의 수혜 대상은 사회적·경제적 소외계층뿐만 아니라 문화적으로 소외된 계층까지 포함하고 있다(한만길 외, 2000; 송인자, 2003; 김정원 외, 2005; 이혜영, 2005; 김인희, 2006; 류방란 외, 2006; 김정원, 2008; 박철희, 2009; 이정선, 2009; 김인희, 2010; 류방란 외, 2010). 이처럼, 교육복지의 대상은 국민 모두가 아니라 사회, 경제, 문화적 약자라는 일부 계층에 한정되고 있는 것은 교육복지를 상대적인 격차 또는 소외의 해소라는 관점으로 이해하고 있기 때문이다. 현재 우리나라의 교육복지 정책은 교육불평등 해소, 방과후 활동, 평생교육, 학교 부적응 치유, 정보화 교육으로 나뉘며 총 20개의 사업을 진행되고 있는데, 이 중 85%(17개)는 학령기 아동 및 청소년을 주 대상으로 하고 있다(정동욱, 2011). 정동욱(2011)의 연구에서 제시한 바와 같이 교육복지의 대상을 학교 울타리 밖으로 확대할 필요가 있다. 사회경제적 취약계층의 학생뿐만 아니라, 교육기회를 박탈당한 청소년 나아가 성인에 이르기까지 최소한의 절대적 수준의 교육을 받지 못한 국민들도 교육복지의 수혜 대상으로 포함되어야 할 것이다.

교육복지 대상의 스펙트럼을 넓히는 과정은 〈그림 3-4〉에서 나타난 것처럼 교육복지의 교육투입요소, 교육과정요소, 교육산출요소와 관련하여 살펴볼

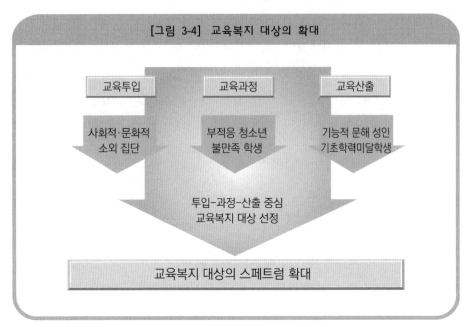

[그림 3-4] 교육복지 대상의 확대

교육투입	교육과정	교육산출
사회적·문화적 소외 집단	부적응 청소년 불만족 학생	기능적 문해 성인 기초학력미달학생

투입-과정-산출 중심
교육복지 대상 선정

교육복지 대상의 스페트럼 확대

주: 정동욱(2011) 연구의 p. 103에 있는 [그림 6]을 인용.

수 있다. 먼저 교육투입요소의 경우 출발점에서의 평등을 의미한다. 이는 사회적·문화적 배경에 관계없이 교육을 받기 위한 준비를 모든 사람들에게 보장함을 의미한다. 이때, 이러한 준비를 제대로 보장받지 못한 사회적·문화적인 소외계층이 바로 교육복지의 대상이 될 수 있다.

교육과정요소와 관련하여 살펴보면, 학교교육과정과 학교에서 이루어지는 교육과정 가운데 발생하는 부적응 및 불만족 문제를 고려해 볼 수 있다. 교사의 차별, 표찰(labeling) 과정 등으로 인해 정상적인 교육을 받지 못하는 학생들을 교육과정 상에서 나타나는 교육복지 대상 집단으로 분류해 볼 수 있다. 예로써, 학교교육에 적응을 하지 못해서 이탈한 청소년들과 수업에서의 차별과 표찰(labeling) 과정으로 인해 학교수업에 만족하지 못하는 학생들을 교육복지의 대상으로 볼 수 있다.

이 뿐만 아니라 교육산출요소와 관련하여 정상적으로 학교교육을 받았다고 하더라도 최소한의 학업성취를 보이지 못한 학생들 역시 교육복지의 대상이 되어야 한다. 최소한의 학업 결과는 학생들의 기본적인 학습권이라는 측면에서 최소한의 학업성취를 강조하는 것은 필요하다. 또한 사회생활에 필요한 기본적인 기능을 익히지 못한 성인, 과거 학교교육으로부터 소외된 성인들까지 교육복지의 대상으로 포함해야 한다. 생애주기적 관점에서 이러한 성인들의 학습권을 보장하여 인간다운 삶의 여건을 제공해야 한다는 관점에서 교육복지 대상의 문제를 바라볼 필요가 있다.

[4. 향후 교육복지의 실현 방향

지금까지 살펴본 바와 같이 교육복지 지원 기준을 재조명하는 과정을 통해 〈그림 3-5〉와 같이 향후 교육복지의 실현 방향을 정리할 수 있다. 이런 추진 방향의 근저에는 앞서 논의한 바와 같이 교육복지가 최소한의 절대적 수준을 보장하는 것과 상대적인 차이의 해소를 함께 논의하는 것이 바람직하다는 전제가 깔려있다. 교육복지의 개념을 이렇게 두 가지 견해의 보완관계로 이해하게 되면, 기존 교육복지의 수혜대상 중심의 논란은 더 이상 의미를 찾기 어렵게 된다. 교육복지를 상대적인 격차의 해소로 이해하는 입장에서는 주로 교육복지의 대상이 누구이어야 하는가에 중점을 두어 왔으나, 최소한의 절대적 수준의 보장이라는 견해에 따르게 되면 교육복지의 대상이 아니라 그 내용이 더 중요하게 된다. 양 견해의 보완관계로 이해하는 입장에서는 교육복지의 대상과 함께 교육복지의 내용과 수준까지 함께 논의해야 궁극적인 교육복지 실현을 할 수 있게 된다. 즉, '누구를' 대상으로 하여 '무엇을', '어느 수준까지'

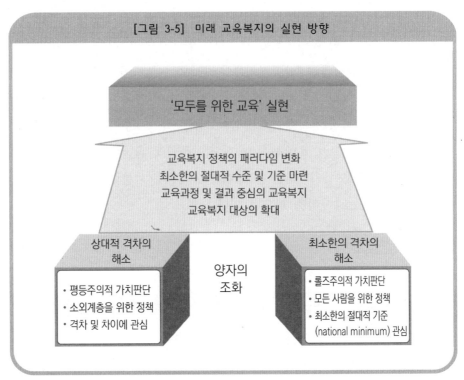

[그림 3-5] 미래 교육복지의 실현 방향

'모두를 위한 교육' 실현

교육복지 정책의 패러다임 변화
최소한의 절대적 수준 및 기준 마련
교육과정 및 결과 중심의 교육복지
교육복지 대상의 확대

상대적 격차의
해소

양자의
조화

최소한의 격차의
해소

• 평등주의적 가치판단
• 소외계층을 위한 정책
• 격차 및 차이에 관심

• 롤즈주의적 가치판단
• 모든 사람을 위한 정책
• 최소한의 절대적 기준
 (national minimum) 관심

주: 정동욱(2011) 연구의 p. 96에 있는 [그림 4]을 인용.

지원할 것인지의 논의가 함께 고려되어야 한다. 이는 지금까지의 교육복지 수혜 대상 중심의 논의가 교육복지의 내용으로 확산 전이되어야 함을 의미한다.

물론 '무엇을 어느 수준까지' 지원할 것인지에 대한 개념 정립은 결국 교육복지를 통해 궁극적으로 달성해야 하는 최소한의 절대적 기준(national minimum)에 대한 구체화 과정을 통해 가능하다. 여기서 '최소한의 기준'은 교육복지에서의 '무엇을'에 해당하며, '절대적'이라는 용어는 어느 수준까지 해당 기준을 달성해야 하는 것인가를 내포하는 표현이다. 즉, 인간의 존엄성을 근간으로 하는 학습권에 대한 충분한 보장이 바로 교육복지의 근저에 있는 이념적 핵심이라고 한다면, 결국 이러한 기준을 구체적으로 명시하여 절대적으로 그 기준을 모든 학습자가 달성하도록 보장하는 것이 바로 교육복지의 핵심이다. 따라서 최소한의 절대적 수준을 무엇으로 보아야 하는지 그 개념과 세부기준을 정립할 필요가 있다.

이런 관점을 기반으로 향후 교육복지 정책이 추구해야 할 지향점을 제시하면 다음과 같다. 첫째, 교육복지 정책의 패러다임을 기존 대상 중심에서 내용 중심으로 전환하는 것이다. 기존 교육복지 논쟁은 그 수혜 대상에 초점을 맞춰 왔다. 교육복지를 개인/집단 간 상대적인 격차의 해소로 바라보는 입장에서는 교육복지의 대상이 주요 관심사였다. 그러나 교육복지가 상대적 격차의 해소 이외에도 최소한의 절대적 수준의 교육을 보장하는 것이 보완될 경우 무엇이 최소한의 절대적 수준의 교육인가에 대한, 즉 교육복지의 내용에 대한 심도 있는 토론과 논의를 바탕으로 한 구체적인 교육복지의 내용이 마련될 필요가 있다. 다시 말하면, 기존 대상 중심의 교육복지 논의는 내용 중심으로 전환되어야 하며, 이에 따라 교육복지 내용 중심의 정책 과제가 새로이 발굴되어야 한다.

둘째, 교육의 개념에 있어서 최소한의 절대적 수준의 교육에 대한 개념 정립과 기준의 세부화이다. 관련 연구들은 의무교육연한, 학급당 학생 수, 교사자격 등을 교육을 받는 과정에서 인간으로서 반드시 보장되어야 할 '최소한의 절대적 수준'으로 논의를 전개하였다. 무엇보다도 최소한의 절대적 수준을 명확하게 정립하기 위해 그 수준이 무엇이 되어야 하는지 국민적 합의가 필요하다. 또한 이런 국민적 합의를 도출하기에 앞서, 학계에서 최소한의 교육수준이 무엇인지 그 내용을 살피는 과정과, 그 여부를 판가름할 수 있는 기준이 무엇인지 등에 대해 이론적·철학적인 논의가 충분히 이루어질 필요가 있다.

셋째, 교육과정 및 결과까지 아우르는 교육복지 정책의 과제 발굴이 우선되어야 한다. 교육복지 논의의 중심이 투입 중심에서 과정 및 산출까지 아우르는 관점으로 옮겨져야 한다. 기존의 상대적인 차이를 줄이는데 교육복지의 주된 목적이 있다고 보았던 관점에서는 개념적 한계로 인해 투입 과정에 초점을 맞춰 왔다. 하지만 앞서 언급한 것처럼, 교육복지는 투입(Input)-과정(Process)-산출(Outcome)의 각 단계에서 구현되어야 할 요소들이 명백하게 존재한다. 교육복지가 헌법에 규정된 '균등하게 교육받을 권리'를 보장하는 노력이며, '만인을 위한 교육'을 표방하는 공교육체제를 정상화하는 방안으로 논의되는 시점에서 종래에 간과되었던 교육과정과 결과 측면에서 교육복지 정책과제들이 새롭게 도출되어 논의될 필요가 있다.

마지막으로, 교육복지의 스펙트럼이 확대되는 과정에서 교육복지의 대상 또한 확대될 필요가 있다. 교육복지의 대상은 기존 소외계층 학생에서 교육기회를 갖지 못했던 청소년, 성인에 이르기까지 확대하려는 노력이 필요하다. 특히, 교육복지를 상대적 격차의 해소뿐만 아니라 최소한 절대적 수준의 교육의 보장이라는 관점에서 본다면 교육복지의 수혜대상은 교육기회를 박탈당한 청소년과 성인들로 확대되어야 하며, 궁극적으로는 전 국민이 교육복지의 수혜자로 바라보는 인식의 전환이 요구된다. 결국 교육을 인간이 당연히 가져야 할 인격권 또는 인권(Human Right)을 보장하는 과정으로 바라볼 때, 교육복지에 대한 인식 변화는 '인간 행동의 계획적인 변화 실현'이라는 교육의 본질적인 개념에 가장 적합하다고 볼 수 있다.

- 권충훈·김훈희(2009). 핀란드 교육의 성공 요인 분석과 논의. 교육사상연구, 23(3), 331-353.
- 김동건(2005). 현대재정학(제5판). 서울: 박영사.
- 김병욱·김인홍·이두휴(1999). 광주·전담 지역 교육복지의 수준 분석. 교육사회학연구, 9(3), 25-64.
- 김은선(2009). 교육복지투자우선지역 지원사업의 이용자 만족도에 관한 연구. 사회복지개발연구, 15(4), 351-382.
- 김인희(2006). 교육복지의 개념에 관한 고찰. 교육행정학연구, 24(3), 289-314.
- 김인희(2010). 교육소외의 격차 해소를 위한 교육복지정책의 과제. 한국사회정책, 17(1), 129-175.
- 김정원·이혜영·배은주·허창수(2005). 외국인 근로자 자녀 교육복지 실태 분석 연구. 한국교육개발원. 연구보고서 RR 2005-5.
- 김정원(2008). 교육복지 마스터플랜 수립 배경과 방향. 한국교육개발원(2008). 교육복지 마스터플랜 수립을 위한 정책토론회 자료집, 3-29.
- 류방란·이혜영·김미란·김성식(2006). 한국 사회 교육복지지표 개발 및 교육격차분석-교육복지지표 개발. 한국교육개발원.
- 류방란·이광현·이기준·이은미·현대호(2010). 교육복지 지수 개발 및 DB구축 방안 연구. 한국교육개발원. CR 2010-24.
- 박재윤·황준성(2008). 교육복지에 관한 법리 및 관련 법제의 현황과 과제. 교육법학연구, 20(1), 49-81.
- 박철희(2009). 농산어촌 초등학교 교사·학생의 교육복지 요구 분석. 열린교육연구, 17(3), 233-260.

■ 성기선·박철희·양길석·류방란(2009). 농산어촌 교육 실태 분석 및 교육복지 방안 연구. 한국교육개발원 연구자료. RR 2009-11.

■ 소병희(2004). 공공부문의 경제학. 서울: 박영사.

■ 송인자(2003). 성인지적 관점과 교육복지 제도화. 교육학연구, 41(4), 365-388.

■ 윤정일(1990). 21세기사회의 교육복지정책. 교육이론, 5(1), 121-146.

■ 윤철수(2005). 학생 교육권 보장과 교육복지. 상황과 복지, 20, 59-85.

■ 이돈희(1999). 교육정의론. 서울: 교육과학사.

■ 이정선(2009). 교육복지투자우선지역지원사업을 통한 교육복지공동체의 구축. 초등도덕교육, 30, 73-111.

■ 이준구(2004). 재정학(제3판). 서울: 다산출판사.

■ 이준구(2008). 미시경제학(제5판). 경기: 법문사.

■ 이태수(2004). 교육복지 구현 종합방안 연구. 교육인적자원부.

■ 이혜영(2002). 교육복지정책. 한국교육평론.

■ 이혜영(2005). 도시 저소득 지역의 교육복지 실태. 한국교육개발원(2005). 교육 소외계층의 교육복지 실태와 대책. 2005 교육인적자원혁신박람회 정책세미나. RM 2005-13.

■ 임혜숙·송노원(2010). 소외계층 영재들에 대한 교육복지정책 분석. 21세기사회복지연구, 7(1), 219-242.

■ 정동욱(2011). 교육복지정책의 쟁점과 추진방향 연구. 한국인적자원연구센터. 연구과제 KHR 2011-5.

■ 정영수(2009). 교육복지정책의 방향과 과제. 교육정치학연구, 16(3), 31-52.

■ 정영순(2002). 한국과 영국의 청소년 고용증진정책 비교연구. 한국사회복지학, 49, 103-112

■ 주노종·이우형(2006). 사회후생함수와 정책결정의 관계고찰. 법경제학연구, 3(1), 51-79.

■ 천세영(2002). 교육복지 투자 우선지역 지원사업 계획 수립방향. 교육복지 투자 우선지역 계획수립을 위한 공청회. 한국교육개발원, 35-64.

■ 최송식·김효정·박해긍·배은석·송영지(2007). 한국 교육복지정책의 지역적 접근에 관한 사례연구. 한국사회복지교육. 11(3), 125-153.

■ 표갑수·장영인(2008). 교육복지사업의 평가와 과제. 한국지역사회복지학, 27, 311-341.

■ 한국교육개발원(2007). 핀란드의 공교육 개혁과 종합학교 운영 실제. 현안보고OR 2007-3-8.

■ 한만길·김정래·윤여각·윤종혁(2000). 21세기 교육복지 발전 방안 연구. 한국교육 개발원. 연구자료 CRM 2000-3.

■ 홍봉선(2004). 우리나라 교육복지의 방향과 과제. 한국사회복지학, 56(1), 253-282.

■ 홍봉선(2009). 교육복지 분석준거틀 구성과 교육복지법에의 적용. 학교사회복지, 17, 1-27.

■ Bergson, A. (1954). On the Concept of Social Welfare. *Journal of Economics*, 68(2), 233-252.

■ Varian, Hal, R. (2010). *Intermediate Microeconomics(8th ed.)*. New york: W. W. Norton & Company, Inc.

제**4**장 Education Welfare

교육복지의 철학적 토대 탐색

　　교육복지를 제대로 실현하고 학문으로 정립하기 위해선 우선 교육복지의 목적과 가치, 교육복지를 위한 자원 배분, 교육복지 서비스 이행 방법 면에서 이론적·철학적 토대를 탐색하고 정립하려는 노력이 필요하다. 궁극적으로 교육복지의 철학적 토대 탐색은 교육복지를 어떻게 바라보고 시행하는가에 대한 이론적 관점을 정리하는 것이기 때문에 매우 중요하다.

1) 인권보장으로서의 교육

가. 인권의 개념

인권이란 인간이 인간이기 때문에 가지는 권리, 즉 인간 본연의 권리를 말한다(박용조, 2006; 임용수, 1994). 더욱 구체적으로, 고전(1999)은 인권을 사람이 살아가는데 기초로서 필요한 생래적 권리로 규정하였다. 국가인권위원회(2002)는 인권을 사람의 권리로서가 아니라 사람답게 살 권리라는 것을 강조한다. 이러한 인권은 그 기원을 자연법에서 찾고 있다(박용조, 2006; 임용수, 1994; 윤철수, 2005). 즉, 인권은 자연인으로서 인간이면 누구에게나 권리를 인정한다는 의미가 내포하고 있다.

임용수(1994)는 Wassertrom에 의해 요목화된 인권의 특징을 제시하고 있다. 첫째, 인권은 모든 인간이 그리고 인간만이 소유한다. 둘째, 인권은 모든 인간이 평등하게 소유한다. 셋째, 특별한 관계나 역할에 의하여 가지게 된 권리는 인권과 구별되어야 한다. 넷째, 인권은 모든 인간에게 평등하게 부과된 요구의 권리이다. Nickel(1987)의 경우 오늘날 인권은 더욱 평등주의적이고, 보다 덜 개인주의적이며, 국제적인 특성을 지니고 있음을 강조한다. 이러한 특징들로 볼 때, 인권은 모든 인간에게 적용되고 평등하게 주어진다는 점에서 보편적인 권리이다(김형식·이지영, 2001; 박용조, 2006). 특히 인권은 어느 특정 개인만이 누리는 권리가 아니라 공동체 구성원으로서 타인도 누리는 것으로서 개개인 간 상호성 및 상호존중성이 포함되어 있다.

인권과 유사한 개념으로서 기본권 개념이 있다. 인권은 인간의 존엄성과 평등에 대한 권리적 표현인 반면에, 기본권은 헌법에 규정된 개인의 권리로 규정된다(최유, 2003). 기본권은 실정법 상 권리이며, 인권은 자연권으로 규정하고 있다. 최유(2003)에 따르면, 역사적으로 기본권 중 자유권적 기본권의 유래가 인권 사상에서 비롯되었고, 정치적, 경제적, 사회적 기본권 등도 인간의 권리와 보완관계에 있는 것으로 보아, 인권과 기본권은 대체로 동일시해도 무방하다고 한다. 결과적으로 한 국가나 사회 입장에서 볼 때, 인권은 기본권으로 제도화되어 있음을 의미한다.

나. 인권, 기본권 및 교육 받을 권리와 관계

기본권으로 제도화된 인권은 당연히 국가에 의해 보장되고 보호되어야한다. 앞에서 살펴본 것처럼, 인권은 본질적으로 문화적 배경, 연령, 성별, 능력 및 환경 등을 막론하고, 모든 인간에 적용되는 보편적 특성을 지니고 있다. 한편, 이러한 인권이 제도화된 기본권인 실정법 상의 권리로서 운영되는 경우, 불변의 정태적인 것이 아니라 시간 및 상황에 따라 상이하게 나타난다(윤철수, 2005). 여러 가지 정치적, 경제적 이유 때문에 인간의 기본권은 제한되는 경우가 있다. 그럼에도 불구하고, 인권은 모든 인간의 권리로서 이행되고 지켜져야한다. 이러한 맥락에서 임용수(1994)는 인권 보장이 민주사회의 초석이라는 점을 강조한다.

교육과 인권 간의 관계가 구체적으로 잘 적시되어 있는 것이 바로 유네스코에 의해 주장된 '모든 이를 위한 교육'(Education for All)의 개념이다. 유네스코는 1948년 제정된 세계인권선언을 토대로 교육은 인간의 기본적 권리임을 강조하고 누구나 평등한 양과 질의 교육을 받을 수 있어야 함을 주장하였다(안병영·김인희, 2009). 인권은 인간형성과 관계되고 가치지향성을 띠는 교육과 본질적으로 관련성을 가진다. 임용수(1994)는 인권을 보장하고 신장시킨다는 것은 교육의 실천적 행위와 관련이 있음은 물론 교육을 받은 결과와도 관련이 깊다는 사실을 지적한다. 특히, 윤철수(2005)는 교육을 받을 권리가 기본적인 인권이라는 점을 강조하였다. 그는 교육을 받을 권리는 인권으로서 자연법적, 천부적 헌법 이전의 권리임을 명시하고 있다. 즉, 교육은 인간으로서 가치를 가지게 하고, 인간의 행복을 결정해 주는 요체라는 사실에서 교육을 받은 권리는 바로 인간의 기본적 인권에 해당한다.

우리나라의 경우, 교육을 받을 권리는 헌법적 권리로서 법률에 의해 보호되고 보장된다. 실제 우리나라 [헌법 제31조], [교육기본법 제3, 4, 8조], [초·중등교육법 제12조]에서는 모든 국민이 교육을 받을 권리가 있음을 명시하고 있다. 구체적으로 헌법 제31조에서는 모든 국민은 능력에 따라 균등하게 교육받을 권리가 있으며, 모든 국민은 그 보호하는 자녀에게 적어도 초등교육과 법률이 정하는 교육을 받게 할 의무를 지고, 의무교육은 무상으로 하며, 국가는 평생교육을 진흥하여야 한다고 규정하고 있다. 교육기본법 제3조에서는 모든 국민은 평생에 걸쳐 학습하고 능력과 적성에 따라 교육받을 권리를 가지며, 성별, 종교, 신념, 사회적 신분, 경제적 지위 또는 신체적 조건 등을 이유로 교육에 있어서 차별을 받지 아니하고, 모든 국민은 의무교육을 받을 권리를 가진다고 규정하고 있다. 아울러, 초·중등교육법 제12조에서는 국가가 의무교육을 실시하고, 시설의 확보 등 바람직한 교육환경을 조성할 책임이 있음을 규정하고 있다. 우리나라의 경우 결과적으로 볼 때, 헌법상 기본권으로서 교육을 받을 권리는 인권이 제도화된 형태라고 볼 수 있다. 또한, 교육을 받을 권리는 실천적 의미에서 인간이면 누구나 인간다운 삶을 영위하기 위해 가지는 보편적 권리임과 동시에 국가 구성원으로서 시민이 행사하는 특정 권리이다.

다. 교육복지에 주는 시사점

우리나라 헌법과 교육 관련법에서 교육을 받을 권리를 명시하고 있음은 국가가 모든 국민의 삶의 질 보장과 국민 복지권의 실현을 위해 노력할 의무를 부가하고 있음을 의미한다. 이러한 측면에서 교육과 복지는 분리할 수 없는 관계이며 그 대상과 범위의 측면에서 보편주의의 성격을 띠고 있다(윤철수, 2005). 인간 본연의 권리를 보전하면서 자신의 잠재력을 최대한 개발할 수 있도록 하는 교육이야말로 인권을 실현하는 활동 그 자체에 해당한다. 특히, 인간의 개성과 개인차에 주목하고 그것에 적합한 교육을 시행한다는 것은 개인적 차원에서 교육을 받을 권리에 부응함을 의미한다. 인권으로서 교육을 받을 권리의 보장은 인간의 존엄성에 대한 기본적인 신뢰와 인간의 타고난 권리에 대한 인식의 바탕에서 교육대상자의 개성이 존중되어야 함을 시사하고 있다. 이러한 맥락에서 최근의 경우, 단순히 교육권을 보장하는 차원을 넘어서 교육실제에서 학생 및 아동·청소년의 인권 보장이 강조되고 있다. 교육실제에서 학생 및 아동·청소년 인권 보장은 교육복지 실천에 해당한다.

특히, 오늘날의 경우 인권이 더욱 평등주의적이고 덜 개인적이며, 국제적인 특성을 지닌다(Nickel, 1987)는 점을 고려해 볼 때, 인권으로서 교육을 받을 권리는 인종, 성, 지역, 계층, 출신 성분 등에서 비롯되는 차등이나 차별 없는, 즉 어떠한 경우에도 교육에서 모든 인간을 동등하게 존중하고, 권리를 보장해야 함을 의미한다(임용수, 1994). 아울러, 오늘날 교육이 지위 배분의 가장 주요한 요소가 되기 때문에 교육의 기회를 균등하게 배분하는 것이 평등주의 원리의 실천이다. 모든 인간은 그 나름의 바라는 대로 지위를 성취하기 위한 교육기회를 균등하게 배분하는 것이 인권 보장을 위한 평등주의 원칙에 합당한 것이다. 아울러 인권 보장 및 신장 면에서 교육은 인격체의 완성과 인간상호 이해의 증진에 그 목적을 두고, 인간의 진정한 자아실현에 기여해야 한다. 이러한 견지에서 볼 때, 학교교육이 인적 자원 양성 측면에서 경쟁만을 강조하고 오히려 빈부격차를 늘리고 불평등을 심화시킨다면, 교육이 복지 구현과 인권 보장에서 멀어지는 결과만을 초래한다. 유사한 맥락에서 안병영·김인회(2009)는 입시경쟁에 내몰리고 있는 학교교육 상황에서 교육 내 복지기능 강화와 궁극적으로 교육의 인간화 실현이 교육복지라고 선언한다.

앞에서 살펴본 것처럼 인간이 인간답게 삶을 살아가도록 하는 것, 즉 인권의 실현을 위해선 교육이 필수이다. 인권 보장 및 실현 맥락에서 인간은 누구나 그 교육을 평등하게 받을 권리를 가지고 있다. 이러한 맥락에서 보면, 궁극적으로 교육에서 기회균등은 물론이고, 질적 및 양적인 차원에서 평등한 교육을 받는 데 야기되는 여러 장애를 해소하는 교육복지 활동에 인권이 사상적·철학적 토대 역할을 한다고 볼 수 있다.

2) 교육에서 평등성과 형평성

가. 교육의 평등성(equality)

평등성 혹은 평등주의(egalitarianism)는 인간이 차별 받지 않을 권리를 가진다는 점에서 존재의 동일성을 기반으로 한 자유주의 철학적 개념을 기반으로 한다(박휴용, 2012). 우리나라 헌법 제31조 1항은 모든 국민은 능력에 따라 균등하게 교육을 받을 권리를 가진다고 명시하고 있다. 이는 교육에 있어서 모든 국민은 학습능력 이외에 그 어떤 요소에 의해서도 차별되지 아니한다는, 즉 교육의 평등성을 가진다는 의미이다. 구체적으로 교육의 평등성 원칙은 우리나라의 모든 국민이 성별, 종교, 신념이나, 어떠한 경제적 능력 때문에 교육의 기회에서 차별받지 아니한다는 점이다. 이는 곧 교육의 평등성이 교육기회의 균등을 의미한다는 것을 시사한다. 자본주의를 기반으로 한 우리 사회에서 특히 경제적 능력, 즉 부모의 경제 지위 및 능력이 아동 및 학생의 교육기회를 좌우하지 아니해야 한다는 점이다(김용일, 2012). 이러한 교육의 평등성 이념은 헌법 제31조 3항이 규정한 무상교육제도를 통해서 대표적으로 실현된다. 아울러, 빈부의 차이나 부모의 학력에 관계없이 모든 국민은 차별 없이 최상의 교육을 받을 수 있도록 국가 및 지방자치 단체에게 그 의무가 법률에 의해 부가되어 있다.

이성호(2003)의 견해에 따르면, 평등의 논의에 있어 무엇을 평등하게 하자는 것인가에 따라 평등성 개념이 달라진다. 평등의 대상이 접근(access)과 성취(achievement)인 경우, 우선 접근에 있어 평등이란 사회적 재화나 가치에 대한 접근의 평등을 말하는 것으로서 기회의 평등 또는 기회의 균등을 의미한다. 둘째, 평등의 대상이 성취인 경우, 재화나 가치를 획득함을 의미하며, 이는 결과의 평등을 의미한다. 보다 구체적으로 평등성은 분배의 문제, 즉 분배의 정의 입장에서 종종 자유와 갈등을 야기한다. 평등만을 무한정 내세워 개인의 자유를 속박하면서까지 배분적 평등을 실현하거나 국가가 개입하는 경우는 문제점이 야기된다. 또한, 결과나 성취의 평등을 지나치게 내세우는 경우 성취에 대한 개인의 책임을 최소화시키고 성공을 향한 개인의 의지나 노력 같은 요소를 무의미하게 만드는 문제도 발생시킨다.

평등성 또는 평등 기반 자원 배분과 관련해서 주목해 볼 점은 교육이라는 가치를 분배하는 것은 경제적 이익이나 정치적 권한을 배분하는 것과는 성격이 다르다는 점이다(이성호, 2003). 경제적 이익이나, 정치적 권한의 경우 공정하게 나누어 배분하는 것으로서 평등성이 보장된다. 하지만, 교육에서의 경우 단순히 기회의 균등 보장, 즉 취학의 기회를 보장하는 것만으로서 공정한 배분이 완성되지는 못한다. 즉, 선천적으로나 환경적으로 결함을 지닌 학생은 단순히 교육의 기회를 보장한다고 해서 교육의 평등성이 확보되지 않는다. 예를 들어 이전 단계에서 수학능력이 결핍되었거나 학습을 하는데 있어 경제적, 신체적, 정서적 결함이 있는 학생들의 경우, 교육의 기회(대학진학 기회 제공) 보장만으로 완전히 교육에서 평등이 실현되지 못한다. 왜냐하면, 그들은 고등교육과정에서 수학능력 부족 등 여러 가지 이유로 중도 탈락하거나, 차별받는 결과가 야기될 수밖에 없기 때문이다. 이러한 견지에서 현재 교육에서 평등성은 단순히 교육기회의 평등을 의미하는 양적 평등을 넘어, 교육의 여건, 환경, 과정 등과 아울러 교육의 결과 평등까지 포함하는 질적 평등으로 평등 보장 범위가 더욱 확대되고 있다. 특히, 미국을 포함하여 우리나라의 경우도 교육복지 실현이 중요한 사회적 이슈로 등장함에 따라, 단순히 교육의 기회균등 논리로 치유될 수 없는 빈민층 자녀의 사회적, 문화적 자본격차를 보상해 주는 제도적 장치가 마련되고 있고, 그들에게 교육자원이 상대적으로 많이 투입되고 있다. 교육자원 배분에 있어 보다 많은 경제적, 사회적 자원을 열악한 환경에 처한 아동이나 학생들에게 상대적으로 더 많이 배분하고 있다는 사실은 교육에서 평등 보장 범위가 확대되고 있음을 입증해 주는 것이다.

한편, 교육에서 평등성 원칙은 능력의 차별까지 무시하고 평등성을 보장해야 한다는 점은 아니다. 우리 인간은 개인마다 서로 다른 재능 및 학습능력, 그리고 차별적 노력 정도를 통해 각각 그 사회적 성취가 다른데, 교육의 평등성이 그 차별적 사회성취까지도 무시한다는 것이 아니다. 구체적으로 교육의 평등성은 교육의 수월성과 학습자 개인의 능력차에 따른 개별적인 교육 제공 원리와 배치되지 않는다. 결과 차원에서 사회적 성취가 합리적으로 분배되지 않고 승자 독식으로 이루어지는 극단적인 능력주의나 엘리트주의 경우는 교육의 평등성 원칙에 합치되지 못한다는 의견도 있다(박휴용, 2012).

교육에서 수월성과 평등성은 상당히 복잡한 논쟁 이슈를 가진다. 개인의 능력의 차이를 인정하고 그에 합당하게 개별적인 교육 서비스를 제공하는 것이 교육의 수월성 추구 원칙이다. 박휴용(2012)은 교육 평등성의 경우 개인의 선택이 아닌 당연한 권리의 문제이기 때문에, 교육의 평등성이 우선 확보된 이후에 교육의 수월성은 추가적으로 추구되어야 할 이념이라는 점을 강조한다. 이는 가장 기초적인 단계의 사회적 가치 실현에 있어 우선순위 상, 교육의 수월성보다는 교육의 평등성 확보가 선행되어야 한다는 점을 시사하고 있다.

나. 교육의 형평성(equity)

사회적 형평성은 구조적 모순에 기인한 사회적 약자에 대한 차별을 제거하고 사회적 약자에게도 자율적인 삶의 형성을 위한 평등한 조건을 마련하는 인간 존엄성을 존중하는 의미를 내포하고 있다. 특히, 형평성 이념은 복지정책과 관련하여 주로 언급된다. 통상 복지에서 사회적 형평성은 기회의 평등을 그 시발점으로 삼지만, 복지를 위한 사회적 자원과 가치를 평등성에만 강조하여 분배하는 경우, 형평성이 문제가 된다. 실제 사회적 소수자나 약자가 가진 차별성과 불평등한 처우를 개선하려는 조치, 즉 적극적 조치(Affirmative Action or Positive Action)가 사회적 형평성 실현을 위한 조치로 이해된다. 구체적으로 사회적 형평성은 "자유와 평등의 조절 이념인 동시에 자유민주주의의 토대를 형성하는 근간"(김헌진, 2012)으로 이해된다.

사회적 형평성 이념을 교육현상에 적용한 경우가 교육의 형평성(equity)이다. 구체적으로 교육의 형평성은 교육의 평등성(equality), 즉 기회균등 차원을 넘어서 경제적·정치적·사회적 차원에서 어떤 이유로 인해 교육에서 실제 존재하는 불평등을 중화하거나 해소하여 교육기반 사회정의를 실현하는 원리이다. 개념적으로 볼 때, 평등성(equality)은 '동등한 나눔'을 의미하나, 형평성(equity)은 '공정한 나눔'으로 정의된다(김헌진, 2012). 앞에서 기술했듯이, 교육의 평등성은 교육에 자원이나 가치를 동등하게 나누는 맥락으로 교육에서 기회균등 원칙을 의미한다. 한편, 평등 원칙 이외에 자유를 기반으로 한 자본주의 경제사회에서는 개인 간에 다양한 격차가 발생한다. 특히, 교육에서의 경우, 수월성 원칙을 기반으로 능력에 따른 다양한 개인차를 존중하고 그에 합당한 교육 서비스를 제공한다. 교육의 본질상 또는 경제적, 사회적, 개인적 이유로 인해 교육의 다양한 격차가 존재하는데, 이를 극복하고 보완하는 노력으로서 교육적 취약계층이나 그 자녀들에게 특별히 보상적 자원과 교육 서비스 제공이 바로 교육의 형평성 실현 활동이다. 교육에서 개인차가 존중되고 수월성 추구로 인해 불가피하게 야기되는 교육적 격차 문제까지도 적극적으로 대처하고 해소하는 것이 교육의 형평성 원리라고 볼 수 있다.

사회적 형평성이 공정한 나눔을 의미하므로, 그 개념에는 사회정의를 내포하고 있다. 즉, 사회적 형평성에 사회정의 및 공정사회 실현을 추가한 점이다(김헌진, 2012). 통상 사회정의는 한 사회 및 경제구조 하에서 사회경제적 약자가 강자와 함께 더불어 잘 살아갈 수 있도록 사회적 자원과 가치의 재배분을 가능하게 한다. 사회적 형평성 추구를 효율성과 관련시키는 경우, 장경은(2012)은 특정 대상에만 초점을 둔 선택적 복지 서비스 제공은 효율적이기는 하지만 형평성 원칙에 어긋나고, 반면에 모든 사람을 대상으로 한 보편적 복지 서비스를 제공하는 경우, 형평성 원칙을 살릴 수 있으나 효율성이 낮아진다는 점을 강조한다. 결과적으로 사회정의를 어떻게 규정하고 해석하느냐에 따라 사회적 자원과 가치의 배분 원칙에서 차이가 발생하고 사회적 형평성 실현의 모습도 달라진다. 실제 사회적 자원과 가치를 어떻게 분배하는 것이 사회정의 인가에 대해서는 공리주의적 관점, 평등주의적 관점, 그리고 Rawls의 사회정의론적 관점을 토대로 각각 다르게 접근하고 있다. 이들 각 관점이 어떻게 다르게 접근하고 있는가는 다음 장에서 구체적으로 살펴본다. 결과적으로 교육의 형평성은 한 사회 내에서 국민적으로 합의된 사회정의를 바탕으로 교육에 요구된 자원과 가치 배분 양태에 따라 다양한 실현 양상으로 나타난다.

다. 교육복지에 주는 시사점

기존 연구나 문헌들은 교육의 평등성, 즉 교육기회의 균등이 교육복지의 핵심적 이념 또는 교육복지의 기본 철학임을 밝히고 있다(김용일, 2012; 박재윤·황준성, 2008; 전광석, 2008). 이는 교육복지가 교육의 기회균등을 보장하는 서비스 활동임을 의미한다. 구체적으로 김용일(2012)의 경우, 교육복지를 교육기회 균등의 정신을 실현하는 일체의 교육 및 교육지원 활동으로 규정한다. 교육의 평등성과 관련하여 보다 적극적으로 박휴용(2012)은 보다 열악한 환경의 학생에게 더 많은 기회를 부여해 주는 '과정으로서 평등'과 모든 학생의 잠재적 가능성을 극대화시키는 '결과로서 평등'이 형평성 기반 교육의 평등성임을 주장한다. 종합적으로 보면 교육의 형평성 가치는 교육기회의 평등을 포함하고 교육복지 실현 맥락에서 뒤처진 자에 대한 교육적 관심을 기반으로 교육소외의 극복, 교육을 통한 사회적 연대와 결속 및 사회통합을 지향한다(안병영, 2010).

요컨대, 교육의 평등성과 형평성은 교육복지가 이론적으로 정립되거나 실제 활동적으로 타당성을 구비토록 하는데 철학적, 이념적 토대를 제공한다. 우선, 교육복지 서비스 활동은 인간이면 누구나 교육 받을 권리, 즉 평등한 교육을 받을 권리가 침해되지 않도록 하는 사회적 안전망 역할이고, 이는 곧 교육의 평등성 이념의 실천에 해당한다. 더 나아가 교육복지 서비스를 통해 교육취약계층이나 그 아동들에게 특별히 보상적 교육자원과 추가적 교육 서비스를 제공하는 사회적 정당성의 확보는 바로 교육의 형평성 이념 실천에서 비롯한다. 즉, 적극적인 교육복지 서비스의 제공이 교육의 형평성 이념을 실현하는 사회정의의 실천 활동임을 의미한다.

[2. 교육복지를 위한 자원 배분 관점

통상 사회적 자원 배분은 그 사회에 내재한 사회적 가치와 전체 구성원의 합의에 따라 다양한 형태로 나타난다. 즉, 사회적 자원 배분 원칙에 따라 사회적 형평성 모습도 달라지고 궁극적으로 사회정의가 규정된다. 한편 사회정의를 어떻게 규정하고 해석하는 가는 여러 철학적, 이론적 관점이 있다. 다음에서는 사회적 효용과 자원 분배의 초점을 기반으로 공리주의적 관점, 자유주의적 관점, 그리고 Rawls의 사회정의론적 관점을 살펴본다. 특히, 이들 세 가지 관점이 교육복지와 관련하여 시사 하는 점을 밝혀본다. 일반적으로 교육에서 사회적 자원과 효용의 배분은 교육의 질 제고와 더불어 학교성과 향상, 학업성취도 격차 축소, 학교 효과성 증가에 결정적 영향을 미치기 때문에 어떠한 관점을 취하느냐는 매우 중요하다.

1) 공리주의(Utilitarian) 관점의 정의론

공리주의(Utilitarian) 이념에 따른 도덕의 최고 원칙은 행복을 극대화하는 것이고, 쾌락이 추구되는 범위가 그에 수반되는 고통을 넘어서는 한 정당함을 시사하고 있다(이창신, 2010). 벤담에 따르면, 옳은 행위란 공리를 극대화하는 모든 행위이며, 쾌락이나 행복을 가져오는 것이다. 공리주의 핵심 사상은 최대 다수의 최대 행복을 추구하는 것이다. 이는 공동체 전체의 행복을 극대화하는 일은 무엇이든 정당화된다는 의미이다.

사회 전체의 효용을 극대화한다는 관점을 가지고 분배의 정의를 접근하는 것이 공리주의 관점이다. 즉, 공리주의 관점의 자원 배분은 사회적 효용의 총합이 최대가 되게 자원을 배분하는 것이 최선이라는 점이다. 이는 인간의 기본적 자유권이 평등하게 누려져야 한다는 원칙보다, 만인의 행복극대화가 더 우선시된다는 원칙이다. 특히, 공리주의적 관점은 사람들 사이에서 효용의 배분은 중요하지 않고, 단순히 효용의 합이 중요하다는 기준으로 자원이 배분된다는 점이다. 따라서 공리주의가 사회적 효용 총합에만 관심을 가지므로 소수의 사회적 약자의 권리나 그 개인의 기본권이 무시되거나 침해될 수 있는 한계가 있다.

공리주의적 효용 추구의 관점은 교육의 기회균등이나, 교육적 취약계층에 대한 부가적 특별 서비스 제공을 바탕으로 하는 교육복지 이념과 합치하지 않는다. 오히려 공리주의적 관점은 교육의 수월성 확보 차원에서 보다 더 많은 다수가 교육 서비스에 만족하도록 사회적 자원이 배분되면 된다는 시각이다.

2) 자유주의 관점의 정의론

자유주의적 정의 관점의 핵심은 권리의 존재이고, 정의라는 명제 하에서 개인의 권리와 자유가 침해되어서는 안 된다는 점이다(최근희, 1993). 자유주의적 정의론 주창의 대표자는 정치철학자 Robert Nozick이다. 그는 사회라는 것은 그 자체가 본질적으로 분배할 아무런 부나 소득을 가지고 있지 않다고 생각한다. 사회가 부를 어떻게 분배할 것인가 하는 질문이나 답을 하는 것 자체가 무의미하다는 것이 그의 관점이다. 결과적으로 자유주의 관점은 정부에 의해 부가 재분배되는 것은 적합하지 못하고, 재산 보유 형태가 다소 부적절할 때만이 최소한 정부의 개입이 정당성을 가진다는 논리이다. 자유방임적 경제질서야말로 효율적이며 정의로운 사회를 추구하는 행위에 반하는 모든 문제를 해결해 준다는 관점이다.

Nozick은 인간의 경우 다른 사람의 목적을 위하여 수단이나 재료로서 사용되어서는 안 된다는 원칙 하에 분배 정의를 접근한다. 구체적으로 Nozick은 자유주의 분배 정의와 관련하여 세 가지 원칙을 제시한다(최근희, 1993). 첫째, 획득에 있어서 정의 원칙이다. 이는 인간 개개인의 경우 스스로 무엇이 되든지, 무엇을 하든지를 자신의 의지에 따라서 결정하고 그 자신이 하는 일로부터 발생하는 모든 편익을 어떤 다른 사람으로부터도 방해 없이 수확할 권리를 가진다는 원칙이다. 둘째, 정당하게 소유자격을 가진 어떤 이로부터 양도에 있어서 정의의 원칙이다. 즉, 어떤 사람이 정당하게 소유한 재화는 자유거래의 원칙에 의해 그 소유자가 자유롭게 다른 이에게 양도할 때에 새롭게 당연히 정당한 소유가 될 수 있다는 것이다. 정당한 분배는 모든 사람이 이렇게 획득과 양도의 원칙에 의해 소유권을 지닐 때만 성립된다는 점이다. 셋째, 정당하지 못한 획득이나 거래가 발생하였을 경우에 원상을 회복시키기 위한 수정 원칙이 있다.

Nozick에 의한 자유주의적 분배의 정의 관점에서는 개개인이 상호 이익을 위하여 자유롭게 결정한 계약이나 교환의 결과를 국가나 정부가 변경하는 어떠한 재분배 활동을 허용하지 않는다. 결과적으로 자유주의 관점에서의 분배에 있어 정의는 오로지 개인의 정당한 획득과 개인 간 정당한 교환이라는 절차에 의해서만 결정된다. 자유주의적 분배의 정의는 개개인이 자연적으로 그리고 역사적으로 정당한 방법을 통한 취득이나 정당한 교환 절차에 의해 자산을 얻는 한, 그것들이 불공평한 기회를 야기한다 할지라도 그 자산을 이용하므로 인해 얻어지는 편익을 향유할 권리는 주어지고 그것이 정당하다는 것이다. 따라서 사회적 자원은 국가나 정부의 개입에 의해 재배분되는 경우는 허용되지 않고 자유시장주의 원칙에 따라 거래에 의한 경우만이 분배의 정의에 해당한다는 관점이다.

결국, 자유주의적 분배의 정의 관점은 교육복지 서비스 활동의 원리를 포괄하지 못한다. 교육복지가 국가나 정부에 의한 적극적 개입을 기반으로 실현되는 반면에, 자유주의적 분배의 정의를 기반으로 한 사회모델에서 국가와 정부는 개개인 간 사회적 자원 배분에 불간섭 원칙을 고수하고, 자유시장 질서 유지를 위해서 최소한 경찰권 발동 차원에서만 개입하기 때문이다.

3) Rawls의 사회정의론

가. 사회정의론 개념

Rawls는 정의를 두 가지 원칙, 즉 개인적 자유라는 전통적 자유주의 이념과 자원의 평등한 분배라는 평등주의적 이념의 혼합에서 찾고 있다(김헌진, 2012). 구체적으로 Rawls는 어느 누구도 우월한 위치에 놓이지 않는 원초적으로 평등한 위치에서 합의한 가언계약으로부터 이들 두 가지 정의의 원칙이 나온다고 생각한다(이창신, 2010). 하나는 인간의 기본적 자유를 모든 시민에게 평등하게 제공한다는 원칙이고, 두 번째는 사회적, 경제적 평등과 관련한 원칙이다.

공리주의의 관점을 비판하는 입장에서 Rawls는 사회에 가장 적게 혜택을 받은 사람들, 즉 가장 소외받은 계층의 편익이나 복지를 어떻게 향상시킬 수 있는가에 초점을 맞추어서 분배 정의를 접근하고 있다. 특히, 사회적 자원 배분과 관련하여 Rawls의 사회정의 관점은 두 가지 논리 원칙을 바탕으로 하고 있다(김헌진, 2012). 첫째가 평등한 자유 원칙, 즉 모든 사람은 다른 사람의 자유와 상충되지 아니한 범위 내에서 광범위한 자유를 누릴 수 있는 동등한 권리를 가진다는 원칙이다. 두 번째는 합당한 평등의 원칙으로서 차등의 원칙과 기회균등의 원칙을 포함하고 있다(최근희, 1993). 기회균등의 원칙의 경우는 불평등과 결부된 직무와 직위는 공정한 기회균등의 조건 하에 개방되어야 한다는 원칙이다. Rawls의 사회정의의 관점에서 핵심은 차등의 원칙이다. Rawls는 기본적으로 한 사회에서 사회적 자원인 소득과 부는 원천적으로 불평등할 수밖에 없다는 점을 인정한다. 다만, 그 사회적, 경제적 불평등을 해소하기 위해 자원을 어떻게 분배하느냐가 사회정의에 해당된다는 점이다. Rawls의 차등의 원칙은 사회적 자원을 모든 사람에게 균등하게 분배하는 것이 아니라, 전반적으로 가장 못사는 사람, 즉 가장 사회적 약자에게 불평등으로 생겨난 이익(사회적 자원)이 돌아가도록 하는 경우에만 사회적, 경제적 불평등이 인정된다는 원칙이다. 예를 들어 부자들에게 누진세를 적용하여 생겨난 자원을 보다 더 가난한 사람들의 보건·의료·교육·행복에 투자하는 경우, 그 자체가 엄격한 평등을 추구할 때보다 가난한 사람이 더 잘 산다면, 그러한 불평등은 차등의 원칙에 부합하고 사회정의에 합당하다는 점이다(이창신, 2010). 최소 수혜자에게 최대한의 이익이 되게 하는 것이 차등의 원칙에 의한 사회정의에 해당한다.

사회적 자원 배분에 있어 Rawls의 사회정의 관점은 사회적 약자에 대한 사회적 책임과 복지를 강조하고 있고, 이는 평등한 자유 원칙과 기회균등 원칙보다 우선시되고 있다. 최소극대화, 즉 가장 낮은 효용의 개인(최하위 수준의 개인)을 가장 크게 개선하는 원칙의 사회적 자원 배분 관점이다. 이는 공리주의적 배분 관점과는 정반대이다. 차등의 원칙을 기반으로 한 사회정의는 사회적 취약계층이 상대적으로 이익을 많이 얻는다는 또 다른 차원의 불평등을 가져온다는 한계도 있지만, 분배의 정의를 통해 사회 구성원 간의 불평등을 최소화하고 평등한 삶을 모색한다는 점에서 그 의의가 있다.

나. 교육복지에 주는 시사점

사회적 효용 및 자원 배분 원리로서 Rawls의 사회정의 관점이 교육복지에 시사한 바는 대단히 지대하다. Rawls의 사회정의론에 따르면, 공정한 능력주의 사회 구현은 단순히 기회균등 차원을 넘어 보다 적극적 조치인 차등 원칙이 요구된다는 점이다. 이러한 Rawls의 사회정의론 관점은 교육복지의 서비스 실행 이념과 일치한다. 이를 테면, 우선 교육의 기회를 고르게 제공하는 차원에서 가난한 가정의 학생이 부유한 계층의 자녀와 똑같은 기반에서 경쟁할 수 있도록 개입하는 것이 교육의 기회균등 실현을 위한 교육복지이다. 사회정의의 실현으로서 소득과 부가 공정하게 분배되려면 모든 사람에게 똑같이 재능 개발 기회가 주어져야 됨을 말하는데, 이는 곧 교육의 기회균등 보장을 위한 교육복지 실현이다. 한편, 한 사회에서 1차로 교육기회가 균등하게 주어졌을지라도, 소득과 부의 불평등은 여전히 존재하고, 이러한 불평등은 다시 교육의 과정이나 결과에서 불평등을 야기한다. 이러한 단순 교육기회 균등 제공 차원을 넘어 교육의 전 과정에서 평등을 실현하기 위해 특별히 교육취약계층이나 교육소외 상태에 있는 아동 및 학생에게 적극적 조치로서 교육여건을 지원하거나 교육 서비스를 제공하는 것이 적극적 교육복지에 해당된다. 결론적으로 Rawls의 사회정의 논리 중 하나인 차등의 원칙이 이러한 적극적 조치의 교육복지 활동의 이념적 토대기능을 한다고 볼 수 있다.

[3. 교육복지 서비스 이행의 기반 이론

1) 사회자본 이론

가. 사회자본 개념

사회자본은 개인과 가족 간의 선한 의지, 동료애, 동정 등을 의미한다(정연택, 2003). 사회자본 개념은 Hanifan(1916)에 의해 최초로 등장하였다. 하지만 사회자본은 1980년대 이후 Bourdieu(1986), Coleman(1988, 1990) 및 Putnam(1995) 등에 본격적으로 주목을 받았다. 구체적으로 Bourdieu(1986)는 자본을 세 가지 형태, 즉 경제적 자본, 문화적 자본, 사회적 자본을 제시하였다. 그에 따르면, 경제적 자본은 현금이나 경제적 재산을 의미하고, 문화적 자본은 교육 수준 등으로 제도화되는 자본을 의미하며, 사회적 자본은 상호관계의 형성과 인정의 제도화된 관계 및 지속적 연결망의 소유와 관련된 실제적이고 잠재적인 자원을 의미한다. Coleman(1988)의 경우, 사회적 자본에 대해서 개인이 자신의 이익을 달성하기 위한 목적으로 활용하는 자원 중 사회구조적 측면(연결망)의 가치라고 정의한다. Putnam(1995)은 사회적 자본을 상호 편익을 위한 조정과 협동을 조장하는 연결망, 규범, 사회적 신뢰라고 정의하였다. 이들이 제시한 사회적 자본의 개념들에 내재된 공통점은 사회적 자본이 개인의 소유가 아니라 집단 차원에서 상호작용을 통해서만 소유할 수 있다는 점이다. 집단 차원에서 상호작용은 크게 거래와 관계로 구분할 수 있다(Krishna, 2000). 거래를 중심으로 이루어지는 사회적 자본은 제도적 자본으로 정의되고, 관계를 중심으로 이루어지는 사회적 자본은 관계적 자본으로 구분할 수 있다. 전자는 주로 시장 또는 법적 계약에서 효율성 극대화를 목표로 하고, 후자는 주로 가족, 종교 등의 비공식적 영역에서 적절한 행동의 유도를 목표로 한다.

사회자본은 구성원들이 그것을 공동의 자원으로 유지하고 활용하는 경우에 한해 효용성이 극대화된다는 점이다(Landman, 2004). 이러한 견지에서 전현곤(2011)은 사회자본이 긍정적으로 작용하기 위해서는 개인과 집단 사이의 신뢰와 관심이 가족을 넘어선 공공재적 성격을 가져야 된다는 점을 주장한다. 특히, 사회자본은 신뢰와 네트워크가 중심이 되는 개념으로서, 사적인 개별 가정 내에서만 국한되는 경우 상류층의 과잉사회자본은 전체적으로 사회적 신뢰를 저하시키고 공동체를 약화시키는 원인이 되기도 한다.

나. 사회자본 이론과 교육 및 복지 연구

사회자본 이론은 새롭게 주목받아온 자본 개념으로서, 교육과 복지연구에 많은 시사점을 제공하고 있다. 실제로 사회자본은 경제적 자본이나 인적 자본과 별개로 학생의 학업성취도에 영향을 주고 있다는 연구 결과들이 발표되면서 교육적 문제나 사회 양극화를 극복할 수 있는 효과적 기제로 인식되고 있다(전현곤, 2011). 이러한 점은 사회자본 개념을 중심으로 이루어진 관련 선행연구들을 통해서 확인할 수 있다. 우선 교육 관련 연구의 경우, 주로 사회적 자본의 소유 정도에 따른 학생의 학업성취의 차이와 같은 사회적 자본이 학생의 학업성취에 끼치는 영향을 살펴보는 연구들이 다수 존재한다(전현곤, 2011). 예를 들면, 이인자·한세희·이희선(2011)은 사회자본이 학업성취에 긍정적인 영향을 미친다는 것을 입증하였다. 특히 그들의 연구 결과에 따르면, 사교육의 매개효과는 존재하나, 해당 학생 가정의 사회적 자본, 즉 아동에 대한 신뢰, 기대 또는 관심 등이 학업성취에 영향을 보다 더 크게 준다는 것을 확인하였다. 이러한 결과는 사회자본의 탐구가 필요하다는 점을 함축적으로 시사하고 있다. 또한, 안우환(2009)은 부모와 자녀 간의 관계가 친밀성과 신뢰성 등을 바탕으로 할 경우, 아동의 교육에 대한 포부 수준에 정적인 영향을 미치는데, 이 요인이 가정적 배경 그 자체나 아동 개인의 특성보다도 더 많은 영향을 끼치는 점을 밝혔다. 즉, 부모와 자녀 간의 사회적 자본이 풍부할수록 학생으로 하여금 더 큰 교육적 성취지향을 보이도록 이끄는 점을 확인해 주고 있다. 결과적으로 가정 내의 관계적 사회자본, 즉 가족 간의 높은 수준의 기대와 신뢰, 부모의 자녀교육에 관심과 관여가 학생의 교육적 성취에 높은 영향을 미치며, 이러한 사회자본은 경제적 자본과 별개로 학생의 교육적 성취에 영향을 준다는 사실이다.

둘째, 복지 관련 연구의 경우, 복지체계 구축을 위한 전제조건으로서 사회적 자본 형성의 필요성을 역설하는 연구들이 다수 존재한다. 예를 들면, 진관훈(2012)은 사회적 자본이 지역사회 복지 거버넌스의 구축을 위한 필요조건이라고 주장한다. 즉, 복지정책이 효과를 발휘하기 위해서는 이에 대한 신뢰, 합의, 정책 내용의 공유, 각 주체들 간의 원활한 의사소통이 필요하다는 것이다. 이는 곧 네트워크 형성의 필요성으로 이어지는데 앞에서 살펴본 제도적 차원의 사회적 자본 형성을 통하여 효율성을 달성하고자 하는 것이다.

한편, 최근 전현곤(2011)은 지금까지 교육이나 복지영역에서 사회자본을 접근하고 분석해온 것에 대해 비판적 관점을 견지하고, 기존 사회자본 논의와 접근에 있어 세 가지 한계점을 피력하였다. 첫째, 사회자본은 개념이 모호하고 그 적용이 과잉확대되어 왔다는 점이다. 즉, 사회자본으로 언급된 요소들이 사회자본 그 자체인지, 사회자본을 구성하는 요소인지, 사회자본을 측정하기 위한 요소인지, 심지어 경제적 자본이나 문화자본 또는 인간자본과 분명하게 구분이 안 되는 모호성이 있다는 점이다. 이러한 결과로 기존 연구에서 사회자본이 가정의 사회경제적 지위와 독립적 관계인지, 아니면 사회경제적 지위와 학업성취도 관계에서 매개변인인지가 불분명하게 다루어졌다는 사실이다. 둘째, 지금까지 주로 사회자본에 대한 분석은 사회구조적 차원의 불평등으로 인해 야기되는 자원배분 결과를 간과하고, 개인이나 가정 차원의 미시적 수준에 머물러서 사회불평등을 오히려 정당화 시키는 논리가 되었다는 점이다. 사회경제적 지위가 낮은 가정의 빈약한 사회자본에 대한 구조적, 맥락적 원인을 밝히지 못했다는 사실이다. 구체적으로 기존 연구의 경우, 빈곤층 자녀의 낮은 학업성취도 원인을 개별 가정과 개인의 빈약한 사회자본에서 비롯하고 있다는 맥락으로만 접근하고 있어, 사회자본이 오히려 계층 간 불평등을 정당화하는 결과를 야기했다는 점이다. 셋째, 기존 사회자본의 접근과 분석이 순환논리의 오류를 지니고 있다는 점이다. 기존 사회적 자본의 논의가 결국 높은 수준의 사회자본은 높은 수준의 경제적 인적 자본 결과이며, 높은 경제적 인적 자본은 높은 수준의 사회자본 때문이라는 순환론적 오류를 지닌다는 점이다. 구체적으로 기존 연구의 경우 사회자본의 차이와 교육적 성취 간의 관계를 설명하는 데만 집중하고 있어 계층별 또는 지역별 배경 차이가 사회자본으로 수렴되는 경향이 있다. 계층 간 또는 지역 간 사회자본의 차이는 그들 집단이 처한 상황조건과 사회구조적 조건이 반영된 결과라는 점을 기존 연구가 거의 주목하지 못했다는 점이다. 이러한 한계점들을 논의함은 향후 우리나라 사회에서 빈곤계층의 사회자본 형성과 축적을 지원하는 정책의 경우, 부모교육이나 빈곤계층 아동에 대한 교육비 제공 등의 단순한 방식이 아니라 가정, 학교, 지역사회의 상호연계체제의 구축을 통한 교육, 문화, 복지 차원의 연계망 구축과 사회

안전망 구축 같은 보다 거시적이고 구조적 접근이 필요하다는 점을 시사한다(전현곤, 2011).

다. 교육복지에 주는 시사점

교육복지는 가시적 측면에서 아동 및 학생의 신체적·정서적 결함, 경제적 빈곤의 문제를 해소하고, 비가시적 측면에서 학생, 가정 및 학교가 보유한 사회적 자본이나 학부모의 교육 기대와 관심의 격차를 해소하는 처방성을 내포하고 있다. 결과적으로 교육복지 대상인 아동 및 학생을 위한 교육복지 서비스 및 실천 프로그램에서 사회적 자본 격차 해소 개념은 반드시 포함되어야 한다. 한편, 현재 교육복지가 주로 가시적 측면에서 경제자본이나 문화자본을 제공하는 노력들은 많이 있다. 이는 향후에 교육복지가 비가시적 측면에서 사회적 자본이나 교육에 대한 기대 차이 해소에도 더 많은 관심을 가져야 한다는 점을 시사한다. 교육복지 정책 및 실천에서 사회적 자본의 차이가 의미하는 바를 중시하고, 이를 해소하는 성과목표 제시와 효과적으로 달성하기 위한 구체적 노력이 필요하다.

아울러, 사회적 자본은 학교에서 교육복지가 효과적으로 이행되도록 하는데, 반드시 고려해야 하는 개념이다. 우선, 교육복지 실현은 기본적으로 아동-가정-학교-지역사회 간의 네트워크를 바탕으로 한 협력을 전제로 하고 있다. 이때 각 주체 및 대상 간의 원활한 소통, 협력, 내용 공유 등이 제대로 이루어지지 않는다면 학교 내 교육복지 체계는 그 목표를 효과적으로 달성하지 못할 것이다. 사회적 자본 관점을 기반으로 한 교육복지는 비단 제도적 차원에서 사회적 자본의 필요성뿐만 아니라, 관계적 차원에서 사회적 자본의 필요성을 제기하고 있다. 왜냐하면 학교에서 아동들을 위한 교육복지의 실현은 결국 지역사회 구성원들의 협력과 신뢰를 바탕으로 이루어질 것이기 때문이다.

2) 공동체 이론(Community Theory)

가. 공동체 개념

개념적으로 공동체는 사회집단이나 사회제도, 또는 철학적 의미, 그리고 마을이나 도시 같은 지역을 의미하기도 하고, 여러 가지 상황에서 사람들 간에 발생할 수 있는 공동의 유대나 집합적인 정신을 의미하기도 한다(Poplin, 1972). 공동체는 이익사회를 대표하는 관료제적 조직과 비교하여 정의하면, 자유의지에 의해 결합되고, 가치와 규범의 공유를 통해 결속되는 개인들의 집합을 말하는 것으로 정의될 수 있다. 이러한 맥락에서 Sergiovanni(1994)는 공동체를 "자연 의지(natural will)와 공유된 생각(shared ideas)에 의해 결합된 개인들의 집합"이라고 규정한다. 특히, 독일의 사회학자 Tönnis(1957)는 공동체를 설명함에 있어 게마인샤프트(community)를 게젤샤프트(society)와 비교 및 구분하여 제시하였다. 그에 따르면, 농경사회에서 산업사회로 전환됨에 따라 근대사회는 전통적 공동체(게마인샤프트)에서 이익사회(게젤샤프트)로 바뀌게 되었다.

역사적 발전 맥락에서 볼 때, 공동체는 원시사회의 삶을 모체로 하여 전통적 공동체로부터 근대사회에 형성된 민주적 공동체에 이르기까지 다양한 모습으로 변천해 왔다(이정선, 2009). 최근에는 자유주의에 대립된 이념 또는 확장된 이념으로서 공동체주의가 새롭게 재조명되고 있다(이정선, 2009; 신현석, 2004). 구체적으로 개인의 권리와 자유 그리고 합리성을 기반으로 한 개인주의와 자유주의 추구는 가족붕괴와 개인의 고립, 이웃과 단절, 경쟁과 폭력의 증대, 그리고 물질주의와 탐욕의 확대, 관료주의의 심화, 차별의 확산 등 각종 사회문제를 유발시켜 왔다. 즉, 이에 대한 대안으로 공동체주의가 등장했다고 한다. 이정선(2009)은 개인주의 및 자유주의 대안인 공동체주의에 내포된 공동체 개념을 다음과 같이 요약한다. 첫째, 공동체 구성원은 삶의 의미와 가치를

표 4-1	게마인샤프트(community)와 게젤샤프트(society)	
게마인샤프트	게젤샤프트
관심	무관심
집단지향성	개인지향성
특수성	일반성
귀속	성취
인간	과업
목적	수단
이타적 사랑	자아중심적 사랑

공유함으로써 연대의식을 가진다. 둘째, 공동체 구성원이 공유하는 의미와 가치는 그 공동체의 문화적 전통을 역사적으로 구성한다. 셋째, 공동체 구성원은 전통과 그것에 내재한 가치와 의미를 바탕으로 세계관과 자아정체감을 형성한다. 넷째, 공동체는 공유하고 있는 의미와 가치를 더 발전시키기 위해 다른 공동체의 다양성을 존중하고 다른 공동체와 자유로운 의사소통을 장려한다. 다섯째, 공동체는 그 구성원들이 연대의식을 바탕으로 삶의 주체자로서 사회에 참여하고 사회를 민주적으로 재구성할 것을 요구한다.

분명한 사실 중 하나는 공동체 개념과 사상이 근대 이후 자유주의와 개인주의 심화로 인해 야기된 각종 사회문제에 대한 대안으로서 새롭게 조명을 받고 있다는 점이다. 이러한 공동체 개념은 두 가지 차원에서 그 개념적 실체가 제시되고 있다(정영수, 2004). 그 중 하나는 공동체 존재 양식을 설명하고 이해하는 방식의 입장에서, 공동체란 공유된 가치, 헌신 및 이상을 바탕으로 한 사회적 관계 구조이고 공유된 가치, 신념, 감정의 결속체라는 것이다. 이러한 입장에 따르면, 공동체는 친족공동체, 지역공동체 또는 전문공동체, 학습공동체 등으로 구분되어 개념화되기도 한다. 또 하나의 개념 파악은 비유(metaphor)로서 공동체 이미지를 설정하고 이해하는 입장에서, 형성된 공동체 이미지를 분석해 보는 것이다. 유사한 맥락에서 공동체의 특징은 지역사회나 집단 사람들이 공유하는 정서, 가치, 의미를 기반으로, 구성원 상호의존성, 자유의 지에 의한 결합, 가치와 규범의 공유, 우리의식, 협동, 유대감 증진을 통한 갈 등해결, 다양성의 이해와 수용 등을 포함한다.

나. 교육공동체와 공동체로서 학교

교육에서 공동체에 대한 논의는 Dewey와 Sergiovanni에 의해 대표적으 로 전개되었다. Dewey(1915)는 '학교와 사회'에서 교사와 학생 간의 공동체적 관계, 학교와 지역사회와의 역동적 관계를 강조하였다. Sergiovanni(1994)는 학교 구성원들이 좋은 교육을 제공하는 데 있어서 가장 큰 장애요인은 공동체 의 상실이라고 지적하였다. 교육공동체란 교육을 지향하고, 교육에 대한 뜻을 함께 하고, 공동의 노력을 경주하는 공동체로 규정하기도 한다(이종재, 1999). 이정선(2009)의 경우, 이러한 교육공동체를 그 수준에 따라 국가 수준의 교육 공동체, 지역 수준의 교육공동체, 그리고 단위학교 수준의 교육공동체로 구분 한다. 특히, 그녀는 학교와 지역사회의 관계에 초점을 둔 공동체에 주목하여, 교육공동체의 핵심은 학교에 지역민의 참여, 학교 구성원들 간의 협력, 민주적 의사결정구조의 분권화가 중요하다는 점을 강조한다.

학교를 공동체로 보는 관점의 경우, 학교를 단순 조직이나 관료 조직으로 보는 것이 아니라, 구성원 간의 유기적인 관계 속에서 이루어지는 공동체적 관 점으로 본다. Merz와 Furman(1997)에 따르면, 공동체로서의 학교는 세 가지 장점을 가진다. 첫째, 학교는 지역사회의 유관기관과의 연계를 통해서 교육 서 비스의 질을 향상시킬 수 있다. 둘째, 자녀의 학교교육 활동에 대한 학부모의 참여를 통해 단위학교와 학부모들 간의 파트너적인 관계모델을 구축함으로써 양자 간에 장기적인 헌신, 상호존중을 촉진 및 유지한다. 셋째, 단위학교의 교 육적 자원을 지역사회의 주민들에게 제공해줌으로써 학교는 평생학습 기능과 지역교육센터로서의 역할을 수행한다. 공동체로서의 학교는 학생과 교직원이 그 속에서 소속감을 느끼며 질 높은 교육도 가능해진다고 본다. 국내에서도 학교행정가, 교사, 학생, 학부모, 지역주민 등 학교 구성원의 참여와 협력을 바탕으로 구축된 공동체로서의 학교 관점이 강조되었다(노종희, 1998; 신현석 외, 2008).

학교를 공동체 관점에서 접근하는 경우, 통상 학습은 학교라는 물리적 공간 안에서만 이루어지는 제한적인 개념이 아니라, 가정이나 지역사회(학교 밖이나 집 밖) 등 언제, 어디서든 일어날 수 있는 포괄적인 개념이다. 세상 모든 일들이 인간의 학습(성장)에 영향을 미칠 수 있다는 이와 같은 관점은 학교뿐만 아니라 가정, 지역사회 내의 모든 것(박물관 등 체험학습, 기업견학, 신문구독)이 학습 자원이자 교육과정 그 자체가 될 수 있다는 사실을 강조한다. 특히 가정의 기능이 약화된 현대의 사회적 구조에서는 교육에 있어 학교와 가정, 지역사회 간의 공동체적 결합이 학생들의 다양한 요구(needs)에 부합하기 위한 핵심으로 작용할 수 있다. 다시 말해서, 학생들의 다양한 요구에 대응하기 위해 학교가 지역공동체 내 인간적, 사회적, 문화적, 그리고 재정적 자본과 긴밀한 상호의존적 관계를 형성할 때 제한된 자원을 효율적으로 활용하는 것이 가능해진다. 뿐만 아니라 공동체의 일부로서의 학교는 공유하는 가치체계 및 신념을 통한 결속, 공동의 활동, 상호보살핌, 헌신적인 과업 수행, 연대 등과 같은 특징들을 지닌다(Bryk, Valerie, & Peter, 1993; Sergiovanni, 1994).

다. 교육복지에 주는 시사점

교육복지 이행과 관련하여 공동체 이론이 시사하는 바를 탐색해 보면, 우선 교육복지의 주체가 학교이고, 학교 내의 전체 구성원 간의 협력체계가 중요하다는 맥락의 근원을 공동체 이론이 제공한다. 교육복지가 결코 교사나 학교행정가 또는 학교사회복지사 등 어느 한 전문가의 노력만으로 이루어질 수 없으며, 지역주민을 포함한 전체 학교 구성원의 협조와 관심이 필요하다는 점은 바로 공동체 이론의 관점과 맥을 같이 한다. 결과적으로 교육복지는 단순한 정책이나 제도의 집행만이 아닌, 공동체인 단위학교 내 구성원들의 상호작용과 협력을 통해 달성될 수 있다는 교훈을 공동체 이론으로부터 찾을 수 있다.

실제로 교육복지 서비스가 전개되는 맥락과 관련하여 이정선(2009)은 교육복지투자우선지원 사업에서 취약계층의 실질적인 교육기회 보장 및 삶의 질 제고를 위해 지역사회 차원의 교육, 문화, 복지의 통합 서비스 전개 그 자체가 교육복지공동체에 해당함을 강조한다. 즉, 교육복지투자우선지원 사업에서 학교를 중심으로 교육복지 대상 아동에 대한 교육, 문화, 복지의 통합 서비스 전개가 바로 공동체 정신에 기반하고 있다는 점이다. 김인희(2011)는 공동체 개념에 내포된 특징 요소인 구성원 간의 신뢰와 연대감, 소속감, 배려와 돌봄, 의미 있는 관계의 추구, 상호 간의 소통과 협력 등은 교육복지 실천 원리에 해당한다는 점을 강조한다. 이러한 점에서 보면, 곧 공동체 이념과 가치는 '공동체로서 학교'와 '교육복지'의 실천 원리와 일맥 상통한다는 점이다. 결과적으로, 학교를 중심으로 교육복지가 전개되기 때문에, 교육복지공동체는 학교가 교육복지 기능을 수행하기 위한 최적의 조건을 제공하고, 학교의 공동체적 속성 자체는 학교의 교육복지 기능 수행의 바탕이 된다(김인희, 2011).

3) 생태체제 이론(Ecological System Theory)

가. 개념과 주요 내용

통상 일반체제 이론은 사회를 구성하고 있는 다양한 사회 조직들을 하나의 전체로 이해하고자 하며, 그 구성원인 인간 역시 서로 관련성을 가지고 존재하는 단위의 복합적 전체로 본다. 생태이론의 경우, 인간은 그들의 신체적·정신적 요구에 맞게 물리적·사회적 환경을 변화시키고, 또한 그 자신이 초래한 변화에 지속적으로 상호 적응하는 존재라고 본다(All-Meares, 2007). 이들 두 이론이 결합한 생태체제 이론은 환경과의 상호관계와 더불어 그 환경 속에서 인간 발달 현상을 설명하는 이론이다. 보다 구체적으로 생태체제 이론은 기존 체제 이론에서 간과했던 체제 간의 공유 영역과 적응, 그리고 상호 교류라는 생태학적 개념을 도입하여, 체제의 변화 및 유지기능을 강조하여 인간 발달을 설명한다. 생태체제 이론에 따르면, 발달 또는 성장이란 생태환경의 속성을 발견하고, 유지 및 변화시키는 인간의 성장능력으로서 뿐만 아니라, 인간의 생태환경에 대한 전개 개념과 인간의 생태환경과의 관계로 규정된다(Bronfenbrenner, 1979). 이는 기존 행동주의 심리학에서 인간 발달이 환경에 의해 영향 받아 형성된다는 개념과는 전혀 다른 맥락을 제공한다. 특히, 생태체제 이론은 인지 동기 사고 및 학습이라는 전통적 차원의 심리적 과정이 아니라, 무엇이 인지되고 요구되며, 생각되어지는가, 또는 지식으로 습득되는가에 관한 그 내용, 그리고 심리적 요인의 속성이 환경에서 인간의 노출과 환경과의 상호작용 기능으로서 어떻게 변화되는가를 강조한다(Bronfenbrenner, 1979).

Bronfenbrenner(1979)에 따르면, 자연생태인 환경은 하나가 다른 하나 안에 들어 있어 겹으로 포개진 구조 셋트로 되어 있고, 발달하는 사람은 이렇게 겹으로 싸여있는 환경체제 중심에 위치한다. 이들 포개진 생태환경 체제구조에는 일차로 중심위치인 사람을 초점으로 하여 그 사람과 직접 상호작용하는 가정, 학교, 또래집단 등의 환경인 미시체제(microsystem)가 있다. 일반적으로 학생들은 자신들의 미시체제에 속해 있는 사람들에 의해 영향을 받을 뿐만 아니라, 생물학적으로나 사회학적으로 영향 받은 자신의 특성(예, 습관, 신체적 특성, 능력 등)도 미시체제 내 다른 사람들의 행동에 영향을 미친다. 다음으로 생태환경 체제에는 학생이 속한 가정, 학교, 또래집단 등의 미시체제들 간의 연결 및 상호관계 환경으로서 중간체제(mesosystem)가 있다. 인간 발달은 이들 중간체제의 원만한 연결과 상호작용에 따라 영향을 받는다. 예를 들어 학생의 학업 발달은 또래집단 성향과, 학교 교사가 제공하는 학습지도뿐만 아니라, 가정에서 부모의 학업활동 관심 정도와 교사에게 자문하고 협조하는 정도 등에 의해 영향 받는다. 생태환경 구조에서 세 번째 환경 층은 외적체제(exosystem)이다. 이 외적체제는 학생이나 아동들이 직접 그 맥락적 접촉을 하고 있지 아니한 환경으로서, 부모의 직장환경, 교육위원회, 지역재정 자립도 등을 말한다. 이들 외적체제 역시 아동이나 학생의 발달에 영향을 미친다. 그리고 끝으로 거시체제(macrosystem)가 생태환경 구조 맨 바깥 환경 층에 위치하고 있다. 거시체제는 그 사람이 속한 사회문화, 법률, 제도, 관습 등을 포괄하고 있다. 결과적으로 이렇게 구성된 생태환경 체제는 사람들이 미시체제 안에서 작용하며, 이 미시체제는 중간체제와 연결되고 보다 큰 외적 체제나 거시체제 안에서 존재하다는 것을 설명하는 틀을 제공하고 있다. 생태체제 이론에 따르면, 인간은 이들 겹으로 싸여있는 생태환경 체제와 상호작용하면서 발달한다는 것이다.

생태체제 이론은 발달 중인 인간, 특히 아동이나 학생들이 그 자신을 둘러싸고 있는 인접 생태환경과의 상호작용을 분석, 관찰함으로써, 그들이 어떻게 환경에 영향을 주고 영향을 받는지를 잘 이해하게 한다. 생태환경 체제구조를 기반으로 생태체제 이론은 유기체인 인간이 생태환경 체제 속에서 어떻게 성장, 발달하는지를 분석적으로 잘 설명한다. 무엇보다 생태체제 이론은 발달 중인 인간과 지속적으로 변화하는 생태환경 간의 복잡한 상호작용을 분석적으로 잘 설명하고 있다는 점에서 그 강점을 지니고 있다. 반면에, 사람마다 서로 다른 생태환경이 있고, 발달 시기에 따라 생태환경도 변화한다는 점에서 인간 발달의 표준적 유형을 제시하지 못한다는 약점이 지적되고 있다(Shaffer, 2005).

나. 교육복지에 주는 시사점

생태체제 이론이 교육복지 서비스 이행에 주는 시사점을 살펴보면, 교육복지가 수행되는 방법적 측면을 분석적으로 잘 설명하고 있다. 우선, 생태체제 이론과 교육복지는 모두 학생 그 자신뿐 아니라 학생 개인을 둘러싼 인접환경에 초점을 두고 있다는 점에서 그 맥락이 일치하고 있다. 교육복지는 교육적으로 취약한 학생의 올바른 성장 발달을 지원함에 있어, 그 학생 개인 차원만으로 접근하지 않는다. 즉, 교육복지는 학생 개인에 대한 지원이나 처방뿐 아니라, 동료집단, 학교, 가족, 지역사회와 연계 차원의 개입 또는 처방에 관심을 기울인다. 구체적으로 교육복지는 접근 전략 면에서 학생이 가진 교육문제는 결국 그 학생 개인을 둘러싸고 있는 여러 가지 생태환경 체제들의 상호작용에 의해 발생된다고 보고 있다(All-Meares, 2007). 이에 따라 교육복지에서 학생의 교육적 문제 해소는 학생 개인 차원에서만이 아니라, 그 학생의 생태환경과 상호작용 맥락에서 개입이나 대책이 필요하다는 접근 전략을 사용한다. 위에서 살펴본 생태체제 관점에서 교육복지 실천 전략을 설명해 보면, 학생 개인이 상호작용하는 가족, 학교, 지역사회 등과 같은 외적 체제들은 미시체제들과 함께 그들 중 어떤 하나의 체제가 문제의 원인이 되거나 문제를 심화시키거나 문제 해결에 유용한 잠재적 자원으로 역할을 한다는 점이다(성민선 외, 2012). 결과적으로 볼 때, 교육복지 실천 방법의 이론적 토대 기능을 생태체제 이론이 수행하고 있음을 알 수 있다. 이러한 맥락에서 차혜숙(2009)은 학생을 둘러싸고 있는 생태체제 구성요소와 그 학생에 대해 전개되는 교육복지 서비스 실행 맥락을 〈그림 4-1〉로 잘 제시해 보이고 있다.

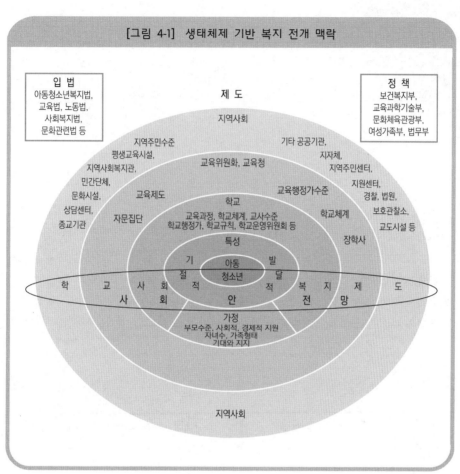

[그림 4-1] 생태체제 기반 복지 전개 맥락

입 법
아동청소년복지법,
교육법, 노동법,
사회복지법,
문화관련법 등

제 도

정 책
보건복지부,
교육과학기술부,
문화체육관광부,
여성가족부, 법무부

지역사회

지역주민수준
평생교육시설,
지역사회복지관,
민간단체,
문화시설,
상담센터,
종교기관

교육제도

자문집단

기타 공공기관,
지자체,
지역주민센터,

교육위원화, 교육청

교육행정가수준

지원센터,
경찰, 법원,
보호관찰소,
교도시설 등

학교

교육과정, 학교체계, 교사수준
학교행정가, 학교규칙, 학교운영위원회 등

학교체계

장학사

특성

기   발
절 아동   달
청소년
안

학 교 사 회 적   적 복 지 제   도
사 회   전 망

가정
부모수준, 사회적, 경제적 지원
자녀수, 가족형태
기대와 지지

지역사회

주: 차혜숙(2009)의 p.10에 있는 [그림 1]을 인용.

참고문헌

■ 고전(1999). 학교법규상 기본적 인권 보장제도와 과제. 교육 법학연구, 11.

■ 국가인권위원회(2002). 아동·청소년 인권침해법령 조사 연구.

■ 김용일(2012). 교육복지 실현을 위한 교육개혁 과제 도출에 관한 시론. 교육 정치학 연구, 19(4), 35-59.

■ 김인희(2011). 학교의 교육복지공동체 관점 고찰. 교육정치학연구, 18(4), 29-60.

■ 김헌진(2012). 우리나라 무상보육정책과 사회적 형평성: 사회 정의론적 관점의 접근. 한국영유아보육학, 72, 419-445.

■ 김형식·이지영(2001). 인권과 사회복지실천. 인간과 복지.

■ 노종희(1998). 학교공동체의 개념적 분석과 그 구축전략. 교육행정학연구, 16(2), 385-401

■ 박용조(2006). 인권의 보편성이 사회과 인권교육에 주는 시사. 사회과교육연구, 13(1), 79-98.

■ 박재윤·황준성(2008). 교육복지에 관한 법리 및 관련 법제의 현황과 과제. 교육법학연구, 20(1), 49-81.

■ 박휴용(2012). 다문화교육의 형평성과 수월성에 대한 비판적 고찰. 다문화교육연구, 5(2), 147-172.

■ 성민선(2012). 조흥식 외 학교사회복지의 이론과 실제. 학지사.

■ 신현석(2004). 교육공동체 형성과 발전: 동서양 교육고동체로부터의 시사. 교육행정학연구, 22(1), 135-156.

■ 신현석·박균열·엄준용(2008). 창의적 인재양성을 위한 교육체제의 구축. The Korean Journal for Human Resource Development, 10(2), 83-108.

■ 안병영·김인희(2009). 교육복지정책론. 다산출판사.

■ 안병영(2010). 한국 교육정책의 수월성과 형평성 조화를 위하여. 사회과학논집, 41 (2), 2-13.

■ 안우환(2009). 부모−자녀 관계 사회적 자본과 교육포부 수준과의 관계: 초등학생을 중심으로. 중등교육연구, 57(1), 1-20.

■ 윤철수(2005). 학생 인권과 교육권 소외, 그 대안으로서의 교육복지. 국회 인권정책연구회 제5차 토론회, 7-21.

■ 이성호(2003). 평등의 철학적 분석과 그 교육적 함의. 교육철학, 30, 119-137.

■ 이인자·한세희·이희선(2011). 사회자본이 교육성과 미치는 영향에 관한 연구: 사교육의 매개효과를 중심으로. 한국정책학회보, 20(1), 179-212.

■ 이종재(1999). 교육지도자 정범모 외 21세기를 향한 교육개혁. 민음사.

■ 이정선(2009) 교육복지투자우선지역지원사업을 통한 교육복지공동체의 구축: 시론. 초등도덕교육, 30, 73-110.

■ 이창신(2010). 정의란 무엇인가(마이클 샌달의 JUSTICE 번역본). 김영사.

■ 임용수(1994). 인권의 교육학적 의의와 인권교육에 대한 고찰. 경희대학교 교육문제연구소 논문집, 10, 179-194.

■ 장경은(2012). 한국 아동복지의 형평성: 보육정책과 저소득층 아동복지 정책을 중심으로. 한국아동복지학, 38, 127-155

■ 전광석(2008). 복지국가론: 무엇을 어떻게 연구할 것인가. 한국사회정책학. 한국사회정책, 15(1), 163-195.

■ 전현곤(2011). 교육학에서의 사회자본 논의에 대한 비판적 탐색: 가정의 사회적 자본을 중심으로. 한국교육학연구, 17(3), 151-174.

■ 정연택(2003). 사회정책 연구의 분석틀로서 사회적 자본: 가능성과 한계. 사회과학연구, 14, 299-322.

■ 정영수(2004) 미래지향적 교육공동체 형성의 방향과 과제. 교육행정학연구, 22(1).

■ 진관훈(2012). 사회적 자본이 지역사회 복지거버넌스에 미치는 영향에 관한 연구. 사회복지정책, 39(4), 205-230.

■ 차혜숙(2009). 학교사회복지 효과성과 실천방안 연구. 서강대학교 공공정책대학원 박사학위 논문.

■ 최근희(1993). 자본주의 체제하에서 분배의 정의에 대한 고찰: 평등주의, 자유주의, 사회진화론자의 주장의 비교. 법률행정논집, 1, 257-273.

■ 최 유(2003). 국가인권위원회에 관한 작은 연구: 인권과 기본권, 법적 위상을 중심

으로. 법적논총, 38, 121-139.

- Allen-Meares, P. (2007). *Social work services in schools*(5th ed.) Boston: Allyn & Bacon.
- Bourdieu, P. (1986). *The forms of capital. In handbook of theory and research for the sociology of education*. Richardson. J. G. New York: Greenwood.
- Bronfenbrenner, U. (1979). *The Ecology of human development: Experiments by nature design*. Cambridge: MS. Harvard University Press.
- Bryk, A. S., Valerie, E. L., & Peter, B. H. (1993). *Catholic Schools and the Common Good*. Cambridge: Harvard University Press.
- Coleman, J. S. (1988). Social capital in the creation of human capital. *American journal of sociology*, 94.
- Coleman, J. S. (1990). *Foundation of social theory*. Cambridge: Harvard university Press.
- Dewey, J. (1915). *The School and Society*. The University of Chicago Press.
- Hanifan, Lydia Judson (1916). "The Rural School Community Center". Annals of the American Academy of Political and Social Science, 67: 130-138.
- Krishna, A. (2000). *Creating and Harnessing social capital. In social capital; A multifaceted perspective*. edited by Dasgupta, P. Serageldin, I. Washington D. C.: World Bank.
- Landman, J. P. (2004). Social capital: a building block in creating a better global future. *Foresight*, 6(1), 38-46.
- Merz, C., & Furman, G. (1997). *Community and schools: Promise and paradox*. Teachers College Press New York.
- Nickel, J. W. (1987). *Making sense of human rights*. Berkley. CA: University of California Press.
- Poplin, D. (1972). *Communities: A Survey of Theories and Methods of Research*. New York: Macmillan.
- Putnam, R. D. (1995). Bowling Alone: America's declining social capital. *Journal of Democracy*, 6.
- Sergiovanni, T. J. (1994). Organizations or communities? Changing the metaphor changes the theory. *Educational Administration Quarterly*, 30(2), 214-226.

- Shaffer, D. R. (2005). Developmental Psychology: *Childhood and Adolescence* (6th ed.). Singapore: Thomson Learning.
- Tŏnnis, F. (1975). *Community and society* [Gemeinschaft und gesellschaft] (C. P. Loomis, ED. and Trans.). New York: Harper & Row. (Original work published 1987).

제 2 부
대상별 교육복지의 필요성과 추진 현황

제5장 Education Welfare

저소득층에 대한 교육복지 서비스

[1.] 빈곤과 교육문제

1) 빈곤 및 소득격차와 학업성취도 간의 관계

국내외를 막론하고 가구소득이나 빈곤이 아동 및 청소년의 학업성취도 또는 학력성취에 미치는 영향에 대한 연구는 사회과학 분야의 핵심 주제이다 (김광혁, 2010; Bradley & Corwyn, 2002; Corcoran, 2000). 이론적으로 볼 때, 빈곤 또는 저소득층 아동의 학업성취와 발달저하는 인적자본투자이론(Human capital investment theory)과 가족과정모델(Family process model)이 잘 설명해 준다(김광혁, 2010). 미래 생산성 증대를 위해 아동의 학업성취를 향상시키기 위한 인적자본투자는 주로 부모에 의해 이루어지고, 그 투자비용은 부모의 경제적 능력에 따라 달라진다고 설명한다. 구체적으로 인적자본투자 이론에 따르면, 가족이 경제적 박탈로 인해 경제적 궁핍에 처하는 경우, 그 부모는 아동의 교육이나 양육에 비용을 투자하기보다는 일상적인 생활비에 대한 상대적 가치를 크게 고려하여 아동에 대한 지원을 결여하거나 감소시킨다. 그 결과 아동의 신체적, 정신적, 인지적 발달에 부정적인 영향을 가지고 온다는 사실이다 (Eamon, 2002; Guo & Harris, 2000). 즉, 가족이 빈곤상태에 있는 경우, 부모는 의식주 생계비에 비해 그 자녀에 대한 교육비 투자를 상대적으로 덜 중시하게 되어 아동에 대한 낮은 인적자본 투자로 이어지고, 결과적으로 낮은 학업성취로 나타난다는 것이다. 다음으로 가족과정모델에 따르면, 경제적 박탈이 가족 구성원 특히, 부모의 경제적 스트레스를 증가시켜 부모의 심리적 상태나 부부관계 등 부모의 생활만족도에 부정적 영향을 미쳐 부모 자녀관계나 양육태도 등을 통해 부정적인 영향을 미친다는 것이다(Conger, Conger, & Elder, 1997; Yeung, Linver, & Brooks-Gunn, 2002).

국내외적으로 빈곤이 아동의 학업성취에 부정적인 영향을 미친다는 연구 결과가 지속적으로 보고되어 왔다(박시혜자·송승민·이유현, 2011). 우리나라의 경우도 부모의 소득과 사회경제적 지위가 그 자녀의 학업성취도 또는 대학진학률에 크게 영향을 미치고 있음이 입증되고 있다(구인회·박현선·정익중, 2006; 김광혁, 2011; 김경근, 2005; 김영철, 2011). 특히, 가족소득이 아동의 교육성취에 미치는 영향은 저소득층과 빈곤층에서 보다 크다는 것이 밝혀졌다 (구인회 외, 2006; Duncan, Yeung, Brooks-Gunn, & Smith, 1998). 실제로 김미숙·배화옥(2007)은 빈곤가정의 자녀가 낮은 학업성취도를 보였고, 빈곤의 정도가 심하거나 빈곤기간이 긴 경우에 학업성취도는 상대적으로 더 낮게 나타났다는 점을 밝혔다. 그들은 이런 원인을 빈곤으로 인한 제한된 학습환경과 부모의 양육태도 등에 따른 아동의 낮은 자아존중감에서 찾고 있다. 구인회 외

(2006)는 서울 초등학교 4학년 아동 1,800여명을 대상으로 아동의 개인적, 가족적 특성을 통제하고도 가족소득, 즉 빈곤이 아동의 학업성취도에 부정적인 영향을 미친다는 사실을 확인하였고, 주로 해당 아동 가족환경의 인지적 자극 정도, 부모의 교육적 기대 및 또래관계 등을 통해서 발생한다고 해석하였다. 한국교육고용패널 데이터를 기반으로 김경근(2005)은 우리 사회에서 계층 간 학업성취도 차이가 있음을 밝혔다. 그는 계층 간에 교육격차가 존재하는 이유는 자녀교육에 대한 관심과 실질적 지원 정도의 차이에서 비롯함을 강조하였다.

2011년 수능 자료를 분석한 김영철(2011)의 연구 결과를 보면, 부모 세대의 사회경제적 지위(직업·학력·소득)가 자녀의 대학 진학에 결정적 영향을 미치는 것으로 나타났다. 구체적으로 월평균 가구소득 1분위(110만원 이하)에 해당하는 학생의 4년제 대학진학률은 33.8%이었다, 반면에 월평균 가구소득 10분위(490만원 이상)에 속하는 학생의 진학률은 74.5%에 이르는 것으로 나타났다. 재수를 택하는 아이들의 경우 대학진학률에서 누락되기 때문에 고소득층인 소득 10분위 소득계층의 자녀는 4년제 대학진학률은 거의 100%에 가까운 것이다. 따라서 소득 1분위와 소득 10분위 계층 간의 대학진학률이 2배 이상 차이가 나고 있다. 또한, 월평균 가구소득 분위별 전국 30위권 대학진학률의 경우, 월평균 가구소득 1분위가 2.3%인 반면, 월평균 가구소득 10분위는 23.4%로 그 차이가 더욱 크게 벌어지고 있다.

특히, 우리나라의 경우 사교육과 사교육 참여 정도가 학업성취도에 미치는 영향력이 상당하다. 사교육의 참여와 투자 비율 차이는 가구소득 차이에 의해 결정적으로 영향을 받는다. 2012년 통계청 보고에 따르면, 우리나라 월평균 소득 700만원 이상인 가구의 학생 1인당 월사교육비 지출액은 44만원이고, 사교육 참여율은 85.3%로 나타났다. 반면에 월평균 소득 100만원 미만 가구의 학생 1인당 월사교육비 지출액은 6만 8천원이고, 사교육 참여율은 35.5%에 불과한 것으로 보고되었다. 이러한 통계치로 볼 때, 소득격차는 사교육 격차를 만들고, 이는 곧 교육격차를 야기한다는 결론을 내릴 수 있다. 실제 부모의 소득 수준이 높아 사교육을 많이 받을수록 대학진학률도 높다는 사실이 입증되고 있다(김영철, 2011). 2012년 서울대 입학생 2,148명에 대한 서울신문 보도(2013. 1. 3일자)에 따르면, 월평균 가계소득이 500만원 이상인 고소득층 가구에 속한 신입생이 47.1%에 이르고, 사교육을 받은 적이 있다고 답한 신입생이 87.4%로 나타났다. 결과적으로 서울대 신입생 중 전체 월평균 가구소득 500만원 이상인 고소득층 비율이 47.1%라는 수치는, 우리나라 전체 가구 중 월평균 가계소득이 500만원을 넘는 가구가 25.5%에 불과한 것을 감안하면 상대적으로 부유층 자녀들이 서울대에 훨씬 많이 진학하고 있음을 보여준다.

소득격차와 빈곤의 문제는 아동 발달과 교육에 누적적으로 영향을 미쳐, 어느 정도 시간이 경과하면 그 격차가 해소되지 못할 정도로 고착된다. 예를 들어 부유층 자녀는 주변에서 명망있는 영어유치원 등에서 첫 교육을 시작하는 반면, 저소득층 아이들은 집 주변의 저렴한 유치원을 찾아 교육을 받기 시작한다. 이후 부유층 자녀는 어려서부터 확실히 영어의 기반을 닦고 지속적으로 고가의 영어 사교육을 받으면서 초·중·고교 과정을 이수하게 된다. 그 결과, 부유층과 저소득층의 자녀들은 각각 공교육에서 형식적으로는 같은 교육과정을 거쳤지만, 실제로 가난한 집 아이의 경우는 부유층 자녀에 비해 영어에 있어 넘어설 수 없는 질적인 격차를 가질 수밖에 없다. 이렇게 빈곤문제로 인해 아동의 인지적, 정서적 발달에 누적된 부정적 영향의 현상을 문화적 자본(cultural capital) 부족 또는 결핍으로 설명하기도 한다(안병영·김인희, 2009). 가난한 집안은 상대적으로 빈약한 문화적 자본을 지니고 있고, 이러한 문화적 자본의 결핍은 아동들의 지적, 정의적 발달을 지속적으로 저해시켜 궁극적으로 학습능력에도 부정적인 영향을 미친다는 것이다.

아울러, 환경적, 물리적 측면에서도 빈곤 아동들의 경우, 부유층 자녀에 비해 상대적으로 부모의 교육지원과 관심이 제한적이다. 실제로 고소득층 부모는 자신의 자녀가 자신보다 더 높은 사회적 지위와 소득을 얻을 것으로 기대하는 반면 저소득층은 그렇지 못하다는 것으로 알려졌고, 향후 자녀의 신분 변화를 긍정적으로 전망한 비율이 고소득층의 경우 저소득 가구에 비해 두 배가량 높은 것으로 나타났다(2013. 1. 3, 3면, 서울신문). 특히 빈곤층의 경우, 자녀가 비교육적 상황에 방치되는 경우가 비일비재하다. 왜냐하면, 빈곤계층은 생활고로 인해 아동들을 돌볼 시간이 절대적으로 모자라고, 교육에 대한 지식과 이해 및 필요한 정보 부족으로 인해 실질적 교육지원에 한계가 있기 때문이다(안병영 외, 2009). 또한, 빈곤층 아동이 거주하는 지역은 보다 심각한 비교육적 환경 속에 있어 열악한 학습 상황에 노출될 위험이 훨씬 높다.

위에서 살펴보았듯이, 고소득층 학생들이 전국 상위권 대학진학률이 빈곤층의 최대 10배에 이른다는 사실은 대학진학이 부모소득에 의해 결정적으로 영향을 받는다는 것을 의미한다. 사교육비의 지출증가와 부유층 부모가 일류대학에 자녀를 진학시키려는 경향이 커져서, 상위권 대학에 고소득층 출신 자녀들의 비중이 상대적으로 커지고 있는 상황이 심화되고 있다. 결과적으로 오늘날 우리 사회에서 가구 소득격차가 자녀의 교육격차를 낳고, 그 교육격차는 궁극적으로 사회계층 이동을 막고 희망의 사회이동 사다리를 무너뜨리고 있다는 점에서 심각한 사회문제로 대두되고 있다.

2) 빈곤이 아동의 심리 및 정서 발달에 미친 영향

1990년대 이후 주요 선진국에서 빈곤과 저소득이 아동의 교육에 미치는 영향에 대해 지대한 관심을 가지게 된 것은 빈곤의 대물림 현상이 확대되는 것에 대한 우려 때문이다(구인회 외, 2006). 우리나라 경우도 2000년대 이후 동일한 상황 하에 있다. 위에서 살펴보았듯이, 빈곤문제는 가구의 경제적 궁핍으로 인해 아동의 미취학 및 학업중단, 학업부진 및 학교부적응 초래 등 전반적으로 교육성취에 부정적인 영향을 가져온다. 아울러 빈곤문제는 생태체제 이론과 가족과정모델(Family process model)이 설명하는 것처럼 부부관계 및 부모와 가족 간의 부적절한 관계를 야기하고, 그로 인해 아동은 회의적 성격, 적대감 등 복합적인 사회 심리적 문제를 경험하게 된다. 이혜영(2004)은 빈곤문제가 1차적으로 아동의 학업성취 부진을 낳고, 후속적으로 학업성취 부진문제는 그 아동에게 열등감, 소외감, 심리적 위축감 등을 야기하여 궁극적으로 정서 발달에 장애를 초래한다는 점을 지적한다. 결과적으로 빈곤문제는 아동과 학생들의 학업성취도에 부정적 영향만 초래하는 것이 아니라, 그들의 정서적 발달에도 부정적인 영향을 미친다(이혜영, 2004; 장혜자, 2000).

보다 구체적으로 생태체제 이론에 따르면, 빈곤으로 인한 경제적 궁핍문제는 부모의 심리적인 스트레스를 증가시킨다. 이는 다시 부부관계의 문제와 비일관적·강압적 양육태도와 학업에 대한 낮은 기대, 자녀에 대한 지도감독의 소홀 등으로 이어져, 결국 아동은 낮은 자존감, 우울, 학업성취 저하 및 높은 공격성이나 비행과 같은 문제를 겪게 된다(김현주, 2011; Bradley & Whitesde-Mansell, 1997). 즉, 빈곤이 가족관계에 부정적인 영향을 미치고 부모와 아동관계에도 부정적인 영향을 초래하여 그 결과 아동의 인지적, 심리적, 정서적 발달에 문제를 야기한다는 사실이다. 실제로 김정원·박현정·이경희·김태은·배성우(2008a)는 저소득층 학생(기초생활수급자 가정 학생, 무상급식 학생, 담임추천 저소득층 학생)이 일반 학생 보다 자기주도 학습능력, 자기효능감, 일상생활 습관 및 학교적응력, 정신건강, 시민의식 등 모든 정의적 영역에서 그 성취 수준이 낮다는 것을 확인하였다. 유사한 맥락에서 박미령(1992)은 빈곤 아동이 일반 아동과 비교했을 때, 자아존중감이 보다 낮다는 연구 결과를 보고하였다. 빈곤층 아동들이 일반 가정의 아동보다 자아존중감이 낮은 원인은 빈곤층 가족의 전반적인 열악한 생활 환경, 빈곤층 부모의 양육태도, 애정 부재 등에서 찾고 있다(박시혜자 외, 2011). 더구나 가족의 빈곤문제는 아동기의 자아존중감에도 부정적인 영향을 미쳐 궁극적으로 학업성취도에 부정적인 결과를 야기한다(박시혜자 외, 2011). 김현주(2011)의 경우, 경남 지역을 배경으로 빈곤 아동과 일반 아동 218명을 비교 연구하여, 빈곤 아동의 학교생활 적응 정도가 일반 아동에 비해 낮다는 사실을 발견하였다. 이런 사실로 볼 때, 빈곤 아동들의 경우 빈곤으로 인해 학교에서 교사와의 긍정적인 상호작용이 어렵게 되어 학교생활 적응에 어려움을 겪게 된다(김현주, 2011).

결론적으로 빈곤문제는 가족에게 많은 스트레스, 불안감, 억압감 등을 야기하고 아동 및 학생의 학업성취도뿐만 아니라 사회성 발달 및 정서 발달에도 부정적인 효과를 가져 온다(권기옥, 2005; 김광혁, 2011; 안병영 외, 2009). 빈곤으로 인한 경제적 궁핍이 학생의 인지적 발달, 즉 학업성취도에 미치는 영향과 심리적·정서적 발달에 미치는 영향은 별개로 각각 구분되기보다는 복합적으로나 연속적, 또는 순차적으로 발생한다. 궁극적으로 우리 사회에서 빈곤과 소득격차는 교육에 부정적인 영향을 미쳐 교육취약계층을 증가시키고 상대적으로 교육격차를 심화시키는 문제점을 낳고 있다.

2. 빈곤에 따른 교육격차 해소를 위한 교육복지 필요

오늘날 우리 사회의 핵심적 이슈 중 하나가 소득격차로 인한 빈곤과 사회 양극화의 문제이다. 표면상으로 나타난 소득격차와 사회양극화 문제를 보다 심층적으로 교육결과 측면에서 살펴볼 필요가 있다. 우리 사회에서 교육은 전통적으로 계층 간 간극을 메우고, 사회이동을 가능케 하는 가장 유효한 수단으로 교육이 그 역할을 해 왔다. 하지만, 이제는 교육이 더 이상 그 역할을 하지 못하고, 오히려 계층고착화와 양극화를 촉진하는 역할을 한다(김경근, 2005). 우리 사회에서 보다 심각한 문제는 소득격차와 사회양극화가 교육에서 학업성취도 격차를 야기하고, 이는 다시 교육격차로 이어져 궁극적으로 빈곤의 대물림 현상을 심화시키고 있다는 점이다. 최근 사회양극화 그늘의 문제는 교육에서 저소득층 자녀의 경우, 세칭 명문대학은 커녕 대학진학도 상대적으로 훨씬 힘들어지는 상황을 야기시키고 있다.

앞에서 자세히 살펴보았듯이, 빈곤과 소득격차는 다소 다양하고 복잡한 과정과 요인을 거쳐 학생들의 학업성취도뿐만 아니라 정서적 발달에도 부정적인 영향을 미친다(김경근, 2005; 이혜영, 2004). 특히, 우리 사회는 그동안 급속한 경제발전과 고성장이라는 성과를 구현해 왔다. 하지만 그 과정에서 파생된 역효과로서 빈곤과 소득격차 문제가 심화되었다. 이로 인해 교육격차가 발생하고, 빈곤의 대물림이라는 악순환이 계속되고 있다. 이러한 결과로 볼 때, 우리 사회에서 빈곤과 소득격차 문제는 교육취약계층을 생겨나게 하였고, 더불어 그들에 대한 특별히 추가적인 교육지원 서비스가 필요하다는 것은 자명한 사실이다. 즉, 교육을 통한 빈곤의 악순환이 되풀이되는 문제를 해소하기 위해 교육복지 대책이 요구되는 것이다.

2000년대 중반 이후 가구소득 등 가정배경 영향력으로 인한 교육기회, 교육과정, 교육결과 측면에서 우리나라 교육복지 수준은 OECD 국가들 중 중상위 수준에 위치하고 있다(김정원 외, 2008b). 그러나 최근 지속적으로 소득분배지수가 악화되고 있고, 향후 그 악화 수준이 더욱 심화될 것이 예상됨에 따라 교육에서 가정배경의 영향력이 보다 강화될 전망이다. 이러한 점에서 김정원 외(2008b)는 교육에 작용하는 가정배경 영향력을 양적으로나 질적으로 최소화하기 위한 대응책이 모색되어야 함을 강조한다. 특히, 우리나라의 경우 소득격차로 인한 사교육 격차가 학생들의 학업성취도에 부정적 영향을 미치고,

그 효과가 심화되고 있다. 이에 따라 교육의 기회, 과정, 결과 측면에서 가정배경의 영향력을 최소화하기 위한 적극적 대응 방안, 즉 소득격차 또는 기타 가정환경으로 인해 발생한 교육적 취약계층의 아동 및 학생들을 대상으로 한 교육복지 지원 서비스가 요구된다.

빈곤 및 저소득층 학생들을 위한 교육복지 지원의 필요성과 관련하여 안병영 외(2009)는 빈곤 아동의 교육적 불리함은 아주 이른 시기부터 야기되므로 조기지원이 바람직하다는 점을 강조한다. 동일한 맥락에서 빈곤 아동의 교육적 지원은 매우 일찍, 즉 출발선에서 도와야 한다는 점 때문에 미국이나 영국의 경우 Head start 또는 Sure start 프로그램이 개발되어 시행되어 왔다. 그들은 또한, 빈곤 아동의 교육문제는 지역의 열악한 교육환경과 연관되어 있기 때문에 문제를 효과적으로 개선하기 위해서는 가정-학교-지역사회가 상호유기적으로 연계·협력하여 대처하는 방안이 필요함을 지적한다. 아울러, 우리는 빈곤 및 소득격차가 아동 및 청소년의 학업성취도뿐만 아니라, 자아정체감 등 심리적·정서적 발달측면에까지 부정적인 영향을 미치므로 통합적이고 종합적인 교육지원 서비스 제공이 필요하다는 점(안병영 외, 2009; 이중섭·이용교, 2009)을 인식할 필요가 있다.

[3. 저소득층 대상 교육복지 사업

1) 사업 개요

계층 간 소득 및 교육격차가 심화됨에 따라, 정부는 소외계층 청소년들에게 교육의 기회를 확충해주고자 다양한 교육복지 사업을 실시해 오고 있다. 특히, 저소득층 학생을 대상으로 지원하는 사업의 경우, 지난 1998년에 저소득층에 대한 학습비 지원 사업이 시작되었고, 1999년에는 저소득층 급식비 지원, 2003년에는 교육복지투자우선지역 지원 사업, 2005년에는 방과후학교 지원 사업, 2011년부터는 교육희망사다리 사업이 착수되어 현재까지 전개되어 오고 있다(김성학, 2008).

2) 사업 현황

가. 저소득층 고등학생 학비 지원 사업

저소득층 자녀에 대한 학비 지원 사업 또한 정부에서 추진하는 저소득층 지원 사업 가운데 하나이다. 사업 초기, 기초생활수급자의 고등학생 자녀에게는 입학금, 수업료, 학교운영지원비가 모두 지원된 반면에, 차상위계층의 자녀들에게는 수업료만 지원되었다. 저소득층 자녀의 교육비 부담이 실질적인 교육기회 균등을 저해하고 있다는 지적에 따라 '08년 2학기부터 차상위 저소득층 고교생에게도 학교운영비 지원을 실시하였고 '09년도부터 기초생활수급자뿐만 아니라 차상위계층 고교생까지 학비를 전액 면제하였다(장덕호 외, 2012). 현재 저소득층 고등학생 자녀의 경우, 시도교육청이 지역여건을 고려하여 저소득층 학비 지원계획을 수립 및 지원하고 있으며, 지원 기준은 건강보험료 납부액에 따른 우선순위자에 의거하여 지원하고 있다. 단, 지원 기준 외 가정이 어려운 학생은 담임교사 추천으로 학교별 학생복지심사위원회 심의를 거쳐 결정하고 있다. 한편, 중학교의 경우, 중학교 학교운영지원비징수 위헌 판결로 의무교육 범주에 포함되어 2012년 9월부터 모든 학생의 학교운영지원비가 면제되었다.

저소득층 지원 사업에서는 수업료, 학교운영비뿐만 아니라 기타 교육경비까지 지원하고 있다. 저소득층의 비중 증가와 교육비 부담 증대에 따라 공교육비 성격이 강한 수익자부담 교육경비를 각 학교에 통합하여 지원하도록 한

표 5-1	최근 5개년 저소득층 학비 지원 현황								(단위: 천명, 억원)
2008		2009		2010		2011		2012	
인원	금액	인원	금액	인원	금액	인원	금액	인원	금액
343	2,994	388	3,808	430	4,379	420	3,867	407	4,239

출처: 교육부 내부자료(2012).

것이다. 체험학습비, 특기적성교육비, 졸업앨범비, 수학여행비 등의 교육경비를 학교 단위의 저소득층 자녀까지 지원하였다. 또한 법적 저소득층 외의 저소득층 학생의 기본교육비 및 급식비 지원과 저소득층 학생의 문화적 결손을 학교 내에서 보완하기 위해 학교 내에서 진로체험, 적성개발활동 등의 다양한 문화체험활동을 기획하고 저소득층 학생들의 경비를 지원하고 있다(장덕호 외, 2012).

나. 저소득층 급식비 지원 사업

정부는 2012년까지 최저생계비 130% 이하인 가정의 자녀와 농어촌 학생 전체 등 총 197만명(26.4%)에게 무상급식을 단계적으로 확대해 나갈 계획이었다. 하지만 2010년 6월 지방선거 이후, 경기도 과천을 시작으로 일부 시도교육청에서 소득에 관계없이 실시한 무상급식이 다른 지역으로 확대되어, 2012년 기준 전체 학생의 56.8%에 이르는 397만명에게 무상급식이 지원되고 있으며, 지원액 규모는 1조 9,450억원에 이르고 있다. 해당 재원은 16개 시·도 평균 시도교육청이 59.3%, 지자체가 40.7%를 부담하고 있는 것으로 파악된다(교육부 내부자료, 2012).

다. 교육복지우선지원사업

2003년부터 시작된 교육복지투자우선지역 지원 사업의 경우, 2013년

까지의 1차 신청 조건은 국민기초생활보장수급가정 학생 및 법정 한부모가
정 학생 등 경제적 취약집단 학생 수와 비율을 기준으로 했다(한국교육개발원,
2012).

기본적으로는 저소득층의 영·유아, 초등학생, 중학생, 일부 고등학생을
대상으로 하며, 주 사업대상의 1차 집단은 국민기초생활보장 수급가정 학생,
중식지원 학생, 장애자 부모를 두거나 조부모와 동거하는 가정형편이 어려운
학생 등이다. 2차 집단은 담임교사가 추천하는 저소득층 학생을 대상으로 하
고 있다(김성학, 2008). 교육과학기술부(당시)·한국교육개발원(2010)에 따르면
사업 운영에 있어서의 실제 대상은 사업지역으로 선정된 학교의 전체 학생이
고, 그 중 상대적으로 보다 취약한 상황에 있는 학생들에게 더 초점을 둔다고
되어 있다. 교육복지우선지원사업의 지원을 받는 학생 가운데 국민기초생활수
급자 학생 수 현황은 〈표 5-2〉와 같다.

표 5-2 지원학생 및 국민기초생활수급자 학생 수 현황

| 연 도 | 전체 학생수 | 사업학교 | | | | | 학령기 국민 기초일반 수급자수 | 비율 |
		전체 학생수	비율	우선지원 학생수	비율	국민 기초생활 수급자수		
2012	6,721,176	1,302,250	19.4	292,989	4.4	72,881	297,442	24.5
2011	6,986,847	1,086,434	15.5	250,652	3.6	71,853	329,340	21.8
2010	7,236,248	452,467	6.3	111,095	1.5	35,725	311,555	11.5
2009	7,447,159	490,081	6.6	109,758	1.5	40,174	334,122	12.0
2008	7,617,796	304,464	4.0	61,821	0.8	27,904	333,189	8.4
2007	7,734,531	326,826	4.2	60,897	0.8	35,110	342,644	10.2

출처: 한국교육개발원(2013). 2012년도 교육복지우선지원사업 현황.

교육복지우선지원사업은 소득불평등의 심화에 따라 늘어나는 빈곤층과 다문화가정 및 새터민 가정 등의 교육취약계층을 위해 교육불평등을 완화하고 모든 아동·청소년의 교육기회를 보장하고자 지역과 학교차원에서 시작된 사업이다. 이를 통해 저소득층 밀집학교뿐만 아니라 학교가 소재한 지역의 계층분화 문제를 해결하고자 하였다. 교육복지우선지원사업은 기존의 저소득층 지원 사업이 주로 농어촌 지역에서 집중되어, 교육적 지원이 절실함에도 도시에 거주한다는 이유로 지원을 제대로 받지 못하는 도시 저소득층을 위한 최초의 체계적인 교육복지사업이라는 점에서 차별성을 찾을 수 있다.

최근(2014년 6월) 교육부는 교육복지우선지원사업의 지원 기준을 학교에서 학생으로 변경한다고 밝혀, 앞으로 저소득층 학생이라면 학교나 지역에 관계없이 지원을 받을 수 있게 되었다. 또한 기존의 학습, 문화·체험, 심리·정서, 복지라는 4가지 세부영역의 틀을 없애고 학교가 자율적으로 사업을 추진할 수 있게 했다. 교육부는 학교가 관련 프로그램을 만들어 취약계층 학생을 참여하도록 하는 방식이 아니라 취약계층 학생이 정상적으로 학업을 수행하는 데 필요한 지원을 할 수 있도록 하는 학생 수요 중심으로 사업을 운영해 나갈 것을 권장하고 있다.

라. 방과후학교 지원

정부는 기존 방과후 교육활동(특기·적성교육, 수준별 보충학습, 방과후교실)이 수요자의 다양한 교육 서비스 수요를 충족시키고, 계층 간 교육격차를 해소하며, 사교육비를 경감하는데 한계가 있다고 진단하고, 2006년부터 "사교육을 통해 나타나는 교육격차 해소"를 위한 '방과후학교' 정책을 본격적으로 도입·확대해 왔다. 방과후학교는 정규수업 이외의 시간을 활용하여 학생과 학부모의 요구와 선택에 따라 수익자 부담 또는 재정 지원으로 운영되는 교육 및 보호 프로그램이다. 구체적으로는, 보육, 특기·적성, 수준별 보충학습, 자

표 5-3　방과 후 학교 운영학교 및 참여 학생 현황

구 분	초	중	고	계	연도별 현황			
					2011	2010	2009	2008
운영학교수(교)	5,887	3,178	2,296	11,361	11,307	11,226	11,149	11,076
비율(%)	100.0	100.0	99.8	99.9	99.9	99.9	99.9	99.9
참여학생수(천명)	2,099	1,260	1,481	4,840	4,559	4,573	4,276	4,096
비율(%)	71.1	67.6	77.3	71.9	65.2	63.3	57.6	54.3

출처: 교육과학기술부·한국교육개발원(2012). 2012 간추린 교육통계.

표 5-4　방과 후 학교 자유수강권 지원 현황　　　　　(단위: 천명, 억원)

2008		2009		2010		2011		2012	
인원	금액	인원	금액	인원	금액	인원	금액	인원	금액
		541	1,047	560	1,212	670	1,463	600	2,880

출처: 교육부 내부자료(2012).

기주도학습 및 창의적 교육 프로그램 등으로 구성되어 있다. 방과후학교 사업의 대상은 초·중·고 학생 전체이나, 수요자의 선택에 의한 자율적 참여를 원칙으로 하고 있으며, 특별히 저소득층이나 차상위계층, 그리고 담임추천자를 대상으로 자유수강권(10년: 1인당 연 30만원→11년: 1인당 연 36만원→12년: 1인당 연 48만원)을 지원하고 있다. 방과후학교 사업의 참여학생 현황은 2008년 4,096천명에서 2012년 4,840천명으로 점차 늘어나고 있는 추세이다.

마. 교육희망사다리

정부는 유아교육 기회 보장, 취약계층에 대한 맞춤형 교육지원 서비스 제공, 창의·인성교육 기회 확대와 공정한 진학기회 확대를 위한 다양한 교육희망사다리 사업을 실시해오고 있다.

| 표 5-5 | 최근 3개년 정부지원 교육희망사다리사업 현황 |

대 상	사업명	2011	2012	2013	지원내용
합 계		17,300	40,079	49,581	전년대비 + 9,502억원(23.7%) 증액
아동	드림스타트센터 (복지부)	372	462	576	저소득층 아동 맞춤형 사례관리 지도
	지역아동센터 (복지부)	977	1,109	1,235	학습지도 및 상담 등 방과후돌봄서비스 제공
	아동발달 지원계좌 사업(복지부)	70	85	93	요보호아동 전체 및 기초수급 가구의 12~14세 아동에 대해 월 3만원 내에서 지원
	초등학생 교육급여(복지부)	–	27	28	초등학생 자녀가 있는 기초수급 가구에 대해 교육급여(부교재비) 지원
중·고생	중·고생 교육급여(복지부)	1,299	1,329	1,308	중·고등학생 자녀가 있는 기초수급 가구에 지원
	특성화고 장학금 지원(교육부)	2,425	2,376	2,376	특성화고 학생의 입학금 및 수업료 지원
	마이스터고 지원(교육부)	347	513	513	전문계고 취업 향상을 위해 학교운영비와는 별도로 특별교부금 지원
	선취업 후진학 지원(교육부)	40	177	457	재직자 특별전형 교육과정 운영기반 조성 및 특성화 지정·운영기반 조성 등
	드림장학금 (교육부)	–	4	9	저소득계층(기초수급자 및 차상위계층) 고등학생에 대한 해외 유학기회 제공
대학생	전문대학 우수 장학금(교육부)	96	66	15	등록금 범위 내 1인당 연간 520만원 한도
	국가장학금 (교육부)	–	17,500	22,500	저소득계층(기초수급자 포함 소득 7분위 이하)의 대학생에 대해 교육기회 부여를 위해 지원
	대학생 근로장학금 (교육부)	810	810	1,431	직업체험 기회 제공 및 등록금 마련 지원
	든든학자금(ICL) (교육부)	10,874	15,621	19,040	저소득계층(기초수급자 포함 소득 7분위 이하)의 성적 C 이상 대학생에게 등록금 내에서 대출

출처: 교육부 내부자료(2012).

참고문헌

- 교육과학기술부·한국교육개발원(2010). 교육복지투자우선지역 지원사업 매뉴얼 – 교육복지투자우선지역 지원사업 이렇게 합니다 –. 교육과학기술부·한국교육개발원. 연구자료 CRM 2010-12.
- 교육과학기술부·한국교육개발원(2012). 2012 간추린 기술통계.
- 교육부(2012). 내부자료
- 구인회·박현선·정익중(2006). 빈곤이 아동의 학업성취에 미치는 영향. 아동권리연구, 10(3), 269-295.
- 권기옥(2005). 빈곤가정 유아교육·보호정책의 개선방향 탐색, 23(1), 281-306.
- 김광혁(2010). 아동·청소년의 학업 성취도에 대한 가족소득의 수준별 영향 차이: 아동 발달단계별 비교를 중심으로. 한국청소년연구, 21(2), 35-65.
- 김광혁(2011). 빈곤이 청소년의 성적에 영향을 미치는 과정: 전주시 교육복지사업 참여 중학교의 학생을 중심으로. 사회과학논총, 26(2), 77-92.
- 김경근(2005). 한국사회 교육격차의 실태 및 결정요인. 교육사회학연구, 15(3), 1-27.
- 김미숙·배화옥(2007). 한국 아동빈곤율 수준과 아동빈곤에 영향을 미치는 요인 연구. 보건사회연구, 27(1), 3-26.
- 김성학(2008). 저소득층 청소년 대상 교육복지 사업의 현황, 과제, 그리고 가능성. 청소년복지연구, 10(3), 1-25.
- 김영철(2011). 고등교육 진학단계에서의 기회형평성 제고 방안, 서울: 한국교육개발원.
- 김정원·박현정·이경희·김태은·배성우(2008a). 교육복지투자우선지역 지원사업 종단적 효과분석을 위한 기초연구. 한국교육개발원.
- 김정원·박현정·이경희·김태은·배성우(2008b). 교육복지투자우선지역 지원사업 종

단적 효과 분석을 위한 기초 연구. 서울: 한국교육개발원.

■ 김현주(2011). 빈곤 아동과 일반가정 아동의 학교생활 적응 영향 요인 비교분석 연구, 학교사회복지, 20, 1-22.
■ 박미령(1992). 도시 저소득층 가족의 보모·자녀문제. 서울: 하우.
■ 박시혜자·송승민·이유현(2011). 무상급식 수혜대상인 빈곤아동의 자아존중감과 자기효능감이 학업성취도에 미치는 영향: 비빈곤아동과 비교를 중심으로. 한국지역사회생활과학회지, 22(3), 407-416.
■ 서울신문(2013. 1. 3일자 기사). 교육 그늘을 벗자: 2013년 에듀혁명 선언. Retrieved May 30, 2014, from http://search.seoul.co.kr/?keyword = 2011 +% BA%BB%C0%CE +%BD%C5%BA%D0%C0%C7 +%BA%AF%C8%AD&id_search =
■ 안병영·김인희(2009). 교육복지정책론. 다산출판사.
■ 이중섭·이용교(2009). 부모의 교육수준이 자녀의 학업성취 수준에 영향을 미치는 경로. Korean Journal of Family Social Work, 26, 159-192.
■ 이혜영(2004). 저소득층 아동청소년의 교육복지 실태. 중앙일보 교육포럼 발표논문(We start 운동 출범 기념).
■ 장덕호 외(2012). 미래 지향적 교육복지 정책의 방향과 과제. 상명대학교 산학협력단.
■ 장혜자(2000). 빈곤한 아동의 현황 및 고찰. 한국생활과학지, 9(3), 257-270.
■ 한국교육개발원(2012). 신규 전문상담교사 직무연수. 한국교육개발원. 연수교재 TM2012-28.
■ 한국교육개발원(2013). 2012년도 교육복지우선지원사업 현황. 한국교육개발원 교육복지우선지원사업 중앙연구지DNJS센터. 기술보고 TR 2013-15.
■ Bradley, R., & Corwyn, R. (2002). Socioeconomic status and child development. Annual Review of Psychology, 53, 371-399.
■ Bradley, R., & Whitesde-Mansell, L. (1997). Parents socioemotional investment in children. *Journal of Marriage and the Family*, 59, 77-90.
■ Conger, R. D., Conger, K. J., & Elder, G. (1997). Family economic hardship and adolescents adjustment: meditating and moderating process: In G. J. Duncan & j. Brooks-Gunn(Ed.), *Consequence of growing Up Poor* (288-310). New York: Russell Sage Foundation.
■ Corcoran, M. (2000). Mobility, persistence, and the intergenerational determinants of children's success. *Focus*, 21(2), 16-20.

- Duncan, G., Yeung, W. J., Brooks-Gunn, J., & Smith, J. R. (1998). How much dose childhood poverty affect the life chances of children? *American Sociological Review*, 63, 406-423.
- Eamon, M. K. (2002). Effects of poverty on mathematics and reading achievement of young adolescents. *Journal of Early Adolescence*, 22(1), 49-74.
- Guo, G., & Harris, K. M. (2000). The mechanisms meditating the effects of poverty on children's intellectual development. *Demography*, 37(4), 431-447.
- Yeung, W. J., Linver, M. R., & Brooks-Gunn, J. (2002). How money matters for young children's development: parental investment and family processes. *Children Development*, 73, 1861-1879.

제**6**장 Education Welfare

다문화 자녀에 대한 교육복지 서비스

[1.] 다문화 사회의 도래

　　현재 한국 사회는 급속히 다문화 사회로 진입하고 있다. 문화의 국제적 교류, 국제결혼, 그리고 노동과 자본의 국제이동 확대로 인해 우리 사회의 문화 다양성이 촉진되고 있다. 2011년 3월 말 기준 체류 외국인은 약 131만 명으로 총인구의 약 2.7%를 차지한다. 우리 사회에서 다문화 진전 속도는 매우 빠르고 다문화는 이제 선택이 아니라 생존을 위한 필수조건이다(천호성·박계숙, 2012). 이와 같은 사회적 변화는 다문화 가정이라는 새로운 형태의 가정을 등장시켰다. 다문화 사회 도래에 따라 다문화 가정의 자녀 수 역시 지속적으로 증가하고 있는데, 초·중·고교 재학 중인 다문화 학생 규모를 보면 2006년 9,389명에서 2012년에는 5배가 늘어난 46,954명으로 집계되고 있다(한국교육개발원, 2012).

다문화 가정은 서로 다른 국적, 인종, 문화를 가진 남녀가 이룬 가정을 의미하는데, 특히 우리나라에서의 다문화 가정은 우리와 다른 민족, 문화적 배경을 가진 사람들이 포함된 가정을 말하고 있다(한국청소년정책연구원, 2012). 통상적으로 국제결혼 가정을 다문화 가정으로 간주하는 경우가 일반적이다. 장인실·서덕희·이지현(2012)은 결혼이민자, 이주노동자, 새터민(탈북주민), 유학생, 재외동포 등 우리와 다른 문화적 배경을 가진 사람으로 구성된 가족을 다문화 가정으로 규정한다. 여기서 특이한 점은 탈북주민인 새터민을 다문화 가정으로 규정하고 있다는 점이다. 최근 들어 새터민이 급격히 증가하고 있다. 새터민의 수가 2006년 2천여명, 2008년 1만 3천명에서 2012년도에 2만 3천명에 이르고 있어, 새터민 2만명 시대가 되었다(경인일보, 2012). 지금도 북한을 탈출해 우리나라로 이주하려는 주민들이 각국에서 많이 대기 중이다. 탈북자 증가에 따른 탈북학생 수(초·중·고)도 매년 늘어나, 2008년 966명에서 2012년에는 1,992명으로 집계되고 있다(교육부, 2012).

한국여성정책연구원의 다문화 가족통계에 따르면, 2012년 현재 전국의 다문화 가족은 266,547가구로 나타났다. 이들 가구 중 대다수는 결혼이민자 가구로서 82.8%이고, 일반 귀화자 등의 가구는 17.2%인 것으로 나타났다. 출신국적별 다문화 가구 분포를 보면, 중국(조선족) 32.1%, 중국 21.2%, 베트남 18.3%, 일본 5.8%, 미국 2.9% 등으로 나타났다.

보다 구체적으로 전체 266,547 다문화 가구의 가족구성 분포를 한국여성정책연구원 2012 다문화 가족통계를 통해 살펴보면, 전체 다문화 가구 중 자녀를 둔 가구는 남녀를 불문하고 약 55% 수준인 것으로 나타났다. 다문화 가족 가운데 무자녀 가구는 약 37.3%, 자녀가 1명인 가구는 37.1%, 3명 이상인 가구

표 6-1	다문화 가구의 출신국적별 분포 비율									(단위: %)
국 가	중국 (조선족)	중국	베트남	일 본	필리핀	미 국	캄보 디아	대만/ 홍콩	태 국	몽골	이민자 등 기타
비 율	32.1	21.2	18.3	5.8	5.3	2.9	1.9	1.5	1.2	1.2	8.6

출처: 한국여성정책연구원. 2012 다문화 가족통계.

표 6-2	다문화 가구의 자녀 연령 분포 비율					(단위: %)
연령대	6세 미만	6~11세	12~14세	15~17세	18세 이상	전 체
비 율	52.4	25.7	8.4	4.6	8.9	100.0

출처: 한국여성정책연구원. 2012 다문화 가족통계.

도 4.7%를 차지하고 있다. 다문화 가구 자녀 중 국제결혼 가정 자녀가 94.4%
(국내출생자녀 40,040명, 중도입국자녀 4,288명)로 대부분을 차지하고 있으며 외
국인 가정 자녀는 5.6%(2,626명)로 추계되고 있다(교육부, 2012). 특히, 2012년
현재 다문화 가족 자녀의 절반 이상인 52.4%가 만 6세 미만의 취학전 자녀들
이고, 자녀의 평균 연령은 만 7.38세인 것으로 조사되었다.

[2.] 다문화 가정 자녀의 교육적 취약성

　우리나라가 다문화 사회로 진입함에 따라 다문화 가정의 사회경제적 문
제와 그에 따른 다문화 가정 자녀의 교육적 취약성 해소 문제가 중요한 정책
이슈로 제기되고 있다. 현재 다문화 가정 대부분은 저소득층인 것으로 조사되
고 있다. 실제 '2009년 전국다문화가족실태조사'(보건복지부, 법무부, 여성가족
부)에 의하면, 전체 다문화 가구 중 가족의 월평균 가구소득 100~200만원 미

표 6-3	다문화 가정 자녀 양육 어려움에 대한 다문화 가구 의견 비율							(단위: %)
항목	어려움 없음	자녀 양육 방식을 둘러싼 배우자와의 갈등	한국어를 가르치기 어려움	자녀 양육, 보육 어려움	양육비, 교육비 지출	학업 성적 부진, 학교생활 부적응	자녀의 건강, 행동 문제	다문화 가족 자녀라는 점으로 인한 자녀 심리적 혼란	기타
전체	47.6	5.9	24.5	11.2	48.8	3.9	4.9	2.1	2.3
여자	46.0	6.0	27.4	11.2	48.5	3.9	5.2	2.0	2.2
남자	58.7	4.6	4.8	11.6	50.8	4.0	3.4	3.1	3

출처: 한국여성정책연구원. 2012 다문화 가족통계.

만인 가족이 전체의 38.4%, 100만원 미만인 가족이 21.3%로 나타나, 전반적으로 다문화 가정이 가구소득이 낮은 것으로 나타났다. 따라서 대부분의 다문화 가정은 경제적 빈곤 문제와 더불어 사회적·교육적 기반 취약으로 인해 부적응 문제를 겪고 있다(김정원 외, 2008). 구체적으로 〈표 6-3〉은 다문화 가구들이 경험하는 의한 자녀 양육의 어려움에 대한 의견조사 결과이다. 전반적으로 전체 가구 중 약 52% 정도가 자녀 양육의 어려움을 호소하고 있다. 특히, 자녀 양육비 지출과 관련하여 어려움을 호소하고 있는 가구가 약 50%에 달함을 알 수 있다.

특히, 다문화 가구의 국제결혼 이주여성 대부분이 국내 입국 시 한국어와 한국 문화에 대해 단기간의 적응교육만을 받고, 이후 임신·출산 및 생업에 종사함에 따라, 교육을 지속적으로 받지 못함으로써 우리 사회에 온전히 적응하지 못하고 있는 형편이다(김정원 외, 2008). 이들 여성결혼이민자의 사회 부적응 문제는 그들의 자녀 양육과 교육에도 크게 영향을 미친다. 예를 들어 국제결혼 이주여성의 자녀들은 유아기에 한국어가 미숙한 어머니와 함께 생활하므로 이로 인해 언어 발달 지체를 보이거나, 학령기 이후에는 또래 아이들보다 언어 발달 지체와 문화 부적응으로 인해 학교부적응과 기초학력 부진을 초래하는 문제가 발생하고 있다(김정원 외, 2008; 오성배, 2005). 김정원 외(2008)는 국제결혼 이주여성인 어머니의 경우 언어와 문화 차이를 극복하지 못한 채로 자녀들의 교육을 담당함으로써 학교입학 준비 부족 및 가정교육 지원 부족으로 인해 학습결손이 발생한다는 점을 지적한다. 외국인 근로자 가정도 국제결혼으로 인한 다문화 가정과 형편은 비슷하다. 이들 가정 역시, 경제적 소득이 낮고 주거환경이 열악함은 물론 가정의 교육 기능도 취약하여 이들 자녀들은 일반 또래 아이들에 비해 교육적 취약성을 가지고 있다.

전반적으로 새터민 학생을 포함하여 다문화 가정 자녀들이 공통적으로 가지고 있는 문제점은 학습결손, 편견과 차별로 인한 학교 부적응 현상이다(김정원 외, 2008). 이들 학생들의 학습결손은 학교 부적응을 초래하는 주요 요소로 작용한다. 가장 기본적인 학습기능인 읽기, 쓰기, 말하기, 듣기 등 언어능력 발달 지체현상은 학습결손을 야기하고 궁극적으로 학교 부적응을 초래한다. 통상 다문화 가정 자녀들의 언어능력은 일상적인 의사소통에서는 크게 문제가 되지 않지만, 수업시간인 학교교육 상황에서는 구체적인 형식을 갖춘 질문에 대한 답이나 읽기, 쓰기와 관련되어 일반 학생들과 큰 차이를 보인다(오성배, 2005). 이러한 언어능력 결핍은 학교에서의 교사 및 또래아이와의 관계에서도 영향을 미친다. 이러한 다문화 가정 자녀의 기초학력 부진과 교육적 취약성 문제는 우리나라만의 현상이 아니다. OECD(2006)는 캐나다를 제외하고 대부분 국가에서 이민 1세대나 2세대의 학생들이 수학, 과학, 그리고 읽기 소양에서 본토 학생들보다 성취도가 낮다는 사실과, 집에서 쓰는 언어와 학교에서 교육받을 때 쓰는 언어가 다른 학생들의 경우, 학업성취도가 더 낮다는 점을 확인하였다.

2005년도 보건복지부의 조사에 따르면, 국제결혼가정 자녀의 17.6%가 집단따돌림을 경험하였으며, 따돌림 이유는 '엄마가 외국인이어서'가 34.1%로 가장 높은 것으로 나타났다. 동일한 맥락에서 코시안 아동 사례연구를 통해 오성배(2005)는 상당수 코시안 학생들이 주로 외모로 인해 집단 따돌림을 당한 경험을 지니고 있고, 이들의 기초학력 미달 비율이 초등학교 7.5%, 중학교

표 6-4	다문화 가정 자녀가 친구로부터 차별받은 정도의 비율			(단위: %)
항 목	전혀 차별을 받지 않았다	차별을 받지 않았다	차별을 받았다	심한 차별을 받았다
전 체	29.2	34.3	27.7	8.7
여 자	28.6	32.9	31.0	7.6
남 자	29.7	35.5	25.3	9.6

출처: 한국여성정책연구원. 2012 다문화 가족통계.

9.5%로 나타나 학력부진 현상 또한 상당히 심각함을 지적하였다. 한국여성정책연구원 2012년 다문화 통계에 따르면, 다문화 가정 자녀라는 이유로 차별이나 무시당한 경험이 있다고 응답한 다문화 가구 수가 약 14%에 이르고 있다. 특히, 〈표 6-4〉에서 보듯이, 다문화 가정 자녀가 친구로부터 차별받은 정도에 대한 다문화 가구의 응답에서, 차별을 받았거나 심한 차별을 받았다고 응답한 가구가 전체 약 36%에 이른다.

기초학력 부진이나 학교 부적응으로 인해 나타나는 보다 우려스러운 문제는 다문화 가정의 상당수 아이들이 고등학교 진학을 포기하고 있다는 점이다(손용석, 2011). 〈표 6-5〉에서 보듯이 현재 우리나라의 경우, 전체 학생에 비해 다문화 가정 자녀의 취학률이 다소 낮고, 학교급이 올라갈수록 다문화 가정

표 6-5	우리나라 전체 학생 및 다문화 가정 자녀의 취학 비율	(단위: %)
구 분	2012년 전체 학생 (다문화 가정 자녀 포함)	2012년 다문화 가정 자녀
초등학교	98.6	97.9
중학교	96.1	92.3
고등학교	92.6	85.1
고등교육기관	68.4	49.3

출처: 한국교육개발원. 2012 간추린 교육통계.

자녀 취학률이 보다 낮아지고 있다. 구체적으로 고등학교의 경우 전체 학생 취학률은 92.6%이나 다문화 가정 자녀의 경우 85.1%로서 약 7.5%가 더 낮음을 알 수 있다. 고등교육으로 올라가면 전체 학생은 68.4%이나 다문화 가정 자녀는 49.3%로서 19.1%나 낮다. 취학률 저하보다 더 심각한 문제는 다문화 가정 자녀의 높은 학교중도탈락률이다. 다문화 가정 자녀 중 중도에 학교를 포기한 학생은 초등학교 35.9%, 중학교 50.7%, 고등학교 68.6%로 나타나고 있다(한국청소년정책연구원, 2012).

실제 초등학교에 재학 중인 국제결혼 가정의 다수 자녀들이 정서적으로 보다 민감한 시기인 중고등학교에 진학하는 경우, 편견과 차별을 견디지 못하고 학교를 포기하는 사례가 보다 증가할 것으로 예상된다. 특히, 다문화 학생 범주에 포함되는 20세 미만 새터민 학생 1천 300여명 가운데, 그 절반 정도가 중도에 학교를 그만둔 것으로 나타나고 있다. 이들이 중도에 탈락하게 되는 주된 이유는 남북한의 생활양식과 문화 차이, 학교풍토 차이, 생활습관과 말투 등 일상생활에서의 다른 풍습으로 인한 '왕따' 경험, 디지털 격차 등으로 인한 학교부적응 문제 때문이다(김정원 외, 2008). 특히 대부분의 다문화 가정은 경제적으로 어려워, 부모 모두가 직장에 나가는 이른바 맞벌이를 하고 있는 상황이다. 이에 따라 상당수 다문화 가정의 아이들은 친구도 없이 대화를 못하는 방치 상태에 이르는 경우가 많다. 이처럼 국제결혼 가정 자녀나 새터민 학생들이 학교를 중도탈락하고, 우리 사회 현실에 적응하지 못하여 소외계층으로 전락할 경우, 사회계층 간 새로운 갈등을 야기할 수 있어 세력으로 등장하여 심각한 사회문제가 될 것이 분명하다.

국제결혼을 배경으로 한 다문화 가정 자녀들이 우리 사회에서 교육과 관련하여 겪게 되는 어려움은 크게 세 가지로 집약된다. 무엇보다 먼저, 언어능력 부족으로 인한 학업부진이다. 이들은 특히 한국어와 한국사회 및 문화에 대한 이해부족으로 교과내용의 이해도가 낮기 때문에 학교성적이 당연히 낮아지게 된다. 이들이 낮은 학업성취도를 보이는 근원적인 이유는 유아기에 한국어가 서툰 외국인 어머니에게 교육받으며 성장하기 때문에 언어발달이 늦어지고, 그로 인해 의사소통능력이 현저히 떨어지기 때문이다. 둘째, 정체성 혼란의 문제이다. 다문화 가정 자녀들은 한국어와 한국 문화에 대한 적응 기회를 갖지 못한 어머니의 문화적 정체성 부족과 주변 사회와 또래아이들로부터 겪는 편견과 차별로 인해 자아정체성에 혼란을 겪게 된다. 예를 들어 어머니 나라의 문화와 우리 문화가 이중으로 혼재된 가정교육 및 학교교육을 동시에 경험하면서 심각한 정체성의 혼란을 겪기도 한다. 셋째, 집단따돌림 등으로 인한 정서적 발달 장애와 학교 부적응 문제이다.

한편, 한국교육개발원(2009) 조사 결과를 보면, 현재 우리나라 학교에서 운영되는 다문화 가정 학생 대상 프로그램은 한국어나 한국문화 이해교육에 치중되어 있는 것으로 나타났다. 점차 중·고등학교에 진학하는 다문화 가정 학생 수가 증가하고 있음에도 불구하고, 이들을 대상으로 한 지속적이고 종합적인 교육지원이 이루어지지 못하고 있는 실정이다. 앞에서 살펴보았듯이, 비단 농촌뿐만 아니라, 최근 도시의 경우에도 외국인 근로자와의 국제결혼 가정이 늘어나면서 다문화 가정 자녀들이 본격적인 취학 연령에 접어들고 있다. 이에 따라 다문화 가정의 아이들의 진학이 현실이 되고 있지만, 이국적 외모와 문화 차이 등에 따른 차별이 존재하고, 다문화 가정의 자녀를 교육해야 할 교사들의 준비마저 부족한 현실이다. 결과적으로 새터민 자녀를 포함하여 다문화 가정의 자녀들이 개인적으로 직면하는 정서적·심리적 어려움을 극복하고 우리 사회에서 성공적으로 적응할 수 있도록 이들을 위한 다각적 지원 노력이 필요하다. 특히, 다문화 가정의 자녀들이 우리 사회에서 겪는 편견과 차별을 극복하도록 복지, 교육, 문화 등 다양한 측면에서의 종합적 지원이 요구된다. 이와 관련하여, 김민환(2010)은 우리 사회에서 다문화 가정이 갖는 교육적 소외나 교육기회 불평등을 해소하는 교육적 배려, 교육복지 서비스의 필요성을 강조하였다.

1) 사업 개요

다문화가족지원법에 따르면 다문화 가족 지원의 목적은 "다문화 가족 구성원이 안정적인 가족생활을 영위할 수 있도록 함으로써 이들의 삶의 질 향상과 사회통합에 이바지함을 목적으로 한다."고 명시되어 있다. 교육부의 다문화 가정 학생 교육지원 대책은 2006년 처음 수립되었으며, 최근에는 학생뿐만 아니라 학부모 지원에도 관심을 갖게 되었다. 이로 인하여 다문화 예비학교, 글로벌 선도학교, 다문화 대안학교, 이중언어강사 양성 등 다문화 가정 학생들의 맞춤형 학습지원을 위한 사업 등이 다문화 가정 지원 사업의 일환으로 시행되고 있다.

한편, 탈북청소년은 가정의 경제적 빈곤, 부모의 저학력과 취업 불안정 등으로 인하여 사회경제적 배경이 낮은 것으로 알려져 있다. 또한 탈북학생들은 남한으로 이주하기 전에 적게는 1년, 많게는 10여년까지 난민생활을 하면서 교육공백의 시기를 경험한다. 그동안 청소년들은 남한에 대한 정보를 영화나 드라마를 통해 학습하며, 정상적인 교육경험이 거의 부재한 상태에서 이들의 성장 기회는 그만큼 유예된다. 학령기에 정상적인 교육기회를 갖지 못한 것은 기초학습능력의 부진을 야기할 뿐만 아니라, 남한학교가 학생들에게 요구하는 '규칙적인 생활'을 견디지 못하게 만든다. 특히 제3국에 체류하는 동안 탈북자 자녀들은 중국어나 베트남어 등에 익숙해져 청소년기에 접어든 학생이라도 한국어에 서툰 경우가 많다. 이에 탈북청소년들이 우리나라의 교육제도, 교육내용, 학습풍토에 적응할 수 있도록 하기 위한 다양한 교육복지사업이 시행되고 있다.

2) 사업 현황

다문화 가정 학생을 위한 교육지원은 크게 국제결혼 가정 자녀, 외국인 가정 자녀가 대상이 된다. 교육부에서 제시한 자료에서 국제결혼 가정의 자녀의 경우 국내출생 자녀와 중도입국 자녀가 포함되는데 이를 구체적으로 살펴보면 국내출생 자녀는 "한국인과 결혼한 외국인 배우자(이하 '결혼 이민자') 사이에서 출생한 자녀"가 해당되고, 중도입국 자녀는 "결혼이민자가 한국인과 재혼한 이후에 본국에서 데려온 자녀, 국제결혼 가정 자녀 중 외국인 부모의 본국에서 성장하다가 청소년기에 입국한 자녀"가 해당된다. 그리고 외국인 사이에서 출생한 자녀를 외국인 가정 자녀로 구분하고, 헌법 제6조 제

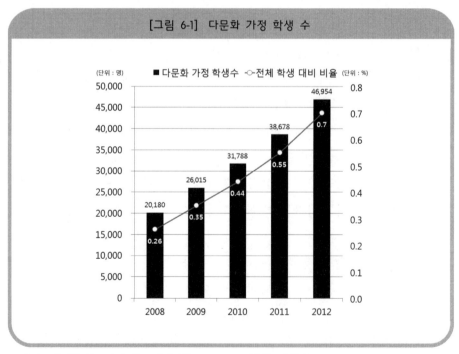

[그림 6-1] 다문화 가정 학생 수

출처: 교육과학기술부(당시)·한국교육개발원(2012), 2012 간추린 교육통계, p. 37.

표 6-6	유형별·학교급별 다문화 가정 학생 현황(2012년)			(단위: 명)
유 형	초등학교	중학교	고등학교	합 계
국내출생	29,303	8,196	2,541	40,040
중도입국	2,676	986	626	4,288
외국인 가정	1,813	465	348	2,626
합 계	33,792	9,647	3,515	46,954

출처: 교육과학기술부(당시)·한국교육개발원(2012). 2012 간추린 교육통계. p. 37.

2항 및 「UN 아동의 권리에 관한 협약」에 따라 이들에게도 한국 아동과 동일한 교육권을 보장하고 있다(한국교육개발원, 2012b). 또한 미등록 외국인 자녀의 경우에도 초·중등교육법 시행령 제19조 및 제75조에 따라 거주사실 확인만으로 초등학교 및 중학교 입학이 가능하다.

2012년 기준 최근 5년 간 초중고 전체 학령 인구는 매년 20만명 이상씩 감소하나, 다문화 가정 학생 수는 6천명 이상씩 증가하는 것으로 집계된다. 2014년에는 다문화 가정 학생이 전체 학생 인구의 1%를 웃돌 것으로 예상된다.

16개 시·도교육청으로부터 수집된 관련 통계자료에 의하면 2008년에 약 83억원이던 다문화 가정 자녀 교육지원 예산은 2012년 약 350억원으로 급격하게 증가하였다.

한편, 2005년 총 421명이던 탈북학생은 매년 증가하여 2012년 현재는 1,992명에 이르고 있다. 북한이탈주민의 보호 및 정착지원에 관한 법률 제24조에 의하면 "통일부장관은 대통령령으로 정하는 바에 따라 보호 대상자의 나이, 수학능력, 그 밖의 교육여건 등을 고려하여 보호 대상자가 교육을 받을 수 있도록 필요한 지원을 할 수 있다."고 되어 있다. 이러한 조항을 바탕으로 탈북청소년 지원 사업은 기본적으로 "북한을 벗어난 후 외국 국적을 취득하지

표 6-7	다문화 교육지원 예산					(단위: 백만원)
구 분	2008	2009	2010	2011	2012	합 계
국 고	400	3,000	2,000	5,600	5,600	16,600
지방비 보통교부금	4,409	11,959	12,412	18,709	16,882	64,371
지방비 특별교부금	3,500	3,500	4,200	5,400	12,500	29,100
소 계	8,309	18,459	18,612	29,709	34,982	110,071

출처: 교육부 내부자료(2012).

않은 사람"으로 정의되어 있고, 교육지원 대상이 되는 청소년 연령은 초, 중, 고등학교 학령과 청소년 기본법이 규정하는 만 24세까지 연령을 포함하고 있다. 이외에도 탈북청소년에는 "부모 중에 한 사람 이상이 북한이탈주민이고 중

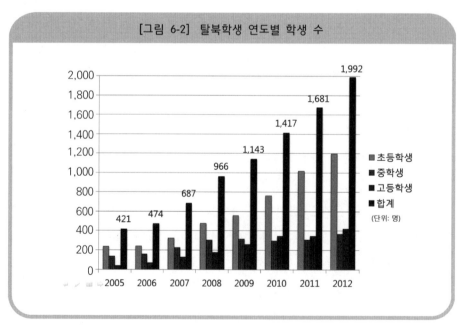

[그림 6-2] 탈북학생 연도별 학생 수

출처: 탈북청소년교육지원센터 홈페이지. http://www.hub4u.or.kr/hub/main.do

국 등 제3국에서 출생한 아동·청소년"이 포함되어 이들 또한 탈북가정의 자녀로서 교육지원 대상에 포함된다고 명시되어 있다. 이러한 법률적 근거로 초, 중, 고등학교에 재학하는 탈북청소년에게는 입학금, 수업료, 학교운영비 및 기숙사 사용료 등이 지원되고 있다(장덕호 외, 2012).

〈표 6-8〉에 제시된 것처럼 2008년부터 2012년까지 탈북청소년 지원 사업에 총 55.2억원의 예산이 투입되어 다양한 지원 사업이 진행되었다. 이러한 노력으로 인하여 2011년 총 1,711명의 탈북청소년들이 정규학교와 학교 밖 탈북청소년 교육기관에서 교육을 받은 것으로 집계되었다.

표 6-8	탈북청소년 지원 사업 예산							(단위: 억원)
과제명	추진과제	재 원	2008	2009	2010	2011	2012	합 계
탈북청소년 지원	입국초기 적응교육 지원	국 고						
		지방비 (특교제외)		0.2	0.2	0.2	0.2	0.8
		특별교부금						
		기 타						
	정규학교 교육지원 강화	국 고						
		지방비 (특교제외)						
		특별교부금	3.6	5.8	5.8	5.8	5.8	26.8
		기 타						
	민간교육시설 지원 강화	국 고						
		지방비 (특교제외)						
		특별교부금	4.4	5.8	5.8	5.8	5.8	27.6
		기 타						
합 계			8	11.8	11.8	11.8	11.8	55.2

출처: 교육과학기술부(당시)(2008a) 내부자료.

정부에서는 다문화 가정 학생과 탈북가정 학생의 역량 강화를 위한 교육지원을 통해 이들이 우리 사회의 구성원으로 성장할 수 있도록 지원해오고 있다.

가. 다문화 예비학교

다문화 예비학교는 중도입국 자녀 등 급증하는 다문화 가정 학생의 한국어 기초능력 향상 및 한국 문화에 대한 적응을 통해 원만한 공교육 진입을 돕는 데 그 목적이 있다. 이를 위해 이중언어 강사 양성 및 상담교사 배치를 지원하고 있다. 또한 다문화 예비학교 과정이수(최소 6개월 이상) 후 일반학교로 돌아가거나 다문화 친화적인 타 학교로 전학할 수 있도록 지원하고 있다. 2012년에는 KSL(KSL: Korean as a Second Language) 교육과정을 신설하여 한국어 교육을 지원하고 있으며 한국어 표준교재 및 진단도구를 보급하며 한국어 평가도구를 개발·보급하고 있다.

표 6-9 다문화 예비학교 현황

지 역	예비학교명(학교급)	재학 학생수	비 고
서 울	지구촌학교(초)	10	
	다애다문화학교(중)	18	
	서울시작다문화학교(중, 고)	17	
부 산	아시아공동체학교(초, 중, 고)	62	
대 구	신당초(초)	13	
인 천	인천당산초(초, 중, 고)	10	
	가좌고(고)	8	
광 주	새날학교(초, 중)	49	
대 전	동부다문화교육센터(초, 중)	17	
	서무다문화교육센터(중, 고)	12	
울 산	내황초(초)	2	
경 기	안산 원일초(초)	3	
	시흥 시화초(초)	5	

	부천 신흥초(초)	2	
	수원 권선초(초)	20	
	남양주 장현초(초)	5	
강 원	원주 YMCA 고등학교(중, 고)	5	
충 북	한벌초(초)	7	
	청명학생교육원(중, 고)	3	
충 남	차동초(초, 중)	13	
	인주초(초)	9	
전 남	한울고(중,고)	0	2012년부터 운영
경 북	포항다문화교육센터(초)	0	2012년부터 운영
	구미다문화교육센터(초)	0	2012년부터 운영
경 남	자여초(초)	13	
제 주	제주다문화교육센터(초)	0	2012년부터 운영
계		306	

출처: 교육부 내부자료(2012).

표 6-10 이중언어강사 현황

시도교육청	양성기관			각급 학교 배치 인원수
	대 학	정 원	기 간	
서 울	서울교대	40	2009년~	111
부 산	부산교대	40	2012년	0
인 천	경인교대	0	2011년	29
경 기	경인교대	40	2009년~	102
강 원	춘천교대	40	2012년	0
경 북	대구대	40	2012년	0
경 남	진주교대	40	2012년	0
합 계		240		242

출처: 교육부 내부자료(2012).

나. 글로벌 선도학교 지원 사업

교육부는 다문화 학생 교육 선진화 방안의 일환으로 기존 다문화 거점학교 지원 사업을 확대하여 글로벌 선도학교 지원사업을 시행하고 있다. 구체적으로, 다문화 친화적 지원 체계가 우수하고 각지에서 학교 다문화 교육을 선도할 글로벌선도학교를 집중지원형과 거점형으로 나누어 지정·운영하고 있다. 집중지원형을 다시 도시형과 농촌형으로 구분되는데, 도시형은 "일반 학생들도 오고 싶어하는 다문화 학교"를 모토로 하고 있고, 농촌형은 "다문화 가정 전체를 지원하는 다문화 학교"를 모토로 하고 있다. 2012년 기준 집중지원형 「글

표 6-11   글로벌 선도학교 현황(2012년 6월 말 기준)

시도교육청	집중지원형			거점형	계
	초(도시형)	초(농촌형)	중·고		
서 울	2	0	2	9	13
부 산	0	0	0	5	5
대 구	0	1	0	4	5
인 천	2	0	0	4	6
광 주	0	0	1	17	18
대 전	1	0	1	12	14
울 산	1	0	0	8	9
경 기	1	1	2	30	34
강 원	0	1	0	9	10
충 북	0	2	1	6	9
충 남	1	1	1	10	13
전 남	0	2	0	13	21
경 북	1	1	0	6	8
경 남	1	1	0	10	12
제 주	1	0	0	4	5
계	11	11	8	165	195

출처: 교육부 내부자료(2012).

로벌 선도학교」는 다문화 교육 우수학교 중 시·도교육청의 추천을 받아 초등학교(도시형) 11교, 초등학교(농촌형) 11교, 중학교 7교, 고등학교 1교 등 총 30개교가 최종 선정되었다. 집중지원형 초등학교의 경우 학교당 약 1억원, 중·고등학교는 학교당 약 5천만원을 지원받고 있으며, 거점형 학교는 학교당 약 1천만원을 지원받고 있다. 집중지원형「글로벌 선도학교」는 학교별 여건에 맞는 다문화 친화적인 교육 프로그램을 편성·운영하고, 특히, 다문화 학생을 위한 한국어 교실, 다문화 학생과 일반 학생이 함께 참여하는 이중언어 교실 및 상호이해교육은 물론 다문화 가정을 위한 학부모교육, 상담, 인식개선 프로그램 지원 등 지역 내 다문화 교육의 핵심역할을 하고 있다.

다. 다문화 대안학교

다문화 학생들의 적응과 교육을 위해 2012년부터 다문화 대안학교가 설립되어 오고 있다. 2012년에 개교한 서울다솜학교는 다문화 고등학생의 조기 진로/직업교육을 위한 다문화 직업교육 대안학교이다. 한국폴리텍다솜학교는 다문화 가정 자녀에게 기술을 가르치기 위해 한국폴리텍대학이 2012년에 설립한 고등학교 과정의 각종학교이다. 한누리학교는 초·중·고등학생 모두가 입학 가능한 대안학교로 2013년에 개교하였다.

표 6-12 다문화 대안학교 현황

지역구분	서 울	서 울	충북(제천)	인 천
학교명	지구촌학교	서울다솜학교	한국폴리텍다솜학교	한누리학교
설립 유형	사립	공립	국립(고용부)	공립
개 교	2012년 3월	2012년 3월	2012년 3월	2013년 3월
과정 및 규모	초등 90명	고교 120명	고교 135명	초·중·고 210명

출처: 교육부 내부자료(2012).

라. 탈북청소년을 위한 학력인정 체제 구축

정부는 탈북학생들의 취학상황 개선 및 탈북주민의 학력인정을 위해, 2008년 2월 초·중등교육법시행령 제96~98조를 개정하였다. 이에 각 시·도교육청 교육감 산하에 학력심의위원회를 설치하여 북한이탈주민의 학력인정을 심사하도록 하였다. 학력심의위원회는 최근 북한에서의 파행적인 교육운영 상황을 고려하여, 북한 교육기간과 현재 본인의 연령, 취학의지 등을 감안하여, 계속 교육과 훈련이 이루어질 수 있도록 졸업 학력을 심의, 인정하는 권한을 지닌다. 교육부는 시·도교육청별 학력심의위원회 운영을 위한 규정을 마련하여 지원해오고 있으며, 2009년 1월 기준으로 16개 교육청별로 학력심의위원회가 구성 및 완료되었다(한만길 외, 2009).

마. 디딤돌 교육기관 설립

교육부는 통일부와 연계하여 디딤돌 교육기관 설립을 통해 초기 적응교육을 지원하고 있다. 디딤돌 교육기관으로는 탈북청소년 교육 전문기관인 한겨레중·고등학교를 설립 지원하고 있다. 이 학교는 경기도 안성시에 소재한 특성화 자율학교로서 정원 120명의 6개 학급을 인가받아 운영하고 있다. 주로 6~12개월 기간의 초기 적응교육 및 무연고·부적응 학생에 대한 교육을 담당하고 있다. 현재는 교육부에서 학교시설 신축비(약 103억원)를 지원하고, 통일부에서 학교운영비('08년 19억원)를 지원하며, 경기도교육청에서 교원 인건비를 지원하고 있다(한만길 외, 2009).

바. 기타 탈북청소년을 위한 지원 사업

그 밖에도 시·도교육청별 특성 및 여건(탈북청소년 분포, 지역 내 인프라 등)에 맞는 지원 사업을 기획 및 발굴하여 지원하고 있다. 학생 지원 사업은

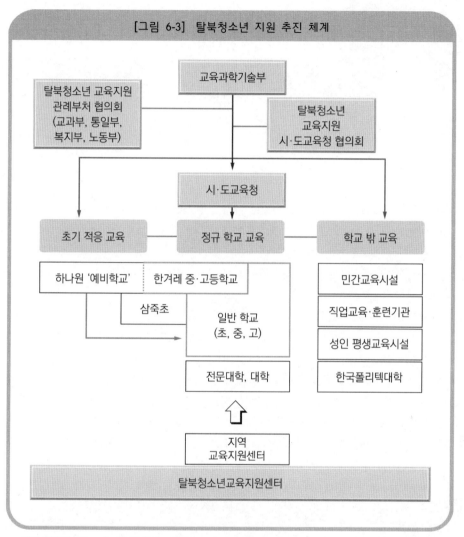

[그림 6-3] 탈북청소년 지원 추진 체계

교육과학기술부

탈북청소년 교육지원
관례부처 협의회
(교과부, 통일부,
복지부, 노동부)

탈북청소년
교육지원
시·도교육청 협의회

시·도교육청

초기 적응 교육   정규 학교 교육   학교 밖 교육

하나원 '예비학교'   한겨레 중·고등학교

삼죽초

일반 학교
(초, 중, 고)

전문대학, 대학

민간교육시설

직업교육·훈련기관

성인 평생교육시설

한국폴리텍대학

지역
교육지원센터

탈북청소년교육지원센터

출처: 한만길 외(2009). 탈북학생의 교육실태 분석 및 지원방안 연구. p. 54.

학습 지원, 멘토링, 진로탐색 지원, 방과후학교 참여 지원, 한국문화체험, 캠프
등이 있으며, 교사 지원 사업은 교사연수, 교재 개발, 장학자료 발간 및 보급
활동 등이 있다.

참고문헌

- 경인일보(2012). 관심과 지원 절실한 새터민 청소년 교육(2012년 4월 10일 화요일 제13면 기사). Retrieved 5월 30일 2014, from http://www.kyeongin.com/ews/articleView.html?idxno=645794
- 교육과학기술부·한국교육개발원(2012). 2012 간추린 기술통계.
- 교육과학기술부(2008a). 내부자료.
- 교육부(2012). 내부자료.
- 김민환(2010). 다문화 교육에 관한 연구 경향과 과제. 학습자중심교과교육연구, 10(1), 61-86.
- 김정원 외(2008). 교육복지 마스터플랜 수립 연구. 교육과학기술부.
- 박주호 외(2013). 교육복지 전달체계의 효율성 제고 방안: 중복, 편중, 사각지대 개선을 중심으로. 교육복지정책중점연구소. 수탁연구 CR 2013-02.
- 보건복지부·법무부·여성가족부(2009). 2009년 전국다문화가족실태조사.
- 손용석(2011). 다문화 사회로 가는 길. Retrieved May 25, 2014, from http://news20.busan.com/controller/newsController.jsp?newsId=20110830000117
- 오성배(2005). 코시안의 아동의 성장과 환경에 대한 사례연구. 한국교육, 32(3), 61-83.
- 장덕호 외(2012). 미래 지향적 교육복지 정책의 방향과 과제. 상명대학교 산학협력단.
- 장인실·서덕희·이지현(2012). 재혼국제결혼이주여성의 삶과 적응에 관한 사례연구: 중국출신 여성들을 중심으로. 한국교육학연구, 18(2). 143-175.
- 천호성·박계숙(2012). 다문화가정 자녀의 학교생활에 관한 연구. 현대사회와 다문화, 2(2). 416-444.

- 탈북청소년교육지원센터 홈페이지. http://www.hub4u.or.kr/hub/main.do
- 한국교육개발원(2009). 한국교육, 현황과 전망.
- 한국교육개발원(2012). 신규 전문상담교사 직무연수. 한국교육개발원. 연수교재 TM2012-28.
- 한국교육개발원(2012b). 2012 간추린 교육통계.
- 한국여성정책연구원(2012). 2012 다문화 가족통계.
- 한국청소년정책연구원(2012). 다문화 가족 청소년의 발달 실태 및 지원정책 개선 방안.
- 한만길 외(2009). 탈북학생의 교육실태 분석 및 지원방안 연구. 한국교육개발원. 연구보고 RR 2009-10.
- OECD(2006). *International Migration Outlook*. Paris: OECD.

제**7**장   Education Welfare

농어촌 지역에 대한 교육복지 서비스

[1.] 지역 간 교육격차

　　지역 간 교육격차는 여러 가지 교육적 문제와 사회적 문제를 야기한다(하봉운, 2005). 우선 지역 간 교육격차는 공교육정책이 추구하는 교육의 평등성 이념에 반하는 문제를 발생시킨다. 또한, 지역 간 교육격차는 교육기회 및 교육의 과정 면에서 지역 간 불평등 형상을 초래하고 교육의 결과인 학력 등에서 불평등을 초래한다. 특히, 도시와 농촌지역 간의 교육격차는 농촌지역 우수학생의 도시 이동을 가속화시키고 도농(都農) 간 교육양극화와 더불어 사회양극화를 초래한다(김경근, 2005; 이두휴, 2011). 하봉운(2005)은 더 나아가 지역

간 교육격차가 지역주민 간 위화감을 조성하고 특정지역으로의 학생 유입 등을 야기하여 사회경제적 차원에서 부동산 가격 등에 부정적 영향을 미친다는 점을 지적한다.

최근 우리나라의 경우 학생의 거주지가 학업성취도를 결정하는 주요한 요인으로 작용하고 있다. 한국교육과정평가원이 실시하는 전국단위의 학업성취도 평가는 실제로 초·중·고 모든 학급에 걸쳐 읍면지역 학생들의 학업성취도가 도시지역에 비해 크게 떨어지고 있음을 보여주고 있다(김경근, 2005). 구체적으로 〈표 7-1〉에서 보듯이, 2007년 국가 수준의 기초학력진단 평가 결과의 경우에서도 도시와 농촌 간에 기초학력미달 학생 비율 격차가 심하다는 사실을 확인할 수 있다. 우리나라 초등학교 3학년 학생의 경우 읍면단위 지역이 읽기, 쓰기, 기초수학 영역 모두에서 기초학력 미달 비율이 대도시나 중소도시 지역에 비해 높다는 점을 알 수 있다.

초등학교 수준에서 뿐만 아니라 2007년 국가수준 학업성취도 평가 결과, 중학교 3학년 및 고등학교 1학년의 경우에서도 국어, 사회, 수학, 과학, 영어의 5개 교과에서 읍면지역이 대도시나 중소도시에 비해서 평균점수가 매우 낮은 것으로 나타난다(성기선·박철희·양길석·류방란, 2009). 구체적으로 5개 교과에서 읍면지역이 여타 지역에 비해 평균점수가 어느 정도 낮은지는

표 7-1 초등 3학년 지역별 기초학력 미달 비율('07 기초학력진단평가 결과)

지 역 \ 영 역	읽 기		쓰 기		기초수학	
	미도달 학생수	미도달 비율	미도달 학생수	미도달 비율	미도달 학생수	미도달 비율
대도시	213	2.4	130	1.5	214	2.4
중소도시	145	1.6	87	1.0	208	2.4
읍면지역	102	3.6	56	2.0	102	3.6

출처: 김정원 외(2008). 교육복지 마스터플랜 수립 연구. p. 143.

표 7-2

표 7-2 '07 국가수준 학업성취도평가 결과 지역별 중3 및 고1 학생의 평균점수

교 과	구 분	중3			고1		
		대도시	중소도시	읍·면	대도시	중소도시	읍·면
국 어	평 균	260.09	260.27	258.87	361.33	361.59	357.65
	(표준편차)	(8.28)	(8.29)	(8.16)	(8.59)	(8.52)	(8.44)
사 회	평 균	259.63	260.27	259.64	357.80	358.28	355.13
	(표준편차)	(7.94)	(8.22)	(8.21)	(7.80)	(7.85)	(7.50)
수 학	평 균	262.34	262.04	260.63	361.63	361.34	357.71
	(표준편차)	(9.06)	(9.13)	(8.59)	(9.04)	(8.91)	(7.91)
과 학	평 균	261.22	262.12	260.79	359.32	359.87	355.97
	(표준편차)	(7.94)	(8.43)	(8.30)	(8.05)	(7.83)	(7.49)
영 어	평 균	262.43	261.64	259.89	263.82	263.15	258.63
	(표준편차)	(9.43)	(9.25)	(8.33)	(10.35)	(9.88)	(8.12)

출처: 성기선·박철희·양길석·류방란(2009). 농산어촌 교육실태 분석 및 교육복지 방안 연구: 고등학교. 한국교육
개발원. p. 43.

〈표 7-2〉가 보여 주고 있다. 특히, 〈표 7-2〉를 보면 5개 교과 모두에서 읍면
지역이 대도시나 중소도시 지역에 비해 평균 점수가 낮으며, 그 격차가 중등
3학년보다 고등 1학년 학생들에게서 더 크게 나타나고 있음을 알 수 있다.

아울러, 성기선 외(2009)는 한국직업능력개발원의 교육고용패널자료(1차
년도 고3 일반계)를 이용하여 대학수학능력시험 결과를 바탕으로 지역별 일반
계 고교 학생의 언어, 수리, 외국어 점수를 분석하고, 도농(都農) 간의 차이가
통계적으로 유의미함을 〈표 7-3〉와 같이 보고하였다. 이 경우에서도 모든 교
과 영역에서 읍면지역의 표준점수가 대도시 및 중소도시에 비해 훨씬 낮다는
사실을 보여주고 있다. 특히, 농산어촌인 읍면지역은 대도시와 비교해 그 점수
격차가 현저하게 나타나고 있다. 영역별 지역격차 정도의 경우 외국어영역이

표 7-3	대학수학능력시험 결과 언어, 수리, 외국어영역 지역별 성적 비교				
구 분		사례수	평 균	표준편차	F값
언어 표준점수	대도시	960	90.78	35.74	52.52***
	중소도시	520	86.58	39.32	
	읍면지역	520	68.98	46.20	
수리 표준점수	대도시	960	81.08	43.65	29.98***
	중소도시	520	75.65	45.49	
	읍면지역	520	62.18	46.69	
외국어 표준점수	대도시	960	90.31	35.81	57.73***
	중소도시	520	84.75	39.38	
	읍면지역	520	67.34	45.74	

***$p < 0.001$

출처: 성기선·박철희·양길석·류방란(2009). 농산어촌 교육실태 분석 및 교육복지 방안 연구: 고등학교. 한국교육
개발원. p. 45.

가장 심하고 그 다음이 언어영역과 수리영역으로 나타나고 있다.

〈표 7-2〉에서의 국가수준 학업성취도 평가결과와 〈표 7-3〉의 대학수능시험 결과를 종합해서 볼 때, 지역 간 학업성취도 격차가 학교급과 학년이 올라갈수록 더욱 커지고 있음을 알 수 있다. 이는 농산어촌 학생들이 가정 배경, 학교 환경, 심리적 요인 등 여러 면에서 도시지역 학생보다 불리한 경험을 가지고 있고, 이런 부정적 경험이 누적되어 교육결과에 영향을 미쳐 학교급과 학년이 올라갈수록 학력격차가 더욱 커지고 있음을 확인할 수 있다(성기선 외, 2009).

도농지역 간 학업성취도 격차를 입증하는 차원에서 최근 서울신문(2013. 1. 3 기사)은 2012년 대학수학능력시험 결과 수리영역에서 1·2등급의 경우 그 격차가 최대 4배에 이르고 있다는 사실을 보도하였다. 즉, 2012학년도 대학수학능력시험 수리영역 결과를 도시규모별로 볼 때, 대도시지역 학생일수록 좋

은 성적을 거두는 학생의 비율이 높은 것으로 나타나고 있음을 밝히고 있다. 우선, 수리영역에서는 인구 1,000만명 이상의 대도시, 즉 서울에 살고 있는 학생들 가운데 14.8%가 1·2등급을, 인구 300만명 이상에서는 12.1%가, 200만명 이상은 10.3%가 1·2등급을 받았다. 반면에 인구 20만명 이상에서는 8.1%, 인구 3만명 미만의 시골에서는 3.8%만이 수리영역에서 1·2등급을 받은 것으로 나타났다. 결과적으로 서울시와 인구 3만명 미만의 시골지역 간에 2012학년도 대학수학능력시험 수리영역의 점수는 11% 이상 차이가 났다. 아울러, 외국어영역의 경우도 수리영역과 비슷한 패턴으로 도농지역 간에 점수 격차가 크다는 사실을 확인하였다. 2012학년도 대학수학능력시험 외국어영역 결과의 경우, 인구 1,000만명 이상 도시에서 1·2등급 학생 비율이 14.6%이었고, 300만명 이상 도시에서 12.0%, 인구 40~50만명 도시에선 1·2등급 학생 비율이 8.9%까지 하락하고 있음을 보여준다. 외국어영역에서 해당 지역 전체 학생 중 1·2등급 학생 비율은 도시규모가 작아질수록 계속해서 감소해서 인구 3만명 미만 지역에서는 1·2등급을 받은 학생의 비율이 4.9%에 불과한 것으로 나타났다.

위에서 살펴보았듯이 우리나라의 경우 도농 간 학업성취도 격차가 뚜렷이 존재하고 그 정도가 심해지고 있다. 한 국가나 사회에서 학생들의 학업성취도가 그 학생이 지닌 능력에 의해서가 아니라, 그 학생이 어디 사느냐, 즉 거주지의 위치에 좌우된다면, 교육에서 공정성이나 사회정의가 실현되고 있지 못하고 있다는 증거이다. 우리나라의 경우 명목상으로 교육 기회는 누구에게나, 어느 지역에 살거나 평등하게 주어지고 있다. 하지만, 거주지에 따라 학교의 수준과 규모, 그리고 학교의 종류에 있어서 상당한 차이가 있고, 이러한 차이는 실제로 도시와 농촌 간은 물론이고, 도시지역 내에서도 지역 간의 교육격차를 발생시키고 있다(강영혜·김양분·유한구·김재철·강태중, 2004; 하봉운, 2005). 실제로 서울시내 지역 간에도 교육격차가 상존하고 있고 그 격차가 보다 고착화되고 있음이 입증되고 있다(이주호, 2004; 하봉운, 2005).

일반적으로 지역사회 수준은 도시와 농촌으로 구분된다. 문제는 산업화와 도시화가 심화되면서 도시와 농촌 간의 경제 수준 격차가 커지고, 농촌지역은 상대적으로 아동 빈곤율을 포함하여 빈곤 수준이 높고 교육 수준이 낮게 나타나는 데에 있다(장혜진·윤혜미, 2010). 특히, 농산어촌과 도시지역 간의 교육격차 문제는 상대적으로 농산어촌 가정의 사회경제적 환경이 보다 열악하다는 점에 그 원인이 있다(성기선 외, 2009). 농산어촌의 학생 생활 여건이 도시지역에 비해 열악하고 교육적으로 취약하다는 논거는 기초생활 수급자 학생 비율과 무상급식 수급자 비율이 월등히 높고, 또한 한부모자녀수, 조부모자녀수, 국제결혼가정 학생수 등 신취약계층 비율이 급격히 증가하고 있다는 사실에 근거한다. 예를 들어, 2007년 전체 학생 중 한부모가정 및 조손가정, 기초생활 수급자 학생 비율은 도시지역이 5.5%인 반면, 농산어촌 지역은 9.1%로 보고되었다(김정원 외, 2008).

무엇보다도 농어촌지역의 경우, 인구 및 학생 수 극감에 따른 소규모학교의 증가로 정상적인 학교 운영과 수업 진행의 어려움을 겪으며, 교육환경 측면에서도 교육의 질을 담보하고 있지 못하는 문제점를 안고 있다. 김정원 외(2008)는 읍면 단위 이하 농산어촌에서 2007년 기준 학생수 60명 이하 소규모학교 비율이 약 27.3%이고, 전체 1,646 복식 학급의 95.7%가 농산어촌지역에 소재하고 있음을 밝히고 있다. 이로 인해 실제 농산어촌의 초등학교는 복식수업이, 중등학교는 전공 외 교과지도가 불가피하여 정상적인 교육과정 운영이 불가능해지고 있다(김정원 외, 2008). 결과적으로 농어촌 지역은 급격한 인구 감소와 소규모학교 통폐합으로 인해 교원 수가 감소했고, 열악한 주거여건에 따라 신규교원 수급여건이 지속적으로 불리해지고 있으며, 교육시설에 대한 접근성 측면에서도 도시와 농촌 간의 격차가 심화되고 있다(성기선 외, 2009). 통계청 자료를 토대로 성기선 외(2009)는 농어촌 지역 초중고 학생이 도시지역 학생보다 학교까지의 통학 소요시간이 훨씬 길다는 점을 밝히고 있다. 또한, 그들은 농가소득이 도시가구소득의 78%에 불과하고 교육비 부담이 도시에 못지않은 수준으로 높아 교육환경이 상대적으로 열악하다는 점을 지적한다.

지역 간 또는 도농 간 교육격차, 즉 학업성취도 격차는 다양한 원인에서 비롯하고 있다. 하봉운(2005)은 서울시 지역 간에 교육격차의 배경 변인으로서 지역의 경제력, 재정자립도 및 재정력을, 교육투입 변인으로 지역 간 교육여건(시설, 교사 등), 교육경비보조금, 사교육비 등을 제시하고 있다. 지역 간 학교여건 및 수업환경(예, 실험 실습실, 다목적 교실, 특별교실, 실내체육시설, 도서실과 같은 부대시설 구비 등) 이외에도 지역 간 사교육 여건, 즉 학원분포나 학교환경 여건도 지역 간 교육격차에 크게 영향을 미친다(이해성, 1985; 강영혜 외, 2004). 도시지역이 전반적으로 농촌지역에 비해 유리한 교육여건을 지니고 있다는 사실이다. 지역적인 문화 수준과 학교 내 투입요인 등에 있어 농촌지역 학생들은 도시지역 학생들에 비해 불리한 교육여건에 처해 있어, 그 결과 학업성취도 수준도 상대적으로 낮으며 이러한 격차는 상급학교로 갈수록 더 확대되고 있다(이해성, 1985). 실제로 김양분·강상진·유한구·남궁지영(2003)은 우리나라 전국에 소재한 고등학교를 대상으로 지역 간에 존재하는 교육격차를 설명하는 여러 가지 유의미한 종합적 정보를 조사하였다. 그들의 조사결과에 따르면, 우선 부모 변인과 관련해서 읍면지역은 대도시나 광역 및 중소도시 지역에 비해 부모의 사회경제적 수준, 자녀에 대한 교육지원 정도 및 자녀와의 상호작용 빈도 면에서 낮은 수준을 나타냈다. 교사 변인과 관련해서도 읍면지역은 대도시나 광역 및 중소도시 지역에 비해 교사의 사기와 열의 및 협력 정도에 있어 모두 낮은 수준을 보이고 있음이 밝혀졌다. 특히, 학생의 학습참여 정도와 학습동기 면에서 읍면지역은 대도시나 광역 및 중소도시 지역에 비해 낮았고, 그 격차 또한 통계적으로 유의한 것으로 나타났다. 강영혜 외(2004)의 경우, 우리나라의 지역 간 교육격차에는 학교격차 이외에도 학원 분포나 학교 환경도 영향을 미친다는 점을 지적하였다. 그들은 전국적으로 보면 서울과 수도권에 유명 사설학원이 집중해 있고, 서울 시내에서도 사설학원 12,344개 중 1/4에 해당하는 3,401개가 강남 3구 지역에 밀집되어 있어, 사교육 환경과 여건이 지역 간 교육격차에도 영향을 미치고 있음을 주목하였다.

지역의 재정자립도 차이와 지역주민의 사회경제적 지위 및 교육열 차이도 지역 간 교육격차에 영향을 미친다. 예를 들어 재정자립도가 높은 지역일수록 자치단체의 교육경비 지원이 증가하고 있어, 재정지원의 부익부 빈익빈 현상이 심화되어 교육여건의 불평등을 초래한다. 당연히 지역 간 교육재정 여건의 불평등은 지역 간 교육격차를 파생시킬 것이 분명하다. 결과적으로 도시와 농산어촌 지역 간의 교육비 지출 차이와 사교육비 및 사교육 여건의 차이가 학생들 간의 학업성취도 격차를 발생시키는 원인으로 작용한다는 사실이다(이두휴, 2011; 한만길 외, 2008). 한만길 외(2008)에 따르면, 2005년 기준 도시와 농촌지역의 가구당 연간 교육비 지출의 경우, 도시 가구는 2,098,000원을, 농촌 가구는 756,000원을 지출하고 있는 것으로 나타났다. 즉, 도시가 농촌에 비해 연간 교육비 지출에 있어 4배나 많다. 동일한 맥락에서 이두휴(2011)는 가계 지출 중에서 교육비가 차지하는 비중과 사교육비 지출에 있어서도 도시와 농촌 간에 현격한 차이가 있음을 보여 주고 있다. 그의 분석에 따르면, 2010년도에 도시가구나 농촌가구 모두 가계지출 중 교육비 지출은 거의 유사하게 약 10%이었으나, 2010년도의 경우 도시가구는 9.6%인 반면, 농촌가구는 2.4%에 불과해서 도농 간 교육비 지출격차가 매우 커지고 있음을 밝히고 있다. 또한 사교육비 및 사교육 참여율에 있어서도 도농 간 격차가 크다는 것을 확인하고 있다.

표 7-4	지역별 월평균 사교육비					(단위: 만원)
지역규모	2007			2008		
	초등학교	중학교	고등학교	초등학교	중학교	고등학교
대도시	24.7	26.2	22.7	26.0	26.8	23.3
중소도시	23.9	23.3	19.7	25.9	24.3	21.0
읍면지역	13.2	13.1	7.9	13.9	13.3	8.4

표 7-5	지역별 사교육 참여율					(단위: %)
지역규모	2007			2008		
	초등학교	중학교	고등학교	초등학교	중학교	고등학교
대도시	91.1	77.6	59.7	90.0	75.3	58.2
중소도시	89.5	74.7	54.8	88.7	73.1	53.4
읍면지역	79.8	62.9	36.2	79.2	59.8	33.4

출처: 성기선·박철희·양길석·류방란(2009). 농산어촌 교육실태 분석 및 교육복지 방안 연구: 고등학교. 한국교육
개발원. p. 41.

특히, 도시와 농촌 간 사교육비 지출 격차도 지난 2000년 이후 10년간 커지고 있다(이두휴, 2011). 〈표 7-4〉에서 보듯이, 2007년 및 2008년 기준으로 월평균 사교육비는 대도시가 가장 높고 그 다음이 중소도시이고, 읍면지역은 가장 낮은 지출을 하고 있는 것으로 집계되고 있다(성기선 외, 2009). 특히 학교급이 올라 갈수록 도농 간 사교육비 격차가 커지고 있다는 점도 확인되고 있다. 구체적으로 대도시와 읍면지역 간의 사교육비 격차는 초등에서 2007년 11.5만원, 2008년 12.1만원이고, 중학교에서는 2007년 13.1만원, 2008년 13.5만원이었으며, 고등학교의 경우에는 2007년 14.8만원, 2008년 14.9만원으로 나타났다. 아울러, 지역별 사교육 참여율에 있어서도 대도시나 중소도시에 비해 읍면단위 지역의 사교육 참여율이 훨씬 낮고, 학교급이 올라갈수록 대도시와 읍면지역 간 사교육 참여율 격차 또한 커지고 있다(성기선 외, 2009).

실제 통계 상으로도 도시지역에 비해 농산어촌 지역의 경우 문화복지시설 및 사교육 여건 면에서 교육인프라가 취약하다(김정원 외, 2008). 구체적으로 김정원 외(2008)는 군단위 지역의 사설학원 수는 전국의 약 7% 수준이고, 공연장, 복지회관 및 청소년회관 등 문화공간은 전국의 21% 수준에 불과하다는 점을 밝히고 있다. 2010년 기준으로 사설학원 수만을 볼 때, 전체 93.4%(70,867)가 도시지역에 집중되어 있고 농촌지역에는 6.6%(5,085)만이 소재하고 있다(이두휴, 2011).

위에서 살펴보았듯이, 지역 간 또는 도시와 농촌 간 교육격차에는 여러 가지 요인이 복합적으로 작용하고 있다(김경근, 2005; 민병성, 2006; 이두휴, 2011). 즉, 학생의 개인적 측면이나 가정의 사회경제적 배경뿐 아니라, 학교의 구조 및 시설, 각종 교육환경, 교사 변인, 지역사회 관계 등이 교육격차를 발생시키는 원인으로서 복합적으로 작용한다. 특히, 도농 간 교육격차 문제는 학생 개인 차원의 요인 탐색보다는 사회문화적 환경 맥락이라는 구조적 차원의 분석이 필요함을 강조한다(민병성, 2006; 이정선, 2004). 구체적으로 사회적 자본의 차이, 즉 가정 내 사회적 자본, 학교 내 사회적 자본, 그리고 지역사회 내 사회적 자본의 결핍이 학교교육의 격차를 야기하고 있다는 점이다. 결과적으로 학교의 대내외적 교육여건 및 조건의 차이로 인해 농산어촌 지역의 학생은 도시지역 학생에 비하여 다양한 교육적 경험과 학습동기 고취 차원에서 기회가 부족하고, 이는 다시 학업성취도 격차로 이어지고 있다. 또한 농어촌 아이들은 도시 아이들에 비해 자아존중감이 낮고, 학교적응력도 떨어지는 것으로 밝혀졌다(조성연, 1997; 김경숙·조옥귀, 2003; 장혜진 외, 2010). 전반적으로 농어촌 아이들은 지역 여건과 가정의 사회경제적 배경으로 인한 부모의 낮은 교육적 관심 및 배려, 그리고 문화적 결핍과 지적 자극의 부족 때문에 도시지역 아이들에 비해 상대적으로 교육적 취약성을 드러낸다(강영혜 외, 2004).

[3.] 농산어촌 지역 대상 교육복지

1) 사업 개요

농산어촌 지역 학생을 대상으로 하는 교육복지사업은 지역 간 교육격차 해소 대책의 일환으로 추진되었다. 정부는 교육여건이 취약한 농어촌 지역 학생의 학습권을 보장하고 돌봄기능을 강화하는 한편, 맞춤형 프로그램 운영 등을 통하여 농어촌 학생 교육을 내실화하고자 노력하였다. 이는 상대적으로 낙후된 농산어촌 지역의 교육여건을 개선하고 지역 간 균형발전을 위한 학교교육의 역할 강화가 필요하였기 때문이다(신태섭, 2013). 이와 같은 농어촌학생의 교육지원은 '농어업인 삶의 질 향상 및 농어촌지역 개발 촉진에 관한 특별법 (2004. 3. 5. 제정)'에 근거하여 추진되고 있다.

농산어촌 교육복지사업은 초기의 교육진흥사업 형태에서 교육여건 개선을 도모하는 소규모 학교 통폐합 정책을 거쳐 지역 중심학교 육성사업으로 발전하여 왔다(박삼철, 2011). 참여정부 시절의 일부 농산어촌 우수고를 대상으로 한정적으로 시행되었던 지원사업은 이명박 정부에서 2008년의 기숙형 공립고 선정·지원, 농산어촌 연중 돌봄학교 지정·육성, 농산어촌형 K-2학교 운영지원 사업 등을 거쳐, 2009년 농산어촌 전원학교 운영지원 사업 등으로 보다 확대되어 추진되었다(장덕호·김성기·박경호·손병덕·유기웅·윤철수·이덕난·하봉운·박은솔·윤나리, 2012). 이번 정부에서는 국정과제인 '누구나 살고 싶어 하는 복지 농어촌 건설' 정책의 일환으로 2013년 농어촌 중학교 집중 육성방안을 수립하여 추진 중이다. 정부에 따라, 농산어촌 지역 학생 대상의 교육복지사업은 사업의 명칭과 규모에서는 다소 차이를 보였지만, 지역 간 교육격차를 해소하기 위해 노력한 점들은 일관된다.

2) 사업 현황

2013년도 우리나라 지역별 학교 및 학생 수 현황을 제시하면 〈표 7-6〉과 같다. 지역규모를 도시지역(대도시와 중소도시), 농어촌지역(읍·면·도서벽지)으로 나누어볼 경우, 농어촌지역에 소재하는 학교는 전체학교의 약 39% 가량을 차지하며, 전체 학생의 15%가 농어촌 지역에 거주하는 것으로 나타났다.

표 7-6		2013년 지역별 학교 및 학생 수 현황					(단위: 교, 명)
구 분		대도시	중소도시	읍	면	도서벽지	합 계
초	학교	1,662	1,738	651	1,525	337	5,913
	학생	1,145,482	1,175,238	269,993	169,262	24,025	2,784,000
중	학교	996	948	358	731	140	3,173
	학생	761,485	779,122	158,978	90,751	13,853	1,804,189
고 일반고	학교	485	587	219	178	56	1,525
	학생	552,520	615,259	119,184	60,641	8,466	1,356,070
특성화고	학교	176	139	74	95	10	494
	학생	143,122	122,705	28,164	23,897	2,486	320,374
특목고	학교	60	44	14	20	0	138
	학생	34,516	21,907	4,858	5,818	0	67,099
자율고	학교	99	43	13	9	1	165
	학생	96,681	38,748	7,361	6,335	635	149,760
소계	학교	820	813	320	302	67	2,322
	학생	826,839	798,619	159,567	96,691	11,587	1,893,303
계	학교	3,478	3,499	1,329	2,558	544	11,408
	학생	2,733,806	2,752,979	588,538	356,704	49,465	6,481,492

출처: 교육통계서비스(http://kess.kedi.re.kr/index). 특수학교 제외.

가. 농산어촌 우수고 지원 사업(2004~2007)

참여정부 시절 추진된 농산어촌 우수고 지원 사업은 농산어촌 주민의 심리적 정주 여건을 개선하기 위해 지역 간 공평성과 지역 내 수월성을 목적으로 일부 우수학생을 대상으로 추진한 사업이다(박삼철, 2008). 2004년 7개교 지원을 시작으로 2007년까지 총 86개의 농산어촌 고등학교에 1,127여억원이 지원되었다. 예산은 학교시설 및 기자재, 프로그램 개선 등에 사용되었으며, 농산어촌 고등학교의 우수 신입생 유치율이 상승하는 성과를 거두었다(박삼철, 2008).

나. 기숙형 공립학교 150교 지원 사업(2008. 8)

고교 다양화 프로젝트의 일환으로 추진된 기숙형 공립학교는 앞서 소개한 농산어촌 우수고 지원사업과 맥을 같이하는 사업이라고 할 수 있다. 전국 2,000여개 고등학교 중 300개를 선정, 특색 있고 다양성을 가진 고등학교로 전환하겠다는 취지의 고교 다양화 프로젝트는 기숙형 공립학교 150개, 마이스터고 50개, 자율형 사립고 100개 지정을 목표로 하였다. 이 중, 기숙형 공립학교는 농산어촌 지역과 중소도시 및 도시 저소득층 밀집 지역에 기숙형 공립고를 선정하여 육성함으로써 지역사회의 학생들이 그 지역을 떠나지 않고도 다양한 학습경험과 인성을 함양하고 학교를 중심으로 지역사회를 활성화하는 데 중점을 두고 있다(조용기·양용칠·이원희·정일환·김병주, 2008). 정부는 농산어촌의 낙후된 교육환경 개선을 위해 2008년 8월 기숙형 공립고 82개교를 선정하여 기숙사 시설비 3,173억원을 지원(학교당 평균 38억원)하였으며, 2009년에는 68개교를 추가적으로 선정하였다. 사업비는 주로 정규 및 방과후 교육과정 운영 프로그램 개발, 기숙형 공립고 운영 매뉴얼 개발·보급, 각종 연수 지원 등에 투입되었고, 이를 통하여 지역 교육경쟁력 강화를 유도하였다(장덕호 외, 2012). 기숙형 고교의 운영으로 학생과 학부모의 만족도가 높아졌으며, 지역사회의 지원이 늘어난 것으로 나타났다. 그 결과, 기숙형 고교의 월평균 기숙사비는 2009년 29만 4천원에서 2012년 10만 4천원으로 줄어들었다(교육과학기술부, 2012c).

다. 농산어촌 연중 돌봄학교 지정·육성(2008. 12)

농산어촌 연중 돌봄학교는 면 단위의 초·중·고를 중심으로 학생수가 200명 이상인 군을 대상으로 지원하는 사업이다(김지하, 2012). 정부는 농산어촌 학생에게 365일 교육복지를 지원하기 위하여 지역자원의 연계·지원이 가능한 면 소재 유·초·중·고등학교를 연중돌봄학교로 지정하여 육성하고, 농산어촌 지역여건 및 소규모 학교의 특성에 맞는 특성화 교육과정 및 기초학력증

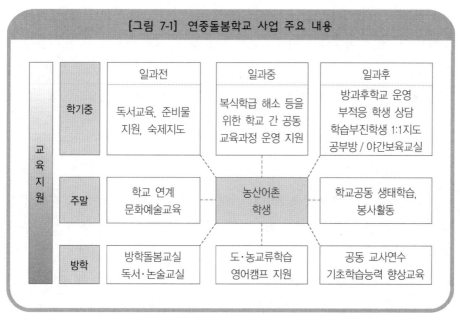

[그림 7-1] 연중돌봄학교 사업 주요 내용

출처: 장덕호 외(2012). 미래 지향적 교육복지 정책의 방향과 과제. p. 41.

진 교육 프로그램 개발·운영을 지원하여 교육력 향상을 위한 교육과정 내실화를 도모하였다(장덕호 외, 2012). 면지역 학생의 읍지역 이탈로 인하여 읍·면 간 격차가 심화되고 있으며, 면지역에는 저소득층뿐만 아니라 한부모가정·조손가정 자녀 및 소년소녀 가장 등 가정이 돌봄기능을 제대로 할 수 없는 취약계층의 비율이 상대적으로 높은 것이 현실이다(신태섭, 2013).

이러한 문제를 해결하기 위해 정부는 크게는 학기 중, 주말, 방학, 작게는 일과 전, 일과 중, 일과 후에 걸쳐 365일 교육복지를 지원하기 위하여 해마다 200억 원 이상의 예산을 투입하여 각종 학습·문화·복지 프로그램을 지원하였다(장덕호 외, 2012). 2011년 전국에 총 382곳에 이르던 연중돌봄학교 사업은 2012년 전원학교에 통합되어 운영되고 있다.

라. 농산어촌형 K-2학교 운영 지원(2008. 12)

정부는 연중돌봄학교 지원과 아울러, 유치원 및 초등학교 1·2학년으로 구성된 농산어촌 K-2학교 지정을 통하여 보육 및 교육활동의 연계·지원을 강화하였다. 또한 마을주민 및 인근 학교 학생을 위한 복합교육 및 문화센터의 기능 수행을 병행하도록 하여 지역교육의 장으로 활용하였다(장덕호 외, 2012).

마. 농산어촌 전원학교 운영 지원(2009. 6)

▶ 지원 대상

농산어촌 전원학교란 농산어촌 소재 소규모 초·중학교 중 자연친화적 환경과 e-러닝 첨단시설을 바탕으로 지역사회와 연계하여 영어 등 우수 공교육 프로그램을 운영하고, 자율학교로서 농산어촌의 미래 발전을 견인하는 지속가능한 학교 모델를 말한다. 2009년 교육여건이 열악한 면 소재 초·중학교 110곳이 전원학교로 지정되었다. 구체적으로 학생수 61~200명 규모인 초·중학교 1,083곳 가운데 110곳(10%)을 전원학교로 선정하고, A, B, C 3개 유형으로 시설과 운영 프로그램을 차별적으로 지원하며, 운영비 역시 차등화하였다.[1] 2012년에는 2010년과 2011년도에 선정된 78개교를 포함하여 총 289개교로 전원학교를 확대·운영하였는데, 이는 면 지역 전체 초·중학교 2,296개교 중 약 12.6%에 해당한다(교육과학기술부, 2012a).

▶ 지원 규모

2009년 110개의 전원학교에 대해 3년 동안 1,400억 원을 지원(교육과학기술부, 2009)한 이후, 정부는 2012년에는 2009년부터 2011년까지 운영되던 농어촌 연중돌봄학교를 전원학교 사업에 통합하여 운영하고 있다. 이로써, 농어촌 전원학교가 해당 지역의 중심학교로서 교육·문화·돌봄 기능을 복합적으로 수행할 수 있도록 지원하고 있다(교육과학기술부, 2012a). 농어촌 전원학교의 지정 및 예산 규모는 〈표 7-7〉과 같다. 농산어촌 대상의 교육복지는 정부 차원의 과감한 초기 투자에 비해 사업 안정화 이후에는 시·도교육청의 대응투자를 유도하고 있다.

표 7-7 　농산어촌 전원학교 지정 및 예산 규모　(단위: 교, 억원)

구 분	2009		2010		2011		2012	
	학교수	예 산	학교수	예 산	학교수	예 산	학교수	예 산
연중 돌봄 학교	378	298	383	140	382	188	–	–
전원 학교	110	790	140	513	188	127	289	103.4
계	488	1,088	523	653	570	315	289	103.4

출처: 교육과학기술부(2012c). 공약 및 주요정책 통계자료. p. 199.

---

1) A유형 – 시설과 운영 프로그램 중심 지원(55곳), 2년간 교당 연 10~20억원.
　 B유형 – 시설비 중심(33곳), 2년간 교당 연 5~10억원.
　 C유형 – 프로그램 중심(22곳), 2년간 교당 연 1~2억원.

▶ 지원 내용

농어촌 전원학교 사업의 주요 내용은 〈그림 7-2〉와 같다.

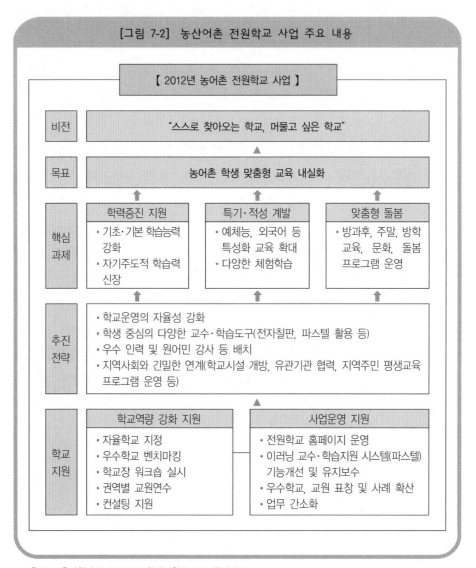

[그림 7-2] 농산어촌 전원학교 사업 주요 내용

【 2012년 농어촌 전원학교 사업 】

| 비전 | "스스로 찾아오는 학교, 머물고 싶은 학교" |

| 목표 | 농어촌 학생 맞춤형 교육 내실화 |

핵심 과제

학력증진 지원
· 기초·기본 학습능력 강화
· 자기주도적 학습력 신장

특기·적성 계발
· 예체능, 외국어 등 특성화 교육 확대
· 다양한 체험학습

맞춤형 돌봄
· 방과후, 주말, 방학 교육, 문화, 돌봄 프로그램 운영

추진 전략
· 학교운영의 자율성 강화
· 학생 중심의 다양한 교수·학습도구(전자칠판, 파스텔 활용 등)
· 우수 인력 및 원어민 강사 등 배치
· 지역사회와 긴밀한 연계(학교시설 개방, 유관기관 협력, 지역주민 평생교육 프로그램 운영 등)

학교 지원

학교역량 강화 지원
· 자율학교 지정
· 우수학교 벤치마킹
· 학교장 워크숍 실시
· 권역별 교원연수
· 컨설팅 지원

사업운영 지원
· 전원학교 홈페이지 운영
· 이러닝 교수·학습지원 시스템(파스텔) 기능개선 및 유지보수
· 우수학교, 교원 표창 및 사례 확산
· 업무 간소화

출처: 교육과학기술부(2012b). 학생지원국 주요 통계자료.

농어촌 전원학교 사업비는 학생 특성 및 지역여건 등을 고려한 학력증진, 특기·적성계발, 맞춤형 돌봄 등의 프로그램 운영에 자율적으로 배분하여 사용되며, 주 5일 수업제 시행에 따른 토요 프로그램 운영뿐만 아니라 방학 중 음악·미술·연극·스포츠·어학·보충학습 등 농어촌 학생의 재능과 실력을 키우는 다채로운 프로그램을 중점적으로 운영하는데 활용되도록 하였다.

바. 농산어촌 중학교 집중 육성방안

박근혜 정부는 국정과제인 "누구나 살고 싶어 하는 복지 농어촌 건설"정책의 일환으로 농어촌 중학교 집중 육성방안을 수립, 추진 중이다. 이에 따르면, 농어촌 중학교 집중 육성방안은 2013년 농어촌 교육지원을 강화하기 위하여, 농어촌 중학교 20개교에 100억원, 2017년까지 5년간 총 1,200억원을 지원할 계획으로, 사업 주요 내용은 지역기관 등과의 연계 유도를 통한 체험활동 실시이다. 농어촌 학교에서도 학생 한 명, 한 명이 꿈과 끼를 살릴 수 있는 교육여건 구축을 위해 1개 군에 최소 1개의 기숙형 거점 중학교를 육성하는 것이 중장기적 목표이며, 자유학기제, 학교진로교육 프로그램(SCEP), 학교 스포츠클럽, 학생 오케스트라 등을 운영하여, 도시의 학생들이 찾아올 수 있는 특성화된 농어촌 학교로 육성하고자 하는 것이다(교육부, 2013).

참고문헌

- 강영혜·김양분·유한구·김재철·강태중(2004). 교육격차의 실태 및 해소 방안 연구. 한국교육개발원(CR2004-48).
- 교육과학기술부(2009). 농산어촌 전원학교 육성사업 추진계획. 보도자료(2009. 6. 2.).
- 교육과학기술부(2012a). 2012년도 농어촌 전원학교 211교 선정. 보도자료(2012. 5. 9.).
- 교육과학기술부(2012b). 학생지원국 주요통계 자료. 내부자료.
- 교육과학기술부(2012c). 공약 및 주요정책 통계자료. 내부자료.
- 교육부(2013). 농어촌 중학교 집중 육성 방안 수립. 보도자료(2013. 10. 17.)
- 교육통계서비스(2014). http://kess.kedi.re.kr/index
- 김경근(2005). 한국사회 교육격차의 실태 및 결정요인. 교육사회학연구, 15(3), 1-27.
- 김경숙·조옥귀(2003). 도시와 농어촌 초등학생의 가정생활 스트레스와 대처방식 및 학교생활 적응과의 관계, 교육이론과 실천, 13(3).
- 김양분·강상진·유한구·남궁지영(2003). 학교교육 수준 및 실태 분석연구: 고등학교. 한국교육개발원(RR2003-16).
- 김정원 외(2008). 교육복지 마스터플랜 수립연구. 교육과학기술부.
- 김지하(2012). 농산어촌 연중돌봄학교 사업의 학업성취도 향상 효과 분석. 교육재정경제연구, 21(1), 191-222.
- 민병성(2006). 도·농간 학교교육격차의 근본원인과 해소방안 탐색. 삶과교육, 5, 22-40.
- 박삼철(2008). 농산어촌우수고 사업평가: 의의, 문제점 및 과제. 한국교육, 35(2), 173-193.
- 박삼철(2011). 농촌교육복지연구: 농산어촌 다기능 교육복지 학교 만들기. 집문당.
- 서울신문(2013. 1. 3일자 기사). 교육 그늘을 벗자: 2013년 에듀혁명 선언. Retrieved

May 30, 2014, from http://search.seoul.co.kr/?keyword=2011+%BA%BB%C0%CE+%BD%C5%BA%D0%C0%C7+%BA%AF%C8%AD&id_search=

- 성기선·박철희·양길석·유방란(2009). 농산어촌 교육 실태 분석 및 교육복지 방안 연구: 고등학교. 한국교육개발원.
- 신태섭(2013). 교육복지현황 분석과 향후 중점 추진 정책 제언 연구. 교육복지정책중점연구소. 수탁연구 CR 2013-04.
- 이두휴(2011). 도시와 농촌간 교육양극화 실태 분석. 교육사회학연구, 21(2), 121-148.
- 이정선(2004). 농어촌 학생의 교육격차 원인과 개성방향. 교육소외 집단의 교육실태 및 대책: 교육정책 토론 자료집. 한국교육개발원(RM2004-41).
- 이주호(2004). 국가수준의 학업성취도 평가 결과 분석. 보도자료(2004. 9. 9.).
- 이해성(1985). 도시농촌 간의 교육격차에 대한 분석. 목원대학교 논문집, 8, 541-555.
- 장덕호·김성기·박경호·손병덕·유기웅·윤철수·이덕난·하봉운·박은솔·윤나리(2012). 미래 지향적 교육복지 정책의 방향과 과제. 상명대학교 산학협력단.
- 장혜진·윤혜미(2010). 농촌아동의 가정환경자극과 학교적응관계에서 성취동기의 매개효과. 한국아동복지학, 33, 7-36.
- 조성연(1997). 도시와 농촌지역 아동의 자아존중감과 어머니의 양육행동 및 가정환경변인과의 관계에 대한 연구. 한국가정관리학회지, 15(3).
- 조용기·양용칠·이원희·정일환·김병주(2008). 기숙형공립학교의 정착방안. 경상북도교육청.
- 하봉운(2005). 지방분권시대 지역간 교육격차 실태 및 개선 방안 연구: 서울시를 중심으로. 교육행정학연구, 23(3), 167-193.
- 한만길 외(2008). 민족발전을 위한 남북한 교육 공동학술회의. 한국교육개발원. 한국연구재단(NRF) 연구성과물.

제**8**장   Education Welfare

학교 부적응자에 대한 교육복지 서비스

[1. 학교부적응 문제

    학교부적응이란 낙인이론을 중심으로 학교교육에 만족하지 못한 상황에서 부적절한 행동을 보이는 불안정한 상태라고 정의하거나(한인영·이경아·김혜령, 1996), 비행과 같은 행동적 측면으로 정의된다(홍순혜·우영숙·이문자·정지인·현연화, 1997). 김기태(1996)의 경우, 학교부적응이란 학생이 학교에 적응해 가는 과정에서 부적합한 행동을 보이는 것으로서, 학교의 가치, 규범, 그리고 질서에 일치하는 타당한 행동을 보이지 못하거나, 대인관계와 사회 및 환경에 대한 학생의 행동양식이 불균형 상태에 놓이는 것을 의미한다고 기술하였다. 일반적으로 학교부적응 개념은 학교에 적응하는 것에 반대되거나 대립되는 것이 아니라, 학교라는 환경 및 생활에 적응하지 못하는 일체의 적응장애를 말한다(노태일, 2002; 이혜경·김현주, 2007).

안병영·김인희(2009)는 적응 개념의 경우 본질적으로 적응자와 피적응자가 포함되어 있기 때문에, 학생이 학교에 잘 적응하는가와 학교가 학생들에 잘 적응하는가를 동시에 고려해야 한다는 점을 강조한다. 이러한 맥락으로 볼 때, 학교부적응의 문제는 학생 개인의 특성과 환경 차원에서의 원인뿐만 아니라, 해당 학교가 안고 있는 구조적, 사회·문화적 맥락 차원의 원인도 고려해야 한다. 즉, 학생이 학교에 부적응하는 경우 일반적으로 학생 개인 문제로만 접근하는 것이 아니라, 학교 차원에서도 문제가 있을 수 있다는 접근을 포함해야 한다는 사실이다. 이러한 관점을 바탕으로 안병영 외(2009)는 학교 유연성이 높고 낮음의 측면과 학생 적응력이 높고 낮음의 측면을 조합해서 학교 적응-부적응 유형을 4개 유형으로 제시하였다. 첫째, 학교와 학생 모두 유연성이 높아 부적응이 없는 유형이 있다. 둘째, 학교는 유연성이 낮으나 학생이 잘 적응하는 유형이 있다. 이 경우 학생이 학교에 적응은 하지만, 학교교육에 대한 만족도는 낮다. 셋째, 학생의 적응력은 낮으나 학교가 유연하게 학생을 수용하는 유형이 있다. 넷째, 학교의 유연성이 낮고 동시에 학생의 적응력도 낮은 유형이 있다. 이 유형의 경우가 학교부적응이 가장 심각한 상태에 있다고 볼 수 있다.

일반적으로 학교부적응은 중도탈락, 학업중단과 연결된 개념으로 이해되고 있다(이혜경 외, 2007). 왜냐하면, 이들 세 개념이 모두 학교 내에서 시작되어 학교를 떠나는 데까지 연속된 개념으로 이해되기 때문이다. 이러한 견지에서 보면, 학교부적응은 학생이 학교생활 적응 과정에서 욕구불만이나 갈등이 심하여 이로 인한 긴장을 해소하기 위해 학교생활을 이탈하거나 학업중단을 하려는 행위로 볼 수 있다. 이처럼 학교부적응은 학교에서의 중도탈락과 학업

표 8-1 **2003년 및 2012년도 학업중단 학생 수 현황**

구 분	2003				2012			
	합 계	중학교	고등학교		합계	중학교	고등학교	
			일반고	특성화고			일반고	특성화고
총재학생	3,621,170	1,854,641	1,224,452	542,077	3,676,681	1,910,572	1,425,882	340,227
학업 중단자	43,362	9,496	12,636	21,230	45,758	15,337	17,619	12,802
학업중단 비율	1.20%	0.51%	1.03%	3.92%	1.25%	0.80%	1.24%	3.76%

출처: 안병영·김인희(2009). 교육복지정책론, p. 207, 윤경철 (2013). 학업중단 청소년 종단조사 및 지원방안 연구. p. 24.

중단으로 연결되어 궁극적으로 사회문제를 유발하기 때문에 주요하게 다루어져야 할 문제이다. 특히, 〈표 8-1〉에서 보듯이, 우리나라 중고등학교의 학업중단율이 시간이 지남에 따라 증가하고 있는 추세이고, 최근 학교생활 부적응이 학업중단을 야기하는 주요한 원인으로 등장하고 있다(이혜경 외, 2007). 2012년도 기준, 전국에 걸쳐 학업을 중단한 학교 밖 청소년 규모가 전체 278,260명으로 추정되고 있다(윤경철, 2013). 특히, 윤경철(2013)의 학업중단 학생 종단연구 결과에 따르면, 구체적으로 학업중단 사유의 경우, 학교 관련 사유(예, 학교를 다녀야 할 필요성을 못느껴서, 학교공부에 흥미가 없고 따라갈 수가 없어서, 학교규칙이나 규정에 적응하기 어려워서, 친구나 선생님과 관계가 나빠서)가 79.4%에 이르고 있어, 개인 및 가정적 사유보다 훨씬 높게 나타나고 있다. 향후 학교부적응과 이로 인한 학업중단 문제는 학교교육의 한계와 위기라는 거시적이고 종합적인 시각에서 접근해야 할 필요성이 있다. 또 한편, 최근 학교부적응 관련 연구들의 경우, 부적응이라는 부정적 사건에 대한 문제의 원인을 규명하는 것에 한정하는 것이 아니라, 예방적 차원에서 학교부적응에 접근하고 있다(이혜경 외, 2007).

[2.] 학교부적응 양상과 부적응 학생의 특징

학생들의 학교부적응은 다양한 행동 양상으로 나타난다. 김종범(2009)은 Bower에 의해 제시된 다섯 가지 청소년 부적응 양상을 다음과 같이 요약해서 제시하고 있다. 첫째, 지적, 감정적, 건강적 요인은 정상이나 학습장애를 나타내는 경우가 있다. 둘째, 학교생활에서 교우들과 교사 간 인간관계를 잘 형성하지 못하는 행동을 보여 준다. 셋째, 행동이나 감정이 정상적인 상황에 맞지 않거나 부적절한 행동을 나타낸다. 넷째, 신체적인 장애와 고통을 학교생활과 연계하는 경향을 보인다. 다섯째, 부적응 학생 자신이 불안하거나 억압을 느끼고 또한 남들에게도 그렇게 영향을 준다. 전반적으로 학교부적응 학생은 부적절한 행동을 보이거나, 공격적인 이상 행동, 방어적인 행동 또는 현실도피적 행동 특성을 나타낸다고 볼 수 있다. 즉, 외부와 단절해서 폐쇄적 활동을 하거나, 현실도피나 이상 행동을 통해 자신의 존재를 나타내려는 행동을 취하는 특징을 보인다(김종범, 2009).

실제로 기존 연구들의 경우도 학교부적응이 반사회적 행동, 교사와 또래, 또는 교칙 및 수업에 대한 부적응이나, 흡연, 공격성, 폭력, 우울증과 같은 문제 행동으로 나타난다는 사실을 밝히고 있다(이혜경 외, 2007). 구체적으로 이규미(2004)는 중등학교 교사들에 의해 지각된 학교부적응 학생의 행동 양상을 여섯가지 요인으로 구분해서 제시하였다. 이에 따르면, 우선 학교부적응 학생은 수업 및 학업과 관련해서 집중력과 흥미가 없고 성적이 떨어진다는 특성을 지닌다. 다음으로 음주, 흡연, 폭력 등 문제 행동을 나타낸다. 셋째, 교우관계에 있어 놀림을 당하거나 급우들로부터 짝이 되는 것을 기피당하는 등 관계가 원만하지 못하다. 넷째, 공격적이고 적대적인 행동을 보이거나, 남에게 책임을 전가하거나 본인 잘못을 인정하지 않고 상황에 맞지 않는 행동을 보인다. 다섯째 교사의 지시를 따르지 않고 교사를 피해 다니는 등 교사와의 관계가 원만하지 못하다. 여섯째, 말수가 적고 표정이 어두우며, 항시 고개를 숙이고 있는 등 우울한 반응을 보인다.

[3.] 학교부적응을 야기하는 원인

통상 학교부적응 양상은 중학교 시기부터 본격적으로 나타난다(김종범, 2009). 왜냐하면 중학교 시기는 급격한 신체적·심리적 변화가 발생하고, 초등학교와 다른 새로운 환경에 대한 적응력을 필요로 하기 때문에 학교부적응의 문제가 가시화되기 때문이다(이규미, 2004). 학교부적응을 야기하는 원인을 분류해 보면 환경적 요인과 개인차원의 심리적 요인으로 구분해 볼 수 있다(김종범, 2009).

1) 환경적 요인

학교부적응의 원인으로 작용하는 환경요인에는 가정환경, 학교환경, 사회환경의 영향요인이 있다. 최근 들어 가족구조 변화와 가정의 교육적 기능 약화가 학교부적응을 초래하는 원인이 되고 있다(안병영 외, 2009). 예를 들어 가정의 빈곤문제로 인한 가정불화, 부모의 우울감, 부정적 양육 태도 등은 그 자녀의 학교부적응 문제와 사회적 적응 능력 부족 현상을 초래한다(강희경, 1999). 가정해체 현상 및 이혼 증가로 인한 결손가정 증가는 가정의 교육적 영향력을 저하시키고, 그 결손가정에서 자라나는 아동은 부모 및 가족구성원과의 정상적인 사회화 경험을 갖지 못하게 되어 결국 학교에 잘 적응하지 못하게 된다 (안병영 외, 2009). 특히, 가정환경 영향요인으로서 가족구성원 간의 부적절한 갈등과 비교육적 가족풍토 등이 그 자녀의 학교부적응을 야기하는 주요한 원인으로 작용한다(김종범, 2009). 구체적으로 가족 간의 갈등이 장기화되는 경우 그 자녀들은 가족관계에 위기감과 심리적 불안감을 가지게 되거나, 회피 및 이상 행동을 유발하게 되며, 이는 곧 학교부적응의 원인으로 작용한다는 것이다.

　우리나라 학교환경의 경우, 지나친 입시위주의 경쟁풍토가 만연하여 학교에서 교육의 인간화 기능이 상실되고, 이로 인한 교육소외 현상은 학생의 학교부적응 문제를 파생시키고 있다(김종범, 2009; 안병영 외, 2009; 이혜경 외, 2007). 이러한 학교환경의 문제와 관련하여 안병영 외(2009)는 우리나라 학교의 경우, 교육운영 및 조직경영에 있어 폐쇄성, 경직성, 획일성, 독단성이 심해 학교가 유연성 부족을 드러내고, 이로 인해 학생들은 그만큼 학교에 적응하기가 어렵게 된다는 점을 지적한다. 특히, 우리나라 학교들은 학생들의 학교부적응 행동을 심리 상담 또는 사회사업적 접근을 통해서 정상적인 학교생활로 유도하기보다는 벌점을 매기고 처벌과 징계를 내리는 극단적인 교육방법을 사용하는 경향이 높다(김종범, 2009). 학교의 이와 같은 교육방법은 학생들에게 더욱 심각한 문제를 유발하는 결과를 가져오기도 한다. 이런 측면에서 최근 들어 학교폭력 등 학교부적응이 사회문제로 대두됨에 따라 학교 내에서의 심리상담적 처방이 교육당국에 의해 대응책으로 취해지고 있다. 그러나 학교 현장에서 실제 상담교사의 경험과 전문성 부족으로 인해 내담자(학교부적응 학생)와 충분한 상담관계가 형성되고 있지 못하고 있다는 점 또한 지적되고 있다(김종범, 2009). 향후 학교들은 학교부적응 학생에 대해 처벌 위주의 대응보다는 학교사회사업적 접근으로서 교육복지 차원의 서비스를 제공해야 할 필요가 있다.

　아울러, 학교부적응을 초래하는 사회환경적 요인이 있다. 이 경우 학교주변 또는 아동의 생활환경 주변의 유해환경이 주요 학교부적응 요인으로 작용한다는 사실이다. 학교 및 가정 이외에 학생들 삶의 현장인 주변지역 환경의 건전성 역시 학생들의 부적응 행동 또는 일탈 행동에 영향을 미친다는 점이다(안병영 외, 2009). 특히 청소년의 경우 적절하게 본인의 감정을 조절하는 데 미숙하거나 자기통제력이 낮기 때문에 일탈행동을 유인하는 각종 위해요소, 폭력, 약물복용 또는 다양한 범죄 상황에 대한 자기방어력이 취약하다. 따라서 청소년기 학생들은 지역사회의 비교육적 상황에 노출되는 경우 부적응이나 일탈로 이어지는 경향이 높아진다.

2) 개인적 요인

환경적 요인 이외에 학교부적응을 야기하는 요인에는 학생 개인 차원의 신체적 장애나 성격, 지능, 학업성취 등의 요인이 있다(홍금자, 1998). 특히, 학생 개인의 내적 요인으로 부정적 자아개념과 낮은 자아존중감에 따른 개인의 정체성 부족, 진로에 대한 낮은 기대 수준, 신체적 고민, 친구 혹은 교사와의 대인관계 문제가 학교부적응을 야기하는 원인으로 작용한다(조성심·최승희, 2011). 안병영 외(2009)는 학교부적응을 초래하는 학생 개인 차원의 원인을 인지모형을 기반으로 설명하고 있다. 즉, 낮은 적응력을 가진 학생은 부정적 자아개념을 가지게 되고, 또한 낮은 자아존중감은 아동 스스로 통제력을 상실하게 된다는 점이다. 이에 따라 낮은 적응력을 가진 학생은 만족스럽지 못한 상황에 인내심을 가지지 못하고 결국 그 상황에 부적응하게 된다는 사실이다.

실제 선행연구의 경우도 학교생활 부적응을 유발하는 학생 개인의 내적 요인으로 자아존중감, 책임감, 충동성, 효능감, 또는 자기통제력을 포함하고 분석하는 사례가 다수를 이루고 있다(이혜경 외, 2007). 이러한 개인 차원의 내적 요인이 중요하게 학교부적응을 유발하는 원인으로 작용하지만, 학교부적응은 통상 한 가지 원인에 의해서만 발생되기보다는 여러 가지 원인이 복합적으로 작용하여 발생하는 경향이 높다. 결과적으로 학교부적응은 학생 개인의 내적 요인이 단독으로 작용하기보다는 가정환경이 열악하거나 학교 및 사회 환경이 원활하게 교육적으로 작용하지 못할 때, 그 학생들이 심리적 또는 정서적으로 불안하게 되어 발생하는 현상이다. 이러한 맥락에서 학교부적응 문제의 경우, 생태학적 관점에서 분석하고 대응책을 처방하거나, 가정과 학교 및 사회가 연계된 맥락적 접근의 필요성이 강조된다(김종범, 2009; 조성심 외, 2011).

[4. 학교 부적응자 지원 교육복지 사업

1) 사업 개요

학업중단, 위기학생 등 학교부적응 대상 학생에 대한 교육복지사업은 우선배려학생 맞춤형 교육지원 강화 사업의 일환으로 추진되었다. 핵가족화 등에 따른 가정해체 및 가족 간 갈등 증가, 입시 위주의 교육 등으로 인해 가출, 학교 부적응 및 비행 등 위기청소년이 증가함에 따라 위기청소년 사회 안전망 구축 확대가 필요하였다. 또한, 학생의 위기 유형이 다원화되고 그 정도나 수준이 점점 높아감에 따라 그에 대한 다중 안전 서비스망의 확대 및 내실화의 필요성도 대두되었다.

학교부적응 학생에 대한 사업은 2008년 대통령 공약사업으로 선정된 Project(학교안전통합시스템) 사업과 2005년부터 시작된 여성가족부 주관의 CYS-Net(지역사회청소년통합지원체계) 사업을 중심으로 추진되었다. 한편, 학교부적응 및 위기학생 등의 상담을 위하여 2005년부터 초·중·고에 전문상담교사가 배치되기 시작하였고, 학업중단학생을 위한 48개의 대안학교와 82개의 미인가 대안교육시설이 운영되고 있다. 청소년복지지원법 제17조는 학업중단 청소년이 학업에 복귀하고 자립할 수 있도록 필요한 시책을 마련하고 시행하도록 학업중단 청소년에 대한 지원을 명문화하고 있다. 참여정부 시절 43만명 위기학생 중 4만명을 지원하던 것이, Wee Project의 추진으로 20만명까지 지원 대상을 확대하였다(장덕호·김성기·박경호· 손병덕·유기웅·윤철수·이덕난·하봉운·박은솔·윤나리, 2012).

2) 사업 현황

가. Wee 프로젝트 사업 지원

▶ 지원 대상

우리나라의 2012학년도 학업중단학생은 총 6만 8천여명으로, 학제별 학업중단율은 초등학교 16,828명(0.6%), 중학교 16,426명(0.9%), 고등학교 34,934명(1.8%)으로 초등학교와 중학교는 전년도와 동일 수준이고, 고등학교는 전년대비 0.1%p 감소한 것으로 나타났다. 학업중단율이 가장 높은 고등학교의 경우 고등학교의 학업중단 사유는 자퇴(질병, 가사, 부적응, 해외출국, 기타), 퇴학(품행)이다(교육부·한국교육개발원, 2013).

표 8-2 유·초·중·고등학교 학업중단율 (단위: 명, %)

구 분	초등학교			중학교			고등학교		
	재적 학생수	학업 중단자	학업 중단율	재적 학생수	학업 중단자	학업 중단율	재적 학생수	학업 중단자	학업 중단율
2013	2,951,995	16,828 (9,192)	0.6 (0.3)	1,849,094	16,426 (14,231)	0.9 (0.8)	1,920,087	34,934 (30,558)	1.8 (1.6)
2012	3,132,477	19,163 (10,771)	0.6 (0.3)	1,910,572	17,811 (15,337)	0.9 (0.8)	1,943,798	37,391 (33,057)	1.9 (1.7)

2011	3,299,094	18,836 (10,404)	0.6 (0.3)	1,974,798	18,866 (16,509)	1.0 (0.8)	1,962,356	38,887 (34,091)	2.0 (1.7)
2010	3,474,395	11,634	0.3	2,006,972	15,736	0.8	1,965,792	34,540	1.8
2009	3,672,207	17,644	0.5	2,038,611	19,675	1.0	1,906,978	34,450	1.8
2008	3,829,998	20,450	0.5	2,063,159	20,101	1.0	1,841,374	32,943	1.8
2007	3,925,043	23,898	0.6	2,075,311	18,968	0.9	1,775,857	27,930	1.6
2006	4,022,801	18,403	0.5	2,010,704	15,669	0.8	1,762,896	23,076	1.3
2005	4,116,195	16,793	0.4	1,933,543	14,165	0.7	1,746,560	24,037	1.4

출처: 교육부·한국교육개발원(2013). 2013년「교육기본통계」조사결과 발표 보도자료(2013. 9. 5.).

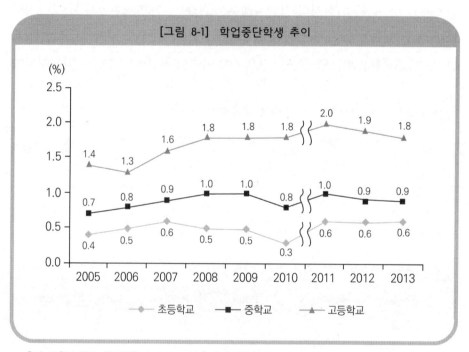

[그림 8-1] 학업중단학생 추이

출처: 교육부·한국교육개발원(2013). 2013년「교육기본통계」조사결과 발표 보도자료(2013. 9. 5.).

▶ 지원 규모

학교에 설치하는 Wee 클래스는 2008년 530개에서 2012년 4,744개로 늘어났고, 교육지원청의 Wee 센터는 2008년 31개에서 2012년 136개로 늘어났다. 한편, 교육청에 설치하도록 되어 있는 Wee 스쿨은 2009년 총 3개소에서 2010년부터 2012년까지 4개소를 유지하고 있으며, 구체적인 연도별 구축 현황은 〈표 8-3〉과 같다.

Wee 프로젝트에 참가하는 전문 인력은 Wee 클래스 총 4,744개소와 Wee 센터 136개소에 5천여명 이상이 배치되어 있으며, Wee 센터 수요자 또한 점차 증가하고 있다. 특히 학생의 상담사례수는 2009년 73,598건에서 2012년 9월 기준 455,556건으로 크게 늘어난 것을 알 수 있다. 학부모 사례 수 또한 2009년 20,742건에서 2011년 64,536건으로 증가하였다(신태섭, 2013). 학교차원에

표 8-3	Wee 프로젝트 기관 연도별 구축 현황				(단위: 개)
단 계	2008	2009	2010	2011	2012
Wee 클래스	530	1,530	2,530	3,170	4,744
Wee 센터	31	80	110	126	136
Wee 스쿨	–	3	4	4	4

출처: 교육과학기술부(2012). 학생지원국 통계자료. p. 95.

표 8-4		Wee 프로젝트 기관 연도별 구축 현황				(단위: 백만원)
구 분		2008	2009	2010	2011	2012
국 고		300	–	–	–	–
특 교	국가시책	18,000	31,214	49,493	23,875	28,604
	지역현안	–	3,000	6,000	13,700	18,540
지방비		–	9,364	–	25,275	40,656
계		18,300	43,578	55,493	62,850	87,800

출처: 교육과학기술부(2012). 학생지원국 통계자료. p. 97.

있어서 Wee클래스 설치 여부에 따라 설치교의 경우 학업중단율이 2.06%에서 2.63%로 14.05%의 감소율을 보였다(한국교육개발원, 2012). Wee 프로젝트의 2008년부터 2012년까지의 5년간 사업예산 현황은 〈표 8-4〉와 같다. Wee 프로젝트는 학교상담 체계화 시도, 국가적인 예산 투자, 학생의 학교적응 향상, 학교상담에 대한 국민의 인식 제고 및 신뢰 형성 등 긍정적인 성과를 거두어 왔다(최상근·김동민·오인수·신을진·김인규·이일화·이석영·최보미, 2011).

▶ **지원 내용**

Wee 프로젝트는 정서불안, 학교폭력, 학교부적응 및 일탈행동 등의 위기학생에 대한 3단계 안전망(safe-net) 구축사업이다. Wee 프로젝트에서 Wee는 We(우리들), Emotion(감성), Education(교육)의 이니셜이다. 입시 위주의 교과교육은 위기학생의 예방과 조기 개입에 한계가 있다는 지적에 따라, 진단-상담-치유의 원스톱 상담 서비스가 제안되었고, 이와 같은 제안은 2008년 3월 학교안전통합시스템(Wee 프로젝트) 구축이란 대통령 공약사업으로 선정되어 학교부적응 등 위기상황에 노출되어 있는 학생들을 위하여 체계적인 예방 및 지원체제를 제공하게 되었다(최상근 외, 2011).

Wee 프로젝트의 1차 안전망은 단위학교의 Wee 클래스로 단위학교 내 위기학생 및 부적응 학생을 조기에 발견하고 지원하는 공간이다. 2차 안전망은 교육지원청 차원에 설치된 Wee 센터로 단위학교에서 선도 및 치유가 어려운 학생에게 전문가의 진단-상담-치유의 원스톱(one-stop) 서비스를 제공한다. 마지막 3차 안전망인 Wee 스쿨은 시·도교육청 차원에서 장기적으로 치유가 필요한 고위기군 학생의 학교 및 사회적응력 향상을 위해 기숙형 장기위탁교육기관에서 서비스를 제공한다. 이처럼 각각의 안전망은 서로 다른 역할과 기능을 수행하며 유기적인 협력관계를 유지함으로써 학교부적응 학생을 줄이는 데 기여하고 있다(신태섭, 2013).

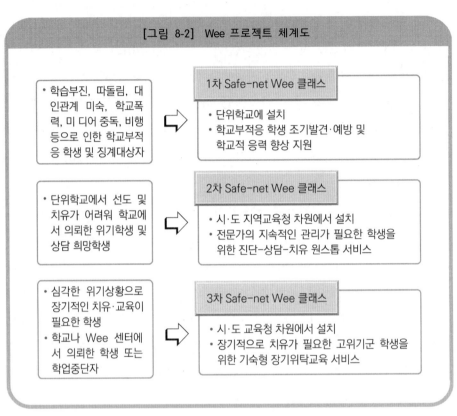

[그림 8-2] Wee 프로젝트 체계도

• 학습부진, 따돌림, 대인관계 미숙, 학교폭력, 미디어 중독, 비행 등으로 인한 학교부적응 학생 및 징계대상자

1차 Safe-net Wee 클래스
• 단위학교에 설치
• 학교부적응 학생 조기발견·예방 및 학교적응력 향상 지원

• 단위학교에서 선도 및 치유가 어려워 학교에서 의뢰한 위기학생 및 상담 희망학생

2차 Safe-net Wee 클래스
• 시·도 지역교육청 차원에서 설치
• 전문가의 지속적인 관리가 필요한 학생을 위한 진단-상담-치유 원스톱 서비스

• 심각한 위기상황으로 장기적인 치유·교육이 필요한 학생
• 학교나 Wee 센터에서 의뢰한 학생 또는 학업중단자

3차 Safe-net Wee 클래스
• 시·도 교육청 차원에서 설치
• 장기적으로 치유가 필요한 고위기군 학생을 위한 기숙형 장기위탁교육 서비스

출처: 최상근 외(2011). Wee 프로젝트 운영성과분석 및 발전계획 수립 연구. p. 29.

나. CYS-Net 지원(여성가족부)

지역사회 청소년 통합지원체제(Community Youth Safety-Network: CYS-Net)는 통합적인 청소년 안전지원정책으로 여성가족부에서 주관한다. 이 정책은 청소년기본법 및 청소년보호법 등에 근거하여, 위기청소년의 문제행동을 예방의 관점에서 바라보고 이에 대한 사회안전망을 구축함으로써 보다 효과적인 서비스 구축체계를 수립하는 것이 목적이다(한국청소년상담원, 2008).

CYS-Net의 안전망은 Wee 프로젝트와 유사하게 3단계의 위계를 지니고 있다. 그러나, 1차→2차→3차 안전망의 순서에 따라 위험 수준은 낮아지는

표 8-5	CYS-Net 안전망의 특징 및 예시	
안전망의 종류	특 징	기관 예시
1차 안전망	높은 수준의 위험상황에 있는 청소년들을 보호, 지원할 경우 필요한 기관들과의 연계망을 구축, 운영하는 것	경찰, 응급센터, 쉼터, 아동성폭력상담소와 같이 높은 위험상황의 학생에게 도움을 주는 기관
2차 안전망	중간 수준의 위험상황에 있는 청소년들의 자활을 지원하기 위해 필요한 기관들과의 연계망을 구축, 운영하는 것	사회복지관, 동사무소, 자활지원과, 대안학교, 모자복지시설, 법률지원센터 등
3차 안전망	현재 위급한 위기상황은 아니지만 성장 단계에 있는 청소년들의 심리적인 안정감과 복지 향상을 위해 필요한 기본적인 진로나 학업에 대한 서비스를 제공하는 기관들이 중심이 된 안전망	자원봉사센터, 청소년수련시설, 방과후 교육기관, 학교, 직업교육기관 등

출처: 최상근 외(2011). Wee 프로젝트 운영성과분석 및 발전계획 수립 연구. p. 62.

위계를 지니고 있다. 이것은 CYS-Net의 체계가 위험 수준이 가장 높은 청소년들에 우선적으로 상담 및 지원 서비스를 제공함을 의미한다. Wee 프로젝트의 경우 1차 안전망인 Wee 클래스와 2차 안전망인 Wee 센터 및 3차 안전망인 Wee 스쿨의 3단계 서비스 체제로 이루어져 있다. Wee 프로젝트의 경우 1차→2차→3차 안전망의 순서에 따라 위험 수준이 높아지는 것과 달리, CYS-Net는 정반대로 위험 수준이 낮아지는 위계를 지니고 있다. 이러한 차이는 CYS-Net이 위기청소년의 지원에 우선순위를 두고 있는 것과는 달리 Wee 프로젝트는 단위학교에 설치된 Wee 클래스를 중심으로 학교부적응 학생의 조기발견 및 예방을 통해 학교적응력 향상을 돕는데에 우선순위를 두고 있기 때문이다(최상근 외, 2011).

다. 전문상담교사 배치

초·중등학교에는 전문상담교사를 두거나 시·도 교육행정기관에 전문상담순회교사를 두도록 '초·중등교육법' 제19조의2는 규정하고 있다. 2005년

표 8-6	전문상담교사 연도별 증원 현황		(단위: 명)
구 분	공립학교		사립학교
	전문상담순회교사	전문상담교사	
2005	308	–	–
2007	–	175	172
2008	–	124	–
2010	–	104	–
2011	–	–	39
2012	–	500	–
합 계	308	903	211

출처: 교육과학기술부(2012). 학생지원국 주요 통계자료. p. 100.

전문상담순회교사 308명을 배치한 이후, 2012년 총 1,422명의 전문상담교사가 공립학교 등에 배치되어 있으며, 구체적인 배치 현황은 〈표 8-6〉과 같다. 전문상담교사는 '초·중등교육법' 개정('08. 3. 21) 및 '학교폭력 예방 및 대책에 관한 법률'의 개정('08. 3. 14)에 따라 1교당 1명 배치를 목표로 하고 있다. 전문상담교사의 주요 역할은 학생 생활 관련 지도 및 상담, 상담 관련 교사·학부모 연수 자문 활동, 학교 내 상담실, Wee 클래스 운영, 학교폭력 가·피해 학생 상담 등이다(교육부, 2012).

라. 대안학교 설립 확대

초·중등교육법 제60조의3은 '학업을 중단하거나 개인적 특성에 맞는 교육을 받으려는 학생을 대상으로 현장 실습 등 체험 위주의 교육, 인성 위주의 교육 또는 개인의 소질·적성 개발 위주의 교육 등 다양한 교육을 하는 학교로서 각종학교에 해당하는 학교'를 "대안학교"라고 정의하고 있다.

정부는 2005년 각종학교로서의 대안학교를 도입하고, 2007년 「대안학교의 설립·운영에 관한 규정」을 제정, 2009년 대안학교 설립인가 기준을 완화하는 등 학업중단학생의 교육기회 확대를 위한 법령을 정비하고 교육여건을 개선하기 위한 지원을 확대하였다. 고등학교 이하 각 급 학교 설립·운영규정 제12조를 개정하여 시·도교육감이 시설 기준 등을 완화하여 인가할 수 있도록 근거 규정을 마련하였으며 대안학교 설립 관련 규제를 추가적으로 완화하는 것을 검토하였다. 또한 학업중단 학생이 교육을 받는 미인가 대안교육시설에 대해 교육기자재, 교육프로그램 운영 등을 지원하였으며 시·도교육청에서 학교 부적응 학생 등을 대상으로 대안교육 위탁기관을 설립하도록 유도하고 지원하였다(장덕호 외, 2012). 2012년 전국의 대안학교는 48개가 있으며, 같은 해에 정부는 82개의 미인가 대안교육시설에 대해 총 13억 4천만원의 예산을 지원하였다.

참고문헌

■ 강희경(1999). 연구논문: 미국 학교사회사업의 CIS 모델과 한국 학교사회사업에 주는 의의. 청소년학연구, 6(2), 201-217.
■ 교육과학기술부 (2012). 학생지원국 주요통계 자료. 내부자료.
■ 교육부·한국교육개발원(2013). 2013년 「교육기본통계」 조사결과 발표. 보도자료 (2013. 9. 5.).
■ 김기태(1996). 학교부적응 문제를 가진 청소년을 위한 문제해결 프로그램 연구. 사회복지연구, 6, 159-185
■ 김종범(2009). 청소년의 학교생활부적응에 영향을 미치는 요인에 관한 연구-학교부적응 청소년들을 중심으로. 임상사회사업연구, 6(2), 25-48.
■ 노태일(2002). 학교부적응 청소년을 위한 평생교육의 방향. 지역사회개발연구지, 12(2), 113-133.
■ 박주호·김진숙·장연진·김정덕·김수린·이형화·라은종(2013). 교육복지 전달체계의 효율성 제고방안: 중복, 편중, 사각지대 개선을 중심으로.
■ 신태섭(2013). 교육복지현황 분석과 향후 중점 추진 정책 제언 연구. 교육복지정책중점연구소. 수탁연구 CR 2013-04.
■ 안병영·김인희(2009). 교육복지정책론. 다산출판사.
■ 윤경철(2013). 학업중단 청소년 종단조사 및 지원방안 연구. 한국청소년정책연구원.
■ 이규미(2004). 중고등학교 교사가 지각한 학교부적응 행동 지표. 한국심리학회, 16(2), 227-241.
■ 이혜경·김현주(2007). 청소년의 학교생활부적응에 관한 연구경향 분석. 한국청소년시설환경학회지, 5(2), 29-42.
■ 장덕호·김성기·박경호·손병덕·유기웅·윤철수·이덕난·하봉운·박은솔·윤나리

(2012). 미래지향적 교육복지 정책의 방향과 과제. 상명대학교 산학협력단.

■ 조성심·최승희(2011). 학교부적응 중학생을 위한 생태체계 관점의 진로탐색 프로
그램 개발. 학교사회복지. 20, 23-54.

■ 최상근·김동민·오인수·신을진·김인규·이일화·이석영·최보미(2011). Wee 프로
젝트 운영성과분석 및 발전계획 수립 연구. 한국교육개발원.

■ 한국교육개발원(2012). 신규 전문상담교사 직무연수. 한국교육개발원: 연수교재
TM2012-28.

■ 한국청소년상담원(2008). 청소년상담사윤리강령. 서울: 저자.

■ 한인영·이경아·김혜령(1996). 학교부적응 중학생 집단에 대한 학교사회 실천의
일예. 정신보건과사회사업, 3, 5-27.

■ 홍금자(1998). 학교폭력과 학교사회사업의 개입. 한국학교사회사업. 창간호.

■ 홍순혜·우영숙·이문자·정지인·현연화(1997). 중학생의 학교부적응 실태와 학교
사회사업서비스 욕구에 관한 연구. 한국아동복지학회, 5, 47-69.

제 3 부
성공적 교육복지 실현을 위한 과제

제9장 Education Welfare

교육복지에 대한 학교관계자의 인식 제고*

[1. 　교육복지 개념 인식의 중요성

　　2000년대 이후 우리나라 교육현장에서 교육복지는 교육정책의 핵심이 되었다. 구체적으로 현재 교육복지우선지원사업, 드림스타트, 방과 후 학교 등과 같은 교육복지 사업들이 진행되고 있다. 그러나, 사업의 분석, 설명, 예측 등 전반적인 면을 포괄하는 교육복지의 개념적·이론적 토대가 미비한 상태이다 (장덕호, 2012; 정동욱, 2011; 최경노, 2007). 특히, 학문적으로나 학교교육 현장

＊본 장은 박주호 외(2013)의 교육복지 개념과 이론적 토대 확립을 위한 기초연구(교육복지 정책중점연구소, 기본연구보고서, RR 2013-01)를 요약·수정한 것임.

에서 교육복지에 대한 개념적 합의가 거의 이루어지지 못한 상태이며, 영국과 미국을 중심으로 한 학교사회사업(school social work)과 교육복지(education welfare)라는 개념이 혼용되어 사용되고 있다. 한편, 분명한 사실은 교육복지가 학교사회복지 또는 학교사회사업과는 다르고, 이들보다 광의의 개념으로 다루어지고 있다는 점이다(이용교·임형택, 2010).

현재 교육복지사업이 시행되고 있는 학교현장에서 상당수의 교사가 직·간접적으로 교육복지 활동에 참여하고 있다. 구체적으로 교사는 중앙정부인 교육부에서 기획한 교육복지 프로그램에 교육복지 대상 학생을 선발하는 소극적 참여 수준에서, 직접 교육복지 프로그램을 구안하고 예산을 요구하며 실행하는 적극적인 참여 수준에 이르기까지 다양한 방식으로 참여하고 있으며, 그 참여 수준과 방식도 각양각색이다(김인희, 2012). 이렇게 교사들이 다양한 참여 수준을 보이는 것은 교육복지에 대한 개념이 정립되지 못한 점에도 그 이유가 있다.

교육복지에 대한 사회적 관심이 높아지고 교육복지사업이 확대·증가하는 추세에 비하면, 사실 우리나라 교원들의 교육복지에 대한 인식은 아직 명료하지 않은 상태이다. 구체적으로 교육복지우선지원사업이나 여타 교육복지사업을 진행하는 해당 학교의 교장이나 지역사회교육전문가를 제외하고, 일반 교사나 여타 교장 및 교감의 경우 교원양성 과정이나 각종 연수 과정에서 교육복지를 학습할 기회가 없었기 때문에 교육복지에 대한 이해가 부족한 상태이다(김인희, 2012).

이에 따라 현재 우리나라 학교현장에서 교육관계자들은 교육복지 개념 구성에 포함된 핵심 요소에 대해 어떻게 인식하고, 그 인식 수준은 어떠한지를 살펴볼 필요가 있다. 학교관계자의 교육복지에 대한 개념적 인식 수준은 실제 학교현장에서 교육복지 사업참여자 간 공동체 형성은 물론, 교육복지사업 성과에 영향을 미칠 수 있기 때문에 매우 중요하다. 실제 학교현장에서 교장, 교육복지담당 부장교사 및 일반 교사, 교육복지사(지역사회교육전문가)의 교육복지에 대한 개념적 인식과 태도 정도는 교육복지 실천 수준에 상당한 영향을 끼친다.

이러한 맥락에서 우리나라 학교현장 이해관계자들은 교육복지를 구성하는 개념적 요소에 대해 어떠한 인식을 가지고 있고, 직위에 따라 그 인식의 차이는 어떠한지를 비교 조사해 보았다. 교육복지에 대한 학교관계자의 개념적 인식 수준 파악은 향후 교육복지 개념과 이론 정립을 위해서뿐만 아니라, 교육복지 원리의 확산 및 공유를 위해서 중요한 토대 역할을 할 것이다.

일반적으로 선행연구에서 규정한 교육복지 개념이 어떠한 기준으로 제시되었는지에 따라서, 교육복지 개념 요소의 범위와 성격은 다양하게 나타난다(안병영, 김인희, 2009). 예를 들어 추구하는 목적에 따라서 교육복지를 개념적으로 구분(이기범, 1996; 이돈희 1999)하기도 하고, 또한 교육복지의 대상, 내용 및 목표를 준거로 하여 상대적 또는 선별적 교육복지와 절대적 또는 보편적 교육복지로 구분하여 정리하기도 한다(정동욱 2011). 아울러, 교육복지를 교육기회에의 접근, 학습기회, 학습성과 구조로 분석(함승환 외, 2013)하거나, 교육복지를 협의와 광의의 영역으로 구분하여 목적, 주체, 객체, 원리, 범위, 접근방법, 내용이라는 틀로 분석(홍봉선, 2004)하기도 한다. 이러한 선행연구가 제시한 교육복지 개념을 탐색해 본 결과, 그 개념 요소에는 지원 대상과 기준, 목적, 서비스 내용을 포함할 수 있다. 결과적으로 본 조사를 위한 교육복지의 개념적 요소에는 첫째, 교육복지의 절대성과 상대성을 기준으로 보편적 복지와 선별적 복지에 대한 인식 정도, 둘째, 교육적 취약자에 해당하는 학생이 교육복지 대상으로 포함되어야 한다는 필요성 인식 정도, 셋째, 교육복지 서비스 내용, 즉 교육복지가 어떠한 부분에 중점을 두어 지원해야 하는지에 대한 인식 정도를 포함하였다. 본 조사에 참여한 대상은 〈표 9-1〉에서 제시된 것처럼, 전국의 일반 초중고와 교육복지사업 시행 학교에 소속된 교장, 교사, 교육복지사(지역사회교육전문가 및 지역 교육청의 프로젝트조정가 포함), 교육행정가(교육청

표 9-1	조사 대상의 인구학적 배경 현황		
항 목		참여자(%)	합계(%)
성 별	남	692(33.7)	2,053(100)
	여	1,361(66.3)	
직 위	교장교감	600(29.2)	2,054(100)
	부장교사, 교사	615(29.9)	
	교육복지사	787(38.3)	
	교육행정가	52(2.5)	
소속 기관	교육청	147(7.2)	2,044(100)
	초등학교	986(48.2)	
	중학교	798(39.0)	
	고등학교	113(5.5)	
대학 전공	교과교육 및 교육학	1,208(64.9)	1,861(100)
	사회복지	653(35.1)	

교육복지 담당 장학사 및 장학관)로 구성되었다.

[2. 교육복지 목적 및 지원 기준의 인식

우선, 교육복지가 추구하는 목적과 지원 기준을 바탕으로 한 개념에 내포된 요소에 대해 학교관계자의 인식 수준을 살펴보았다. 〈표 9-2〉에 제시된 문항은 교육복지의 목적과 지원 기준을 준거로 제시한 개념 요소들이다. 각 요소 항목은 5단계 라이커트 척도(전혀 동의하지 않음, 동의하지 않음, 보통, 동의함, 매우 동의함)로 구성하였다. 각 문항에 대한 동의 정도의 응답 결과를 보면, 우

표 9-2   교육복지 개념에 대한 동의 정도

순 서	교육복지 개념 항목		응답(N)	평 균	표준편차
1	취약 학생들에게 기회 불균형(불균등)을 해소하는 것	선별적복지	2,463	4.51	.62
2	소득 수준 간이나 지역 간 발생한 교육격차를 해소하는 것		2,475	4.47	.67
3	개인 학생의 문제를 치료하고 교정하는 것(우선배려 학생의 맞춤형 교육지원)		2,472	4.29	.77
4	취약 학생들의 학력 수준 향상을 도모하는 것(학습결손의 극복)		2,477	4.24	.78
5	모든 학생들에게 교육의 기회를 확충하는 것	보편적복지	2,476	4.18	.86
6	모든 학생들을 위해 복지적으로 교육환경을 개선하고 조성하는 것		2,474	4.14	.90
7	모든 학생들에게 최소 수준의 교육을 보장하는 것		2,478	4.10	.94
8	모든 학생의 잠재성을 발휘하거나 자아실현을 돕는 것		2,476	3.94	.95
9	모두의 전인적 발달을 지원하는 것		2,466	3.87	.96
10	모두에게 평생교육의 기회를 제공하는 것		2,472	3.79	.99
11	모든 사람들의 능력과 적성을 개발하는 것		2,476	3.76	1.01

리나라 학교 현장 관계자들은 '취약 학생들에게 교육기회 불균형(불균등)을 해소하는 것'(평균=4.51, 표준편차=.618)을 교육복지라고 생각하는 경향이 가장 높은 반응을 보여 주었다. 이어 순차적으로 '소득 수준 간이나 지역 간 발생한 교육격차를 해소하는 것'(평균=4.47 표준편차=.669), '개인 학생의 문제를 치료하고 교정하는 것'(평균=4.29, 표준편차=.766), 그리고 '취약 학생들의 학력 수준 향상을 도모하는 것으로서 학습결손의 극복'(평균=4.24, 표준편차=.782)을 교육복지라고 인식하는 경향이 강한 것으로 나타났다.

눈여겨 볼 점은 그 인식 수준에 있어 높은 동의 반응을 보인 항목들은 모두 선별적 복지에 포함된 개념 요소라는 점이다. 특히, 〈표 9-2〉가 보여 주듯이, 우리나라 학교현장 관계자는 교육복지를 인식함에 있어, 보편적 복지에 포함된 개념적 요소 항목보다 선별적 복지에 해당되는 개념 요소 항목에 훨씬 더 높은 동의 수준을 보여 주었다. 이는 우리나라 학교교육 관계자들의 경우, 교육복지를 연상할 때 보편적 복지보다는 소수 취약계층을 대상으로 한 선별적 복지를 교육복지라고 인식하는 경향이 있음을 보여주었다.

특히, 교육복지에 대한 우리나라 학교현장 관계자들의 이러한 인식적 특징은 〈표 9-3〉에 제시된 개념 항목 중 교육복지를 가장 잘 나타낸다고 생각하는 것을 우선순위로 적시하게 한 질문의 응답 결과에도 잘 나타나고 있다. 학교관계자 중 가장 많은 사람들이 1순위로 적시한 교육복지 개념 요소는 '취약 학생들에게 기회 불균형을 해소하는 것'(22.5%)이었고, 그 다음으로는 '소득 수준 간이나 지역 간 발생한 교육격차 해소'(20.7%)였다. 무엇보다, 교육복지를 가장 잘 나타내고 있는 항목을 적시하도록 한 경우, 선별적 복지에 해당하는 교육복지 개념 항목이 먼저 등장하였다. '모든 학생들의 최소 수준의 교육보장'(18.1%), '모든 학생들을 위한 복지적 교육환경 개선과 조성'(9.6%), '모든 학생들에게 교육기회 확충'(8.5%) 등과 같은 보편적 복지에 해당되는 교육복지 개념 요소 항목은 후순위로 나타났다. 즉, 우리나라 학교관계자들은 취약 학생을 위한 지원이나 소득 수준 간 혹은 지역 간 교육격차 해소가 가장 우선적으로 시급한 교육복지라고 인식하고 있었다. 아울러, 모든 "학생"을 위한 "교육", "교육환경", "교육기회"를 보장하는 것도 어느 정도 교육복지로서 필요하다는 점을 부인하지 않았다.

표 9-3 교육복지를 가장 잘 나타낸다고 인식된 개념요소 빈도

내 용	빈도(%)
취약 학생들에게 기회 불균형(불균등)을 해소하는 것	557(22.5)
소득 수준 간이나 지역간 발생한 교육격차를 해소하는 것	513(20.7)
모든 학생들에게 최소 수준의 교육을 보장하는 것	448(18.1)
모든 학생들을 위해 복지적으로 교육환경을 개선하고 조성하는 것	238(9.6)
모든 학생들에게 교육의 기회를 확충하는 것	212(8.5)

〈표 9-4〉는 학교관계자의 직위 집단별 교육복지 개념 요소 인식에 있어서 어떤 차이가 있는지 살펴본 결과이다. 우선, 보편적 복지($F=3.503$, $\alpha=.05$) 및 선별적 복지($F=11.167$, $\alpha=.001$) 차원에 있어, 각 직위별 집단 간에 통계적으로 유의미한 인식 차이가 있었다. 다음으로 보편적 복지 내에서 각 직위별 집단 간 사후 검정 결과, 교육복지사와 교장·교감 집단 간에 통계적으로 유의미한 차이가 있음을 확인하였다. 구체적으로 교육복지사 집단이 교장·교감 집단보다 보편적 교육복지 개념에 대해서 더 높은 인식 수준을 나타냈다. 선별적 복지에서도 사후 비교 검정 결과, 교육복지사 집단과 교장·교감과 부장교사·교사 집단 간에 개념 인식에 차이가 있었다. 즉, 교육복지사 집단이 교장·교감 집단과 부장교사·교사 집단보다 선별적 복지에 포함된 요소 항목들을 교육복지로 인식하는데 있어 더 높은 인식 정도를 보여 주었다. 전반적으로 교육복지사 집단이 보편적 복지나 선별적 복지에 있어서, 여타 집단보다 교육복지를 더 높게 인식하고 있는 것으로 나타났다. 특히, 교장·교감 및 부장교사·교사 집

표 9-4 보편적 및 선별적 복지 개념에서 직위별 인식 차이

	내 용	사례수	평 균	표준편차	F값	Scheffe Test
보편적복지	교장, 교감(a)	600	3.90	.81	3.503*	c>a
	부장교사, 교사(b)	615	4.01	.77		
	교육복지사(c)	787	4.02	.74		
	교육행정가(d)	52	3.97	.86		
	합 계	2,054	3.98	.78		
선별적복지	교장, 교감(a)	600	4.32	.60	11.167**	c>a, b
	부장교사, 교사(b)	615	4.36	.63		
	교육복지사(c)	787	4.48	.48		
	교육행정가(d)	52	4.49	.50		
	합 계	2,054	4.40	.57		

* p<.05, ** p<.001

단과 교육복지사 집단 간에는 교육복지 개념에 대해 확연한 인식 차이가 있음이 확인되었다. 이러한 인식의 차이가 있음은 〈표 9-5〉에서 보편적 및 선별적 복지를 나타내는 각 개념 요소별 학교관계자 집단 간의 차이에 대한 사후비교 검증(Scheffe Test) 결과가 보다 구체적으로 잘 보여 주고 있다.

표 9-5 교육복지의 개념요소 항목별 직위 집단 간 인식 차이

내 용		사례수	평 균	표준편차	F값	Scheffe Test
모든 학생들에게 최소 수준의 교육을 보장하는 것	교장, 교감(a)	600	4.09	.94	.435	
	부장교사, 교사(b)	615	4.12	.93		
	교육복지사(c)	787	4.12	.89		
	교육행정가(d)	52	4.23	.94		
	합 계	2,054	4.11	.92		
모든 학생들에게 교육의 기회를 확충하는 것	교장, 교감(a)	600	4.10	.90	3.924**	c>a
	부장교사, 교사(b)	614	4.23	.83		
	교육복지사(c)	787	4.25	.80		
	교육행정가(d)	52	4.17	.92		
	합 계	2,053	4.20	.84		
소득 수준 간이나 지역 간 발생한 교육격차를 해소하는 것	교장, 교감(a)	600	4.41	.69	7.663***	c>a, b
	부장교사, 교사(b)	615	4.45	.70		
	교육복지사(c)	786	4.56	.58		
	교육행정가(d)	51	4.63	.56		
	합 계	2,052	4.49	.65		
모든 학생들을 위해 복지적으로 교육환경을 개선하고 조성하는 것	교장, 교감(a)	599	4.06	.93	3.672*	c>a
	부장교사, 교사(b)	614	4.19	.91		
	교육복지사(c)	787	4.21	.83		
	교육행정가(d)	50	4.10	1.04		
	합 계	2,050	4.16	.89		
취약 학생들의 학력 수준 향상을 도모하는 것 (학습결손의 극복)	교장, 교감(a)	599	4.20	.79	3.672*	
	부장교사, 교사(b)	615	4.26	.79		
	교육복지사(c)	787	4.31	.71		
	교육행정가(d)	52	4.33	.73		
	합 계	2,053	4.26	.76		

모든 사람들의 능력과 적성을 개발하는 것	교장, 교감(a)	599	3.67	1.04	3.430*	c>a
	부장교사, 교사(b)	615	3.80	.99		
	교육복지사(c)	786	3.84	.97		
	교육행정가(d)	52	3.85	1.13		
	합 계	2,052	3.78	1.00		
개인 학생의 문제를 치료하고 교정하는 것 (우선배려 학생의 맞춤형 교육지원)	교장, 교감(a)	598	4.23	.79	13.887***	c>a,b
	부장교사, 교사(b)	613	4.23	.80		
	교육복지사(c)	785	4.45	.65		
	교육행정가(d)	52	4.40	.69		
	합 계	2,048	4.32	.75		
모든 학생의 잠재성을 발휘하거나 자아실현을 돕는 것	교장, 교감(a)	598	3.83	.99	6.628***	c>a
	부장교사, 교사(b)	615	3.96	.94		
	교육복지사(지전가), 프로젝트조정가(c)	787	4.05	.87		
	교육행정전문가(d)	52	3.85	1.11		
	합 계	2,052	3.95	.94		
모두에게 평생교육의 기회를 제공하는 것	교장, 교감(a)	598	3.76	1.02	1.109	
	부장교사, 교사(b)	614	3.86	1.00		
	교육복지사(c)	785	3.78	.96		
	교육행정가(d)	52	3.79	1.11		
	합 계	2,049	3.80	.99		
모두의 전인적 발달을 지원하는 것	교장, 교감(a)	600	3.78	1.00	3.465*	b>a c>a
	부장교사, 교사(b)	609	3.93	.96		
	교육복지사(c)	783	3.93	.91		
	교육행정가(d)	52	3.85	1.04		
	합 계	2,044	3.88	.96		
취약 학생들에게 기회불균형(불균등)을 해소하는 것	교장, 교감(a)	596	4.45	.65	7.570***	c>a, b
	부장교사, 교사(b)	611	4.50	.64		
	교육복지사(c)	786	4.60	.55		
	교육행정가(d)	51	4.59	.50		
	합 계	2,044	4.53	.61		

* $p<.05$, ** $p<.01$, *** $p<.001$

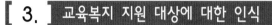

학교현장 관계자가 어떤 학생을 교육복지 대상으로 인식하는지는, 사실
상 교육복지 대상자 선정과 서비스 지원에 있어 핵심적인 전제사항이다. 현재
교육복지 정책의 주요한 쟁점 중의 하나가 교육복지를 상대적 개념으로 접근
할 것인지, 아니면 절대적 개념으로 접근할 것인가이다. 이 두 접근 중 어떤
것을 우선적으로 인식하고 선택하는가에 따라 교육복지 대상자가 달라진다(정
동욱, 2012). 즉, 상대적 개념으로서 교육복지는 경제적, 사회·문화적 차원에
서 소외계층 학생을 우선 지원 대상으로 하며, 이는 선별적인 복지를 의미한
다. 반면에 절대적 개념으로서 교육복지는 적절한 교육기회가 제공되어야 하
는 모든 학생을 대상으로 하고, 이는 보편적인 복지를 의미한다(신태섭, 2013).
〈표 9-6〉은 교육적 취약 집단들에 대해 우리나라 학교현장 관계자들이

표 9-6 교육적 취약 집단에 대한 교육복지 대상으로 인식 정도

순 위	교육복지 대상	응답(N)	평 균	표준편차
1	저소득층 자녀(빈곤청소년)	2,426	4.75	.50
2	학교 부적응자	2,426	4.35	.76
3	탈북학생	2,426	4.31	.71
4	다문화 가정 학생	2,426	4.25	.74
5	장애학생(특수교육)	2,426	4.18	.83
6	학교 중도탈락자	2,426	4.18	.86
7	비행청소년	2,426	4.13	.87
8	기초학력미달자	2,426	4.11	.77
9	농산어촌 학생	2,426	4.02	.79

표 9-7	취약 학생 중 가장 우선적 교육복지 대상자로 인식된 빈도	
순 위	교육적 취약 학생	1순위 빈도(%)
1	저소득층 자녀(빈곤청소년)	1,942(80.0)
2	학교 부적응자	213(8.8)
3	장애학생(특수교육)	65(2.7)
4	기초학력미달자	51(2.1)
5	학교 중도탈락자	37(1.5)

교육복지 대상으로서 인식하고 있는 정도를 보여 주고 있다. 학교현장 관계자들에 의해 교육복지 대상으로서 가장 높게 인식된 대상은 '저소득층 자녀'(또는 빈곤청소년, 평균=4.75, 표준편차=.495)였고, 그 다음으로 '학교 부적응자'(평균=4.35, 표준편차=.760), '탈북학생'(평균=4.31, 표준편차=.709), '다문화 가정 학생'(평균=4.25, 표준편차=.735), '장애학생'(평균=4.18, 표준편차=.825)과 '학교 중도탈락자'(평균=4.18, 표준편차=.856)가 순차적으로 각각 교육복지 대상으로 인식되고 있는 것으로 나타났다.

〈표 9-7〉은 교육적 취약 집단 중 교육복지 대상으로 포함되어야 할 우선순위를 적어보게 한 결과이다. 학교현장 관계자들에 의해 1순위로 가장 많이 선택된 교육복지 대상은 저소득층 자녀(빈곤청소년, 80%)였다. 그 다음으로 학교 부적응자(8.8%), 장애학생(특수교육, 2.7%), 기초학력미달자, 학교 중도탈락자 순으로 나타났다. 이러한 결과는 우리나라 학교관계자들의 경우 대부분은 저소득층 자녀를 가장 우선적인 교육복지 대상자로 인식하고 있음을 시사하고 있다.

다음으로 우리나라 학교관계자들이 교육복지 대상을 인식함에 있어 직위에 따라 차이가 있는지를 살펴보았다. 〈표 9-8〉에서 보듯이, '저소득층 자녀'(F=13.691, α= .001), '기초학력미달자'(F=3.747, α= .05), '학교 부적응자'(F=55.175,

표 9-8	교육복지 대상에 대한 직위별 인식 차이					
	내 용	사례수	평 균	표준편차	F값	Scheffe Test
저소득층 자녀 (빈곤 청소년)	교장, 교감(a)	600	4.73	.49	13.691***	c>a, b d>a, b, c
	부장교사, 교사(b)	615	4.69	.58		
	교육복지사(c)	787	4.84	.38		
	교육행정가(d)	52	4.88	.32		
	합 계	2,054	4.76	.48		
기초 학력 미달자	교장, 교감(a)	600	4.15	.79	3.747*	d>c
	부장교사, 교사(b)	615	4.07	.78		
	교육복지사(c)	787	4.14	.77		
	교육행정가(d)	52	4.40	.60		
	합 계	2,054	4.13	.77		
학교 부적응자	교장, 교감(a)	600	4.15	.83	55.175***	c>a, b
	부장교사, 교사(b)	615	4.29	.79		
	교육복지사(c)	787	4.63	.55		
	교육행정가(d)	52	4.40	.69		
	합 계	2,054	4.38	.75		
학교 중도탈락자	교장, 교감(a)	600	3.92	.91	69.569***	b>a c>a, b d>a
	부장교사, 교사(b)	615	4.12	.87		
	교육복지사 (c)	787	4.52	.64		
	교육행정가(d)	52	4.35	.79		
	합 계	2,054	4.22	.84		
탈북 학생	교장, 교감(a)	600	4.31	.69	2.208	
	부장교사, 교사(b)	615	4.36	.70		
	지전가, 프로젝트조정가(c)	787	4.30	.69		
	교육행정전문가(d)	52	4.50	.61		
	합 계	2,054	4.33	.69		
다문화 가정 학생	교장, 교감(a)	600	4.29	.70	3.488*	
	부장교사, 교사(b)	615	4.28	.71		
	교육복지사(c)	787	4.21	.74		
	교육행정가(d)	52	4.48	.64		
	합 계	2,054	4.26	.72		

장애학생 (특수교육)	교장, 교감(a)	600	4.26	.79	17.909***	a>c b>c d>c
	부장교사, 교사(b)	615	4.31	.77		
	교육복지사(c)	787	4.03	.86		
	교육행정가(d)	52	4.40	.72		
	합 계	2,054	4.19	.82		
비행 청소년	교장, 교감(a)	600	3.88	.93	69.240***	b>a c>a, b d>a
	부장교사, 교사(b)	615	4.06	.89		
	교육복지사(c)	787	4.48	.61		
	교육행정가(d)	52	4.23	.78		
	합 계	2,054	4.17	.85		
농산어촌 학생	교장, 교감(a)	600	3.94	.79	5.816**	c>a
	부장교사,교사(b)	615	4.02	.80		
	교육복지사(c)	787	4.10	.76		
	교육행정가(d)	52	4.15	.78		
	합 계	2,054	4.03	.78		

α = .001), '학교 중도탈락자'(F=69.569, α= .001), '다문화 가정 학생'(F=3.488, α= .05), '장애학생'(F=17.909, α= .001), '비행청소년'(F=69.240, α= .001), '농산어촌 학생'(F=5.816, α= .01)의 경우, 직위별 집단 간에 통계적으로 유의한 인식 차이가 있었다. 보다 구체적으로, 각 직위별 집단 간에 사후비교 검증(Scheffe Test) 결과를 살펴보면, '저소득층 자녀'에 대한 교육복지 대상에 대한 인식의 경우 교육복지사 집단이 교장·교감 및 부장교사·교사 집단보다 더 높게 인식하고 있는 것으로 나타났으며, 교육행정가들도 여타 교원 집단들에 비해서 더 높게 인식하고 있었다. '학교 부적응자'를 대상으로 했을 때에도, 교육복지사 집단이 교원 집단보다 더 높게 인식하는 것으로 나타났다. '학교 중도탈락자'와 '비행청소년'의 경우는 여러 집단별로 다양한 차이가 있었는데, 부장교사·교사 집단이 교장·교감 집단보다, 교육복지사 집단이 교장·교감 및 부장교사·교사 집단보다, 교육행정가 집단이 교장·교감 집단보다 교육복지 대상에 대한 인식에 있어 더 높은 수준을 나타냈다. 아울러, '기초학력미달자'를 교육

복지 대상으로 인식하는 데 있어, 교육행정가 집단이 교육복지사 집단보다 더 높게 인식하는 것으로 나타났다. 그리고 '장애학생'의 경우 교육복지사 집단보다 교장·교감, 부장교사·교사, 교육행정전문가 집단이 이들을 교육복지 대상자로 인식하는 경향이 강한 것으로 나타났다. 농산어촌 학생'의 경우에는 교육복지사 집단이 교장·교감 집단보다 이들을 교육복지 대상자로 인식하고 있는 것으로 나타났다.

이러한 인식 차이 결과를 종합해보면 교육복지사 집단은 여타 교원 집단과 비교하여 대부분 교육복지 대상을 인식하는 정도에 있어 차이가 있음을 알 수있다. 단지 '장애학생'의 경우에만, 교육복지사 집단의 인식이 다른 교원 집단보다 낮게 나타났으며, 또한 특이하게 '기초학력미달자'의 경우에는 교육청의 교육행정가 집단이 교육복지사 집단보다 이들은 교육복지 대상자로 인식하는 경향이 강함을 보여 주었다. 하지만 그 외에 제시된 대상들의 경우, '저소득층 자녀, '학교 부적응자', '학교 중도탈락자', '다문화 가정 학생', '비행청소년', '농산어촌 학생'에 대해서는 교육복지사 집단이 다른 교원 집단에 비해 대부분 교육복지 대상으로 인식하는데 있어 더 높은 반응성을 보이는 것으로 나타냈다. 한편, '탈북학생'을 교육복지 대상으로 바라보는 것에 대해서는 집단 간 인식 차이가 없는 것으로 나타났다.

[4. 교육복지 서비스 내용에 대한 인식

교육복지 지원 서비스의 경우, 무엇에 초점을 두어야 하는 가는 교육복지 개념의 핵심요소에 해당한다. 특히, 학교현장 관계자들이 교육복지가 지원하는 다양한 서비스 중 각각을 어떻게 인식하느냐는 그 집행실태에 영향을 미친다. 다음에서는 교육복지가 지원하는 서비스 내용을 교육투입 요소, 교육과정 요소, 교육결과 요소 영역으로 구분하고, 이들 요소에 대한 학교관계자의 인식 정도를 살펴보았다.

〈표 9-9〉는 교육복지 서비스 내용 중 교육복지에 포함되어야 할 필요성에 대한 우리나라 학교관계자들의 인식 수준 조사 결과이다. 학교관계자들은 교육결과 요소에 해당하는 '정서적 측면의 만족도 관리'(평균=4.49, 표준편차=.630)를 교육복지에 필요한 요소로 인식하는데 가장 높은 동의 수준을 나타내었다. 이 외에 교육과정 요소에서 '교사/복지사의 질관리'(평균=4.31, 표준편차=.729), 교육결과 요소에서 '신체적 측면의 건강관리'(평균=4.24, 표준편차=.699), 교육투입 요소에서 '학교급식/무상급식 지원'(평균=4.12, 표준편차=.909), 그리고 교육과정 요소에서 '교수-학습의 질관리'(평균=4.08, 표준편차=.764)와 교육결과 요소에서 '인지적 측면의 학업성취도 관리'(평균=4.08, 표준편차=.735) 등의 순서로 그 필요성을 인식하고 있었다. 특히, 이 중에서 교육

번 호	내 용	사례수(N)	평 균	표준편차
1	(교육결과 요소) 정서적 측면의 만족도 관리	2,403	4.49	.63
2	(교육과정 요소) 교사/교육복지사 질관리	2,404	4.31	.73
3	(교육결과 요소) 신체적 측면의 건강관리	2,401	4.24	.70
4	(교육투입 요소) 학교급식/무상급식 지원	2,401	4.12	.91
5	(교육과정 요소) 교수–학습의 질관리	2,401	4.08	.76
6	(교육결과 요소) 인지적 측면의 학업성취도 관리	2,401	4.08	.74
7	(교육과정 요소) 양질의 교육과정 운영	2,397	4.07	.78
8	(교육투입 요소) 학교 및 교육기관의 시설 지원	2,398	4.04	.81
9	(교육투입 요소) 학습교재 지원	2,402	3.87	.81
10	(교육투입 요소) 학습준비물 지원	2,403	3.81	.88

표 9-9   교육복지 서비스 내용 항목별 필요성 인식 수준

투입 요소인 '학교 및 교육기관의 시설 지원', '학습교재 지원', '학습준비물 지원' 등은 교육복지 구성 내용에서 상대적으로 다른 요소들에 비해서 그 필요성 인식 수준이 낮은 것으로 나타났다.

이러한 인식 수준 결과를 보면, 교육행정가를 포함한 학교교육 관계자들은 교육복지 개념을 구성하는 내용 요소 중, 일반적으로 학교현장에서 중요하게 다뤄지고 있는 교육결과 측면에서의 '인지적 측면의 학업성취도 관리' 보다는 '정서적 측면의 만족도 관리'를 보다 교육복지에 필요한 요소로 인식하고 있다는 점을 알 수 있다. 또한, 교육과정이나 교육결과 요소에 비해 교육투입 요소에 대해서는 상대적으로 그 필요성을 덜 인식하고 있는 것으로 나타났다.

〈표 9-10〉에서 살펴본 결과는 교육복지에서 가장 우선적인 지원이 필요하다고 생각하는 항목을 순위로 응답하게 한 결과에서 보다 분명하게 나타난다. 우리나라 학교교육 관계자들은 교육결과 요소에서 정서적 측면의 만족도 관리(27.7%)를 가장 우선적으로 교육복지에 포함할 항목이라고 응답하였다. 그 다음으로 학교급식/무상급식 지원(16%), 교사/복지사의 질관리(12.6%), 학습준

표 9-10 교육복지에 포함될 내용 중 가장 우선적으로 필요한 요소

순 서	내 용	1순위 빈도(%)	
1	(교육결과 요소) 정서적 측면의 만족도 관리	666	27.7
2	(교육투입 요소) 학교급식/무상급식 지원	384	16.0
3	(교육과정 요소) 교사/교육복지사 질관리	304	12.6
4	(교육투입 요소) 학습준비물 지원	278	11.6
5	(교육투입 요소) 학교 및 교육기관의 시설 지원	255	10.6
6	(교육과정 요소) 양질의 교육과정 운영	223	9.3
7	(교육결과 요소) 인지적 측면의 학업성취도 관리	110	4.6
8	(교육투입 요소) 학습교재 지원	75	3.1
9	(교육과정 요소) 교수–학습의 질관리	59	2.5

비물 지원(11.6%)을 각각 가장 우선적으로 지원할 항목으로서 필요하다는 응답을 보여 주었다.

한편, 우리나라 학교교육 관계자들은 직위에 따라 교육복지가 지원할 요소에 대한 필요성 정도의 인식 수준에 차이를 보였다. 우선, 〈표 9-11〉에서 보듯이, 3개 차원으로 분류한 요소, 즉 교육의 투입 요소($F=18.54$, $\alpha=.001$), 교육의 과정 요소($F=26.74$, $\alpha=.001$), 교육의 결과 요소($F=22.69$, $\alpha=.001$) 대한 직위 집단 간에 유의미한 인식 차이를 보였다. 보다 세부적으로 교육복지 투입요소에서 사후 비교 검증 결과를 보면, 교육복지사와 교장·교감 집단 간에 차이

표 9-11 교육의 투입, 과정, 결과 요소에 대한 직위 집단 간 인식 차이

내 용		사례수	평 균	표준편차	F값	Scheffe Test
교육 투입 요소	교장, 교감(a)	600	4.04	.62	18.54***	a>c b>c d>c
	부장교사, 교사(b)	615	4.06	.65		
	교육복지사(c)	787	3.84	.68		
	교육행정가(d)	52	4.12	.69		
	합 계	2,054	3.97	.66		
교육 과정 요소	교장, 교감(a)	600	4.07	.63	26.74***	c>a, b
	부장교사, 교사(b)	615	4.06	.67		
	교육복지사(c)	787	4.32	.55		
	교육행정가(d)	52	4.23	.77		
	합 계	2,054	4.17	.63		
교육 결과 요소	교장, 교감(a)	600	4.17	.61	22.69***	c>a ,b
	부장교사, 교사(b)	615	4.24	.58		
	교육복지사(c)	787	4.41	.50		
	교육행정가(d)	52	4.36	.54		
	합 계	2,054	4.29	.57		

*p<.05, **p<.01, ***p<.001

가 있는 것으로 나타났다. 즉, 교육복지사 집단이 여타 교장·교감 또는 부장교사·교사, 교육행정가 집단에 비해서 교육복지 투입 요소를 다른 요소들에 비해 가장 덜 필요하다고 인식함을 보여 주었다. 교육과정 요소 대상 사후 비교 검증의 결과의 경우, 교육복지사는 교장·교감과 부장교사·교사 집단과 필요성 인식에 차이가 있는 것으로 나타났고, 교장·교감 또는 부장교사·교사 집단에 비해서 보다 높은 필요성 인식을 보여 주었다. 아울러, 교육결과 요소에 대한 사후 비교 검증 결과에서도, 교육복지사는 교장·교감 및 부장교사·교사 집단과의 비교에서 인식의 차이를 보였는데, 교육복지사 집단이 여타 교장·교감 또는 부장교사·교사 집단에 비해서 교육결과 요소를 교육복지에 포함시켜야 할 필요성을 보다 높게 인식하고 있었다.

보다 세부적으로, 교육복지 내용에 포함되는 개별 요소별로 학교관계자 직위에 따라 그 인식의 차이가 나타나는가를 살펴보았다. 〈표 9-12〉는 각 항목에 대한 직위별 인식 차이를 보여주고 있다. 교육투입 요소 중에서는 학습준비물 지원(F=22.981, α= .001), 학습교재 지원(F=13.927, α= .001), 학교 및 교육기관의 시설 지원(F=18.894, α= .001), 학교급식/무상급식 지원(F= 3.051, α= .05) 등 모든 요소에서 통계적으로 각 직위 집단 간에 유의미한 차이가 있었다.

사후 비교 검증 결과, 교육투입 요소의 경우 학습준비물 지원, 학습교재 지원, 학교 및 교육기관의 시설 지원 요소에서 교육복지사 집단이 여타 다른 직위 집단과 각각 인식의 차이가 있다는 점을 보여 주었다. 구체적으로 교육복지사 집단은 교사나 교장·교감, 교육행정가에 비해서 학습준비물 지원, 학습교재 지원, 학교 및 교육기관의 시설 지원요소에서 그 필요성을 낮게 인식하고 있었다. 한편, 학교 급식/무상급식 지원 항목에서는 사후비교 검증 결과, 각 집단 간 필요성 인식에 차이가 없다는 것으로 나타났다.

교육과정 요소의 경우, 양질의 교육과정 운영(F=15.969, α= .001), 교수-학

| 표 9-12 | 교육복지 내용요소 항목에 대한 직위별 인식 차이 |

내 용		사례수	평 균	표준편차	F값	Scheffe Test
학습 준비물 지원	교장, 교감(a)	599	3.95	.82	22.981***	a>c b>c d>c
	부장교사, 교사(b)	615	3.92	.86		
	교육복지사(c)	787	3.62	.87		
	교육행정가(d)	52	4.04	.77		
	합 계	2,053	3.81	.86		
학습교재 지원	교장, 교감(a)	598	3.94	.77	13.927***	a>c b>c d>c
	부장교사, 교사(b)	615	3.98	.80		
	교육복지사(c)	787	3.74	.81		
	교육행정가(d)	52	4.04	.74		
	합 계	2,052	3.88	.80		
학교 및 교육 기관의 시설 지원	교장, 교감(a)	598	4.18	.72	18.894***	a>c b>c
	부장교사, 교사(b)	612	4.13	.77		
	교육복지사(c)	786	3.88	.87		
	교육행정가(d)	52	4.10	.87		
	합 계	2,048	4.05	.81		
학교급식/ 무상급식 지원	교장, 교감(a)	599	4.10	.90	3.051*	
	부장교사, 교사(b)	615	4.22	.87		
	교육복지사(c)	785	4.11	.89		
	교육행정가(d)	52	4.31	.88		
	합 계	2,051	4.15	.89		
양질의 교육과정 운영	교장, 교감(a)	597	4.02	.75	15.969***	c>a c>b
	부장교사, 교사(b)	615	3.98	.81		
	교육복지사(c)	786	4.23	.72		
	교육행정가(d)	52	4.27	.84		
	합 계	2,050	4.09	.77		
교사/ 복지사의 질관리	교장, 교감(a)	599	4.15	.75	57.135***	c>a c>b c>d
	부장교사, 교사(b)	615	4.19	.74		
	교육복지사(c)	787	4.58	.57		
	교육행정가(d)	52	4.23	.83		
	합 계	2,053	4.33	.71		
교수-학습의 질관리	교장, 교감(a)	600	4.05	.74	3.976**	c>b
	부장교사, 교사(b)	615	4.02	.77		

	교육복지사(c)	784	4.15	.75		
	교육행정가(d)	52	4.19	.84		
	합　계	2,051	4.09	.76		
인지적 측면의 학업 성취도 관리	교장, 교감(a)	598	4.02	.74	9.993***	c>a c>b
	부장교사, 교사(b)	615	4.02	.75		
	교육복지사(c)	786	4.19	.70		
	교육행정가(d)	52	4.23	.73		
	합　계	2,051	4.09	.73		
정서적 측면의 만족도 관리	교장, 교감(a)	599	4.38	.67	22.548***	b>a c>a c>b
	부장교사, 교사(b)	614	4.48	.63		
	교육복지사(c)	787	4.64	.53		
	교육행정가(d)	52	4.54	.54		
	합　계	2,052	4.51	.61		
신체적 측면의 건강관리	교장, 교감(a)	600	4.13	.72	18.896***	c>a c>b
	부장교사, 교사(b)	614	4.22	.71		
	교육복지사(c)	785	4.39	.60		
	교육행정가(d)	52	4.31	.64		
	합　계	2,051	4.26	.68		

*p<.05, **p<.01, ***p<.001

습의 질관리(F = 3.976, α = .01) 요소 등 모든 요소에서 직위별 집단 간에 유의한 차이가 있었다. Scheffe 사후 비교 검정을 한 결과, 교육복지사 집단이 다른 직위의 집단들과 유의미한 차이를 보였는데, 양질의 교육과정 운영, 교사/복지사의 질관리, 교수-학습의 질관리 요소들에 대하여 여타 집단보다 필요성을 높게 인식하고 있었다.

　　교육결과 요소에서는 인지적 측면의 학업성취도 관리(F =9.993, α = .001), 정서적 측면의 만족도 관리(F =22.548, α = .001), 신체적 측면의 건강관리(F = 18.896, α = .001)에서 각각 지위 집단 간 유의미한 인식 차이를 보여 주었다. 사후 비교 검정인 Scheffe 분석을 실시한 결과, 인지적 측면의 학업성취도 관리에서 교육복지사 집단이 교장·교감 집단이나, 부장교사·교사 집단에 비해서 그 필요성을 높게 인식하고 있었다. 그리고 정서적 측면의 만족도 관리의 경우, 부장교사·교사 집단이 교장·교감보다, 그리고 교육복지사 집단이 교장·교감이나 부장교사·교사 집단보다 그 필요성을 더 높게 인식하고 있는 것으로 나타났다. 신체적 측면의 건강관리 항목에서는 교육복지사들이 교장·교감이나 부장교사·교사 집단에 비해 더 높은 필요성을 인식하고 있었다.

이러한 분석 결과를 종합해보면, 교육복지 내용에 포함할 필요성 인식에 있어 교육복지사(지역사회교육전문가)들은 교육과정 요소와 교육결과 요소 면에서 여타 교원 집단에 비해, 보다 높은 필요성을 인식하고 있는 것으로 나타났다. 한편, 이와 반대로 교원 집단들은 교육복지사에 비해서, 상대적으로 교육투입 요소를 교육복지에 포함할 요소로서 그 필요성을 인식하는데 있어, 더 높은 인식 수준을 나타냈다. 그리고 교육행정가 집단은 교육투입 요소 중 학습준비물 지원, 학습교재 지원, 교육과정 요소 중 교사·교육복지사 질관리라는 일부 항목을 제외하고는 여타 집단과 대부분 필요성 인식에서 차이를 보이지 않았다.

[5. 교육복지의 인식 제고를 위한 제언

결과적으로 볼 때, 우리나라 학교관계자들은 직위나 소속에 따라 다소 다르게 교육복지를 인식하고 있는 것으로 밝혀졌다. 이러한 점은 향후 교원 양성과정에서 교육복지 관련 교육과정을 개설할 때나, 교육복지 종사자들에게 연수 프로그램들을 제공할 때에 복지와 교육을 함께 융합적으로 제공할 수 있는 프로그램들이 고려되어야 함을 시사한다. 무엇보다, 교원 및 교육복지사 양성과정뿐만 아니라, 교육복지를 수행하는 학교현장에서 교장 및 교사, 교육복지사(지역사회교육전문가)들을 위해 교육복지 이해를 위한 사전 교육이 반드시 제공되어야 한다. 교육복지사의 경우 사회복지 전공에 있어 교직과목의 이수를 통해서 교육학적인 관점을 갖출 필요가 있고, 교육학이나 교과교육을 전공한 교원들은 사회복지 과목의 이수를 통해서 학교 내에서 교육복지의 대상은 물론이고 교육복지 적용의 범위에 이르기까지 새로운 시각을 갖출 필요가 있다. 즉, 교육복지사(지역사회교육전문가) 및 교원 양성 과정에서 교육과 사회복지의 통합적 관점을 견지하면서 시대적으로 학교에서 새로 부과된 역할을 수행하고 조화로운 교육복지 사업운영 방법을 모색하도록 하는 것은 향후 교육복지 사업을 진행하는 데 있어서 매우 큰 도움이 될 수 있다.

제도적으로도 교육복지 종사자 대상 교육복지 전문가 과정을 개설하여 연수를 수행할 필요가 있다. 우선 교장·교감 및 교사들을 대상으로 교육복지적 사고와 교육복지에 대한 이해와 역량을 높일 수 있는 교육복지 전문가 연수 과정 개설이 요구된다. 향후 교육복지 전문가 과정 이수를 통해서 개개인에게 교육복지에 대한 개념이 명확히 수립된다면 복지 사업 참여 인력들 간에 상호 협력이 가능해지며, 정책 사업 수행에 있어 보다 나은 성과를 가져올 수 있을 것임을 확신한다.

특히, 학교의 정규 교육과정과는 별개로 현재의 교육복지 사업은 그 대상이나 목적에 따라 개별적으로 시행되고 있는데, 향후에는 기존 공교육의 형식적 교육과정 내에 교육복지적 요소가 녹아들어가도록 설계하고 운영하도록 하는 노력이 필요하다. 이를 위해서는 우선, 학교교육 관계자가 교육복지의 필요성을 강하게 인지하여야 한다. 이런 과정을 거쳐야만 자연스럽게 교육복지가 일반 수업 속에서 실현될 수 있을 것이다. 무엇보다 이론적으로나 실제적으로 합의된 교육복지 개념을 바탕으로 한 교육복지 담당 교원과 교육복지사가 양성된다면 한국형 교육복지 서비스를 구축하고 제공할 수 있는 밑바탕이 강화될 것이다.

참고문헌

- 김인희(2012). 한국형 교육복지의 범위와 쟁점. 교육복지정책포럼. 우리나라 교육복지 정책 현황과 과제, 19-25
- 박주호·김진숙·장연진·차윤경·김정덕(2013). 교육복지 개념과 이론적 토대 확립을 위한 기초연구. 교육복지정책중점연구소, 기본연구보고서 RR 2013-01.
- 신태섭(2013). 교육복지현황 분석과 향후 중점 추진 정책 제언 연구. 교육복지정책중점연구소. 수탁연구 CR 2013-04.
- 안병영·김인희(2009). 교육복지정책론. 다산출판사.
- 이기범(1996) 복지사회와 교육: 자유, 평등, 공동체를 위한 교육복지. 교육학연구, 34(2), 21-39.
- 이돈희(1999). 교육정의론. 서울: 교육과학사.
- 이용교·임형택(2010). 교육복지론. 서울: 집문당.
- 장덕호(2012). 미래지향적 교육복지 정책의 방향과 과제. 서울: 한국교육개발원.
- 정동욱(2011). 교육복지정책의 쟁점과 추진방향 연구. 한국인적자원연구센터 연구과제 KHR 2011-5.
- 정동욱(2012). 교육복지의 이론적 재구성: 대상에서 내용 중심으로. pp. 27-34. 교육복지정책 포럼 자료집. 한양대학교 한국교육문제연구소.
- 최경노(2007). 교육복지 실현을 위한 학교경영 방향 탐색. 한국교원대학교 대학원 학위논문.
- 함승환·이선경·구하라·김선아·김시정·문종은·박영석·신혜원·안성호·유병규·이삼형·이승희·이은연·주미경·차윤경·황세영(2013). 융복합교육 프로그램 구성을 위한 기초 연구: 현장 사례분석을 통한 구성틀 적용 가능성 탐색. 학습자중심교과교육학회, 13(3), 483-513
- 홍봉선(2004). 우리나라 교육복지의 방향과 과제. 한국사회복지학, 56(1), 253-282.

제10장 Education Welfare

교육 취약계층 학생의 특성 이해*

신태섭** · 이경희***

[1. 교육복지 대상 이해의 중요성

정부에 의해 추진되고 있는 교육복지 정책 사업에는 교육복지우선지원사업, 저소득층 학비 및 급식비 지원 사업, Wee프로젝트, 다문화 및 탈북학생 지원 프로그램 등 다양한 사업들이 있다. 이들 사업의 주요 지원 대상자는 저소득층 학생, 다문화 가정 자녀, 탈북 학생, 농산어촌 학생, 특수교육 대상, 학

* 본 장은 신태섭 · 이경희(2013) 교육복지 대상자로서의 교육소외계층 학생특성분석연구(교육복지정책중점연구소 수탁연구, CR 2013-05)을 요약 · 정리한 것임.
** 신태섭: 한양대학교 교육학과 조교수(shinster@hanyang.ac.kr).
*** 이경희: 미국 미시간주립대학교 사회복지학과 부교수(choiky@msu.edu).

업중단학생 등을 포함하고 있다. 주요 교육복지 정책 사업들의 경우, 특정의 교육적 취약계층 학생만을 대상으로 그 서비스가 제공되는 선별적 복지의 성격을 띠고 있다. 이러한 선별적 대상에 대한 교육복지 서비스 제공은 제한적 자원을 소수의 교육적 취약계층 또는 교육소외[1]계층 학생들에게 배분함을 의미한다.

한편, 현재 교육적 취약계층 또는 교육소외계층의 학생을 분류하는데 있어 개념적 통일성은 없다. 안우환(2007)은 교육소외계층 학생을 정책 대상 집단 차원에서 저소득계층 학생, 교육낙후지역 학생, 초중등학력 미취득자, 외국인 근로자 자녀, 탈북자 자녀, 기초학력미달 학생 및 학교 중퇴자 등으로 규정하고 있다. 교육인적자원부(2004)의 경우 교육소외계층 학생 범주를 장애인 학생, 저소득계층 학생, 농어촌지역 학생, 외국인 근로자 자녀, 저학력 성인, 기초학력미달자, 북한이탈 청소년, 학업중단자, 귀국 학생으로 구분하고 있다.

일반적으로 교육복지 대상자 선정은 교육복지 정책의 주요 쟁점 중 하나이다. 특히, 교육복지를 상대적 개념 또는 절대적 개념으로 인식하느냐에 따라 교육복지의 대상자가 달라진다는 점에서 교육복지 대상자 선정은 매우 어려운 문제라고 할 수 있다(정동욱, 2011). 상대적 개념으로서 교육복지는 선별적 교육복지를 의미하며, 사회·경제·문화적 소외계층 학생을 주 대상으로 한다. 반면, 절대적 개념으로서 교육복지는 보편적 교육복지에 초점을 맞추어 모든 학생들이 대상이 된다. 결과적으로 보면, 교육복지를 바라보는 관점에 따라 교육복지 대상자 선정의 구체적 기준과 지원 대상이 달라진다.

한편, 교육복지 대상자 선정 기준과 그 대상을 실제로 결정함에 있어 거

---

1) 김인희(2012)는 교육소외를 교육기회를 제대로 갖지 못하여 발생하는 성장/삶의 손실이라고 규정하고 있다. 그에 따르면, 교육소외 현상을 해소하려는 노력 또는 교육소외가 해소된 상태가 교육복지 개념이다. 특히, 교육소외를 교육기회 접근제한, 교육 부적응, 교육 불충분 등에 초점을 맞춘 절대적 소외와 교육 불평등, 교육차별, 교육격차 등에 초점을 맞춘 상대적 소외로 구분하고 있다.

시적 차원의 교육복지 관점 이외에, 미시적으로 교육복지 대상에 포함되는 교육적 취약계층 아동이나 교육소외계층 학생은 어떠한 행동 특성을 지니고 있는지를 파악하는 것이 중요하다. 왜냐하면, 이들 학생이 지닌 행동 특성을 인지하여 그 행동 특성으로 인해 야기되는 교육격차 문제를 해소해 나가거나, 적극적으로 그 문제를 교육적 차원에서 예방하는 것이 교육복지 활동이기 때문이다.

이러한 맥락에서 다음에서는 교육복지 대상 학생에 포함되는 교육적 취약계층 학생이 여타 일반 학생과 비교하여 구체적으로 인지적, 정의적, 행동적 측면에서 어떠한 차이점이 있는지를 살펴보았다. 구체적으로 문헌분석 및 실증분석을 통해 그 차이점을 확인하였다. 이러한 차이점에 대한 이해, 즉 교육복지 대상 아동의 행동 특성에 대한 이해는 교육격차를 발생시키는 원인에 대한 심층적인 이해를 위해 반드시 필요한 사항이다.

취약계층 학생의 인지적, 정의적, 행동적 특징에 대한 실증분석은 다양한 학생 특성을 측정한 한국교육종단연구의 3차년도 자료(2014년 현재 한국교육종단연구는 1~5차년도 자료만이 공개되어 있다)를 사용하였다. 분석 대상인 교육적 취약계층 학생 분류는 학생응답지에서 인구통계학적 변인 중 성적우수 장학금 이외의 장학금 수혜 여부, 학교 운영 지원비 면제 여부, 무료급식 지원 여부, 기초 생활 수급비 수혜 여부를 사용하였다. 이들 인구통계학적 변인 중 어느 한 가지라도 해당되는 학생은 취약계층 학생으로 구분하였고, 그렇지 아니한 학생의 경우 일반 학생에 포함하였다. 분석된 자료에 포함된 전체 사례 수는 총 6,130명(남학생 3,186명)이었고, 이중 취약계층 학생 사례 수는 총 784명(남학생 400명)이었으며 일반 학생 사례 수는 총 5,346명(남학생 2,786명)이었다.

[2. 교육 취약계층 학생의 인지적 특성

1) 학업성취도

취약계층 학생들의 인지적 특성 중 가장 부족한 측면이 학업성취도라고 볼 수 있다. 여러 선행연구들을 살펴보면 취약계층 학생의 학업성취도는 일반 학생과 비교하여 상대적으로 낮은 수준임을 알 수 있다(김경식·권민석, 2007; 안우환, 2007; 이은우, 2006; 최상근·박효정·서근원·김성봉, 2004). 일반적으로 소득계층 및 부모의 사회경제적 지위가 학생의 학업성취도에 직접적인 영향을 미치기도 하지만, 다른 여러 경로를 통해 간접적인 영향을 미치기도 한다. 구체적으로 소득계층 및 부모의 사회경제적 지위가 가정 내 언어 상호작용, 문화실조, 부모의 자녀교육에 대한 기대 수준과 지원 정도 같은 가족 내 문화자본이나 가족 내 사회자본에 영향을 주어 그것이 학업 성취에 영향을 미친다고 본다(김경근, 2005). 결과적으로 부모의 소득, 부모의 교육 수준 및 사회적 지위, 가족 내 사회적 자본이 취약계층 학생의 학업성취도에 영향을 미치게 된다

표 10-1 취약계층 학생과 일반 학생의 학업성취도(원점수) 차이

구 분	계 층	사례수	평 균	표준편차	t
국 어	취약계층 학생	736	49.21	21.236	−10.974***
	일반 학생	5,030	58.38	20.627	
영 어	취약계층 학생	739	41.15	23.131	−16.287***
	일반 학생	5,031	56.29	26.558	
수 학	취약계층 학생	766	38.96	22.705	−15.981***
	일반 학생	5,258	53.28	26.178	

***p<.001

(구자경, 2009; 권승, 2008; 김장민·김신열, 2009; 윤현선, 2006).

선행연구 결과와 동일하게 한국교육종단연구 3차년도 자료 분석 결과에서도 취약계층 학생이 일반 학생보다 낮은 학업성취도를 보였다. 구체적으로 취약계층 학생과 일반 학생의 학업성취도 원점수(0~100점)를 비교한 결과, 국어, 영어, 수학의 세 교과 모두에서 취약계층 학생이 일반 학생보다 낮은 학업성취도를 나타냈다(〈표 10-1〉 참조).

2) 학습전략

학습전략은 시연, 정교화, 초인지 및 조직화 전략을 포함하고 있다. 시연은 암기를 할 때 반복하는 방법을 사용하는 것이다. 정교화는 학습한 내용들을 서로 연결시키고, 그것을 실제로 생활에 적용시키는 전략이다. 초인지는 학습을 하면서 자신이 학습하는 내용을 제대로 이해하고 있는지를 생각하고, 학습 내용의 주요 개념들을 정리하는 등의 통제 및 조절전략이며 마지막으로 조직화는 학습할 내용을 이해하고, 주요 내용을 기억하고, 이해하지 못하는 내용을 파악하기 위해 노력하는 등의 활동을 뜻한다.

한국교육종단연구 3차년도 자료는 이들 4가지 학습전략에서 그 수준 측정을 위해 각 문항들을 '전혀 그렇지 않다'부터 '매우 그렇다'까지 4점 척도로 제시하여 학생으로 하여금 응답하게 하였다. 이러한 응답 자료을 바탕으로 취약계층 학생과 일반 학생 간의 학습전략을 비교 분석해 본 결과, 시연을 제외한 모든 학습전략에서 취약계층 학생이 일반 학생 집단 보다 각 학습전략에서 낮은 수준을 보여주었다(〈표 10-2〉 참조).

학습전략에 있어서 시연이 단순반복을 통한 암기라는 가장 기본적인 인지전략이라는 점을 생각해볼 때, 이러한 분석 결과는 취약계층 학생들이 정교화, 조직화와 같은 고급 인지전략과 초인지 사용에 있어 일반 학생들에 비해

표 10-2	취약계층 학생과 일반 학생의 학습전략 차이				
구 분	계 층	사례수	평 균	표준편차	t
시 연	취약계층 학생	770	2.37	0.565	-1.961
	일반 학생	5,262	2.42	0.524	
정교화	취약계층 학생	770	2.48	0.610	-7.323***
	일반 학생	5,262	2.65	0.567	
초인지	취약계층 학생	771	2.49	0.603	-5.209***
	일반 학생	5,263	2.61	0.560	
조직화	취약계층 학생	771	2.54	0.589	-5.771***
	일반 학생	5,262	2.67	0.534	

***p<.001

다소 수준이 낮고 어려움도 겪고 있음을 보여 주고 있다.

3. 교육 취약계층 학생의 정의적 특성

1) 학습동기

학습동기는 학업성취에 높은 영향을 미치는 변수로, 학습동기가 높을수록 학업성취가 높은 것으로 나타난다. 통상 빈곤계층의 아동들은 일반적으로 학업에 대한 흥미가 낮고, 과제수행 속도도 일반계층 아동들에 비해 떨어지는 학습동기 부족 현상을 보인다(하정민, 2008). 특히, 빈곤은 부모양육 태도와 학업동기를 통해 학생의 학교적응에 간접적으로 영향을 주기도 한다(송희원·최성열, 2012). 실증적으로 하정민(2008)은 '국민기초생활보장수급자 수', '가구주 교육수준', '기초자치단체별 일인당 지방세 납부액' 등 사회경제적 여건을 반영하여 3개 지역 그룹, 즉 상위 10% 해당 지역, 45~55% 해당 지역, 그리고 교육복지투자우선지역으로 구분하여 그 지역 내 학교 학생들의 학습동기를 분석하였다. 그 분석 결과에 따르면, 교육복지투자우선지역에 거주하고 있는 학교의 아동과 교사가 인지한 학업동기가 가장 낮은 것으로 나타났고, 상위 10% 해당 지역에서 가장 높은 것으로 나타났다.

일반적으로 학습동기는 경제적 안정성이나 좋은 직업을 갖기 위해서 등의 외적 요인에 의한 '도구적 동기'와, 학습에 대한 흥미, 즐거움 등의 내적인 요인에 바탕을 둔 '내재적 동기'가 있다. 이러한 학습동기에 대해 다음에서는 한국교육종단연구 3차년도 자료를 바탕으로 취약계층 학생과 일반 학생을 비교 분석하였다. 우선, 취약계층 학생이 일반 학생보다 낮은 수준의 도구적 동기를 보이는 것으로 나타났다(〈표 10-3〉 참조).

표 10-3   취약계층 학생과 일반 학생의 도구적 동기 차이

구 분	계 층	사례수	평 균	표준편차	t
도구적 동기	취약계층 학생	772	3.26	0.537	−5.128***
	일반 학생	5,254	3.36	0.521	

***p<.001

다음으로 취약계층 학생과 일반 학생의 내재적 동기를 비교한 결과를 보면, 국어, 영어, 수학교과에서 모두 취약계층 학생이 일반 학생보다 낮은 수준의 내재적 동기를 보여 주었다(〈표 10-4〉 참조).

표 10-4   취약계층 학생과 일반 학생의 내재적 동기 차이

구 분	계 층	사례수	평 균	표준편차	t
내재적 동기 국어	취약계층 학생	773	2.62	0.732	−2.649**
	일반 학생	5,263	2.70	0.705	

내재적 동기 영어	취약계층 학생	773	2.30	0.753	−9.388***
	일반 학생	5,268	2.57	0.713	
내재적 동기 수학	취약계층 학생	772	2.30	0.709	−10.563***
	일반 학생	5,265	2.59	0.709	

**$p<.01$, ***$p<.001$

보다 구체적으로 학습의 동기가 내재적인 것에 있는지, 외재적인 것에 있는지에 대한 수준에 따라 분류한 다섯 단계의 조절동기를 비교한 결과, 네 가지 조절동기에서 취약계층 학생과 일반 학생 간 차이가 있는 것으로 나타났다. 즉, 〈표 10-5〉를 보면, 외적 조절동기, 부과된 조절동기, 확인된 조절동기, 내재적 조절동기 측면에서 취약계층 학생이 일반 학생보다 낮은 수준의 조절동기를 보이는 것으로 나타났다.

표 10-5 취약계층 학생과 일반 학생의 조절동기 차이

구 분	계 층	사례수	평 균	표준편차	t
무동기	취약계층 학생	773	2.08	0.686	1.156
	일반 학생	5,267	2.05	0.670	
외적 조절동기	취약계층 학생	773	1.93	0.581	−2.362*
	일반 학생	5,265	1.98	0.566	
부과된 조절동기	취약계층 학생	773	2.44	0.599	−4.469***
	일반 학생	5,268	2.54	0.566	
확인된 조절동기	취약계층 학생	773	2.60	0.592	−5.073***
	일반 학생	5,268	2.72	0.545	
내재적 조절동기	취약계층 학생	773	2.25	0.583	−5.216***
	일반 학생	5,267	2.37	0.575	

*$p<.05$, **$p<.01$, ***$p<.001$

2) 자기효능감

자기효능감은 자기 자신의 능력에 대한 믿음, 신념 및 판단을 의미한다. 또한 보다 구체적으로 각 교과에 있어서 그 수행을 얼마나 잘 할 수 있을지에 대한 자신의 신념 및 판단을 의미하는 교과에 대한 자기효능감이 있다. 다음에서는 자기효능감과 국영수 교과의 자기효능감에 대해 한국교육종단연구 3차 년도 자료를 바탕으로 취약계층 학생과 일반 학생 집단을 비교 분석하였다. 그 결과, 〈표 10-6〉이 보여 주듯이, 네 가지 측면인 일반적 자기효능감, 국어 자기효능감, 영어 자기효능감, 수학 자기효능감 모두에서 취약계층 학생이 일반 학생보다 낮은 수준의 효능감을 보였다.

표 10-6 취약계층 학생과 일반 학생의 자기효능감 차이

구 분	계 층	사례수	평 균	표준편차	t
자기효능감	취약계층 학생	770	2.43	0.570	-7.987***
	일반 학생	5,260	2.61	0.573	
국어교과 자기효능감	취약계층 학생	771	2.64	0.671	-3.586***
	일반 학생	5,265	2.74	0.612	
영어교과 자기효능감	취약계층 학생	771	2.22	0.694	-9.531***
	일반 학생	5,265	2.48	0.698	
수학교과 자기효능감	취약계층 학생	771	2.26	0.654	-10.392***
	일반 학생	5,265	2.53	0.665	

***p<.001

[4. 교육 취약계층 학생의 행동적 특성

1) 결석, 지각 및 조퇴 행동

취약계층 아동·청소년 종단조사Ⅲ(2012)에 의하면 취약계층 아동 중 1학기 동안 결석을 한 경험이 있는 학생은 16.5%이고, 응답자 중 7.6%는 '별다른 이유 없이 가기 싫어서' 결석을 했다고 답하였다. 그리고 취약계층 학생들의 한 학기 동안 평균 결석 일수는 2.81일로 나타났다. 특히, 지역아동센터를 이용하는 아동이나, 가정 경제 수준이 사각지대에 있는 아동의 결석 경험이 그렇지 않은 아동에 비해 높은 것으로 나타났다.

아울러 한국교육종단연구 3차년도 자료를 바탕으로 취약계층과 일반 학생 학생 집단 간에 결석, 지각, 조퇴 행동에서 차이가 있는지를 살펴보았다. 그 결과 〈표 10-7〉이 보여 주듯이 취약계층 학생이 일반 학생보다 결석, 지각, 조퇴 모두에서 더 높은 빈도를 나타냈다.

표 10-7 취약계층 학생과 일반 학생의 결석, 지각, 조퇴 차이

구 분	계 층	사례수	평 균	표준편차	t
결 석	취약계층 학생	698	1.70	6.307	4.516***
	일반 학생	4,521	0.60	3.164	
지 각	취약계층 학생	687	0.77	3.086	2.606**
	일반 학생	4,474	0.45	2.114	
조 퇴	취약계층 학생	699	0.80	2.440	3.898***
	일반 학생	4,568	0.43	1.218	

**p<.01, ***p<.001

2) 노력과 끈기 및 학습자원 관리 행동

보다 구체적으로 취약계층 학생과 일반 학생 간의 행동적 특성의 차이를 살펴보기 위해, 한국교육종단연구 3차년도 자료에 포함되어 있는 '노력과 끈기' 정도와 '학습자원 관리' 정도를 분석하였다. 즉, 학습을 하는 데 스스로 끈기를 가지고 노력하고 포기하지 않는지를 판단하는 '노력과 끈기' 정도와 학습을 위해 주어진 환경 및 자원을 효율적이고 계획적으로 사용하는지에 대해 '학습자원 관리' 정도에 있어 취약계층 학생과 일반 학생 간에 차이를 살펴보았다.

〈표 10-8〉은 취약계층 학생과 일반 학생 간의 노력과 끈기를 비교한 결과이다. 이에 따르면 취약계층 학생이 일반 학생보다 낮은 수준의 노력과 끈기를 보여주고 있음을 알 수 있다.

아울러, 시간관리, 공간관리, 부모의 도움 이용, 친구의 도움 이용, 자원활용이라는 학습자원 측면에서 취약계층 학생과 일반 학생 집단 간에 차이를 살펴보았다. 그 결과는 〈표 10-9〉와 같다. 시간관리, 공간관리, 부모의 도움 이용, 친구의 도움 이용, 자원활용 모두에서 취약계층 학생이 일반 학생보다 낮은 수준의 응답 수준을 보이는 것으로 나타났다.

표 10-8 취약계층 학생과 일반 학생의 노력과 끈기 차이

구 분	계 층	사례수	평 균	표준편차	t
노력과 끈기	취약계층 학생	771	2.63	0.617	−5.008***
	일반 학생	5,261	2.75	0.566	

***p<.001

표 10-9	취약계층 학생과 일반 학생의 학습자원 관리 행동 차이					
구 분	계 층	사례수	평 균	표준편차	t	
시간관리	취약계층 학생	772	2.33	0.514	−6.087***	
	일반 학생	5,267	2.45	0.507		
공간관리	취약계층 학생	771	2.61	0.635	−6.918***	
	일반 학생	5,266	2.78	0.590		
도움부모	취약계층 학생	771	2.39	0.670	−6.367***	
	일반 학생	5,266	2.56	0.655		
도움친구	취약계층 학생	772	2.80	0.597	−6.229***	
	일반학생	5,265	2.94	0.531		
자원활용	취약계층 학생	771	2.44	0.607	−2.911**	
	일반학생	5,261	2.51	0.610		

*p<.05, **p<.01, ***p<.001

참고문헌

■ 교육인적자원부(2004). 교육인적자원부 내부 보고 자료.
■ 구자경(2009). 중·고등학생의 가정환경과 학교생활이 학업성취에 미치는 영향. 청소년보호지도연구, 15, 71-88.
■ 권 승(2008). 소득, 포부 및 학업성취도의 관계에 관한 연구: 매개변수 검증을 중심으로. 사회과학연구, 24(2), 23-42.
■ 김경근(2005). 한국사회 교육격차의 실태 및 결정요인. 교육사회학연구, 15(3), 1-27.
■ 김경식·권민석(2007). 교육소외 계층 실태 분석 및 지원모형 탐색. 교육학논총, 28(1), 27-47.
■ 김인희(2012). 한국형 교육복지의 범위와 쟁점. 교육복지정책포럼. 우리나라 교육복지 정책 현황과 과제, 19-25.
■ 김장민·김신열(2010). 지역사회 취약성, 지역사회자본 및 가족사회자본이 청소년의 학업성취에 영향을 미치는 과정. 사회과학연구, 26(3), 153-174.
■ 송희원·최성열(2012). 빈곤 여부, 지각된 부모양육태도, 학업동기, 심리적 안녕감과 청소년의 학교적응 간의 구조적 관계. 교육심리연구, 26(3), 651-672.
■ 신태섭·이경희(2013) 교육복지 대상자로서의 교육소외계층 학생 특성 분석 연구. 교육복지정책중점연구소. 수탁연구 CR 2013-05.
■ 안우환(2007). 교육소외 계층의 교육격차 극복을 위한 교육복지 정책의 발전방안 모색. 교육학논총, 28(1), 67-84.
■ 윤현선(2006). 사회경제적 배경이 청소년의 학업성취에 영향을 미치는 과정 사회적 자본이론과 가족매개모델의 비교 검증. 청소년학연구, 13(3), 107-135.
■ 이은우(2006). 중학생 가정의 소득 및 사교육이 성적에 미치는 영향. 청소년학연구,

13(6), 247-273.

■ 정동욱(2011). 교육복지정책의 쟁점과 추진방향 연구. 한국인적자원연구센터. 연구과제 KHR 2011-5.

■ 최상근·박효정·서근원·김성봉(2004). 교육소외 계층의 교육실태와 정책과제. 한국교육개발원. 현안연구 OR 2004-3.

■ 하정민(2008). 빈곤아동의 학습동기에 영향을 미치는 요인에 관한 연구 – 지역아동센터 요인을 중심으로 – . 상황과 복지, 25, 99-141.

제11장 Education Welfare

교육복지 전달체계의 효율성 제고*

[1.   교육복지 전달체계의 개념

　　사회복지 및 교육복지 서비스는 통상 미리 설정된 대상자에게 선정 기준
하에 교육복지 관련 사업을 통하여 서비스를 전달하는 방식을 취하고 있는 것
이 일반적이다. 그렇지만, 학문적으로 사회복지나 교육복지 서비스의 전달체
계에 대한 정의는 학자마다 조금씩 차이가 있다. 이현주(2007)의 경우, 복지전

---

* 본 장은 박주호 외(2013) 교육복지 전달체계의 효율성 제고방안: 중복, 편중, 사각지대 개
　선을 중심으로(교육복지정책중점연구소, 수탁연구 CR 2013-02 보고서)를 요약·수정한
　것임.

달체계란 정부 간 관계, 일선 사무소의 조직구성체제, 인력 그리고 제공자 간 연계 등 다양한 측면을 포괄하는 개념으로 설명하고 있다. 이봉주(2004)는 복지 서비스 전달체계는 미리 계획된 서비스를 전달하기 위하여 사용되는 경로와 행하여지는 모든 제반 행위들까지 모두 포함하는 광의적인 개념으로 규정하고 있다. 그는 보다 구체적으로 전달체계를 세 가지의 차원, 즉, 첫째, 대상층을 위한 전체 서비스의 구도를 구성하는 전달체계의 상층부, 둘째, 상층부에서 구성된 총체적인 서비스 구도 하에 특정 조직과 구조를 통하여 서비스가 개별 사업 주체 등으로 전달되는 전달체계의 중간부분, 셋째, 현장에서 사업 수행 인력과 대상자의 직접적인 상호관계 속에서 서비스가 최종 전달되는 하층부로 구분하고 있다.

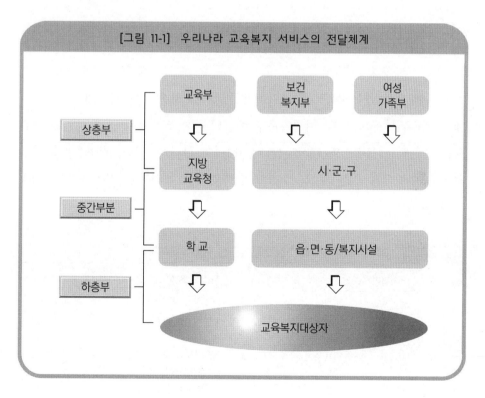

[그림 11-1] 우리나라 교육복지 서비스의 전달체계

이봉주(2004)가 제시한 전달체계 개념에 따라 현재 전개되고 있는 우리나라 교육복지 서비스의 전달체계를 정리하면 〈그림 11-1〉과 같다. 우선, 교육복지 사업의 전체적인 구조와 전반적인 내용이 구성되는 교육복지 전달체계의 상층부에 해당하는 중앙정부 부처 수준에서 시·도청 수준의 기관까지 전달체계가 있다. 다음으로 시·도청 수준의 교육청과 지역 시군청의 특정 조직과 기관을 통해 서비스가 실천현장의 개별 수행 주체(학교나 읍면동사무소 복지단체)까지 연결되는 중간부분의 전달체계가 있다. 그리고 실제 교육복지 서비스 수행 주체로부터 복지 서비스 수혜 대상에게 직접 전달되는 하층부 단계가 있다.

[2. 주요 교육복지 사업의 전달체계

현행 우리나라 교육복지 전달체계를 살펴보려면, 전달체계의 상층부 단계인 교육부, 보건복지부, 여성가족부 주관의 주요 교육복지 관련 사업을 중심으로 제공되는 서비스와 대상자를 탐색하여야 한다. 이러한 맥락에서 소관부처별로 수행되고 있는 주요 11개 사업들의 전달체계를 살펴본 결과는 〈표 11-1〉과 같다.

표 11-1 교육부·보건복지부·여성가족부 주관 주요 교육복지 사업

주 관	사업명	사업 내용 및 목적
교육부	교육복지우선 지원사업	학교를 중심으로 지역사회와 연계된 학습, 문화체험, 심리 정서, 보건 등 통합적 지원 체제를 구축하여 교육취약 아동·청소년을 위한 교육적 성장을 도모하고 교육격차를 해소
	방과후학교 사업	교육과정 외 수요자의 요구와 선택에 따라 수익자 부담 또는 재정 지원으로 이루어지는 교육 및 보호 프로그램으로, 다양한 교육 서비스 수요를 흡수하고 계층 간 교육격차를 해소하며 사교육비를 경감

	초등돌봄교실	학부모의 보육부담을 경감하고, 초등학교 저학년을 대상으로 안전하고 편안한 공간과 식사(간식, 석식)제공, 다양한 교육 프로그램을 지원
	Wee프로젝트	학교, 교육청, 지역사회가 연계하여, 부적응 학생 예방, 진단, 상담, 치유 등 학생들의 건강하고 즐거운 학교생활을 지원
	다문화 학생 교육지원	급증하는 다문화 가정 학생의 조기 적응·교육적 성취를 위한 개인별 맞춤형 교육을 지원하고, 다문화 친화적 환경 조성
	탈북청소년 교육지원	탈북청소년 입국자의 특성과 필요를 고려한 단계별 맞춤형 교육지원을 통해 학교와 사회적응능력을 제고, 성장과 자립 지원, 탈북청소년 친화적 인프라 구축
	전원학교사업	취약계층 비율이 높은 농어촌 면 소재 학교에 지역·학교·학생의 특성을 고려한 맞춤형 교육복지를 강화하고 교육·문화·복지 프로그램을 종합적으로 지원함으로써 돌봄기능 및 교육복지 지원 강화
보건 복지부	드림스타트	모든 아동이 공평한 양육여건과 출발기회를 보장받음으로써 빈곤의 대물림을 차단하고, 건강한 사회구성원으로서 성장할 수 있도록 하는 능동적 복지 사업. 아동 발달에 필요한 필수 서비스 제공
	지역아동센터	지역사회 아동의 보호·교육, 건전한 놀이와 오락의 제공, 보호자와 지역사회의 연계 등 아동의 건전 육성을 위하여 종합적인 복지 서비스 제공
여성 가족부	CYS-Net	위기 청소년들의 심리적, 경제적, 학업적, 대인관계적 어려움들을 해결할 수 있도록 지원하는 지역사회 네트워크. 위기청소년에게 적합한 맞춤형 서비스를 원스톱으로 지원
	청소년 방과후 아카데미	저소득·맞벌이·한부모 등 취약계층 가정의 방과후 홀로 시간을 보내는 청소년들에 대한 학습능력 배양·체험·활동·급식·건강관리·상담 등 종합 학습 지원 및 복지·보호를 통해 건전한 성장 지원

○ 교육복지우선지원사업

대상자		• 사업학교 전체 학생
서비스		• 학습능력 증진: 일대일 학습, 방과후학교 프로그램, 방학 중 캠프, 대학생 멘토링 등 • 문화체험 활동 증진: 예술제, 축제, 캠프, 동아리, 자원봉사활동, 박물관 및 미술관 견학 등 • 심리 정서 발달 지원: 학생상담 심리 검사, 심리 치료, 학교 부적응 예방 프로그램 등 • 복지 프로그램 활성화: 학교-가정-지역사회와 연계한 학생 통합 보호·지원체계 구축
전달 체계	전달 조직	• 주무부처 및 관청: 교육부, 시·도교육청 • 사업 수행기관: 단위학교(초·중·고교) 　– 대상학교 선정: 시·도교육청에서 관내 학교 상황(저소득층을 비롯한 다문화가 정 학생, 북한이탈주민 학생, 학업부진학생 등 다양한 수준의 교육적 취약성을

		지니거나 교육적 성취에 있어 상대적으로 불리한 상황에 있는 교육취약 아동·청소년 수와 비율 등)을 고려하여 자체적으로 기준을 마련하고, 이를 통해 교육취약 아동 청소년 밀집 학교를 선정

	수행 인력	• 지역사회전문가(사회복지사), 민간전문인력
		  – 계약직으로 학교장이 채용
		• 교육청단위 프로젝트 조정자
		  – 공무원 7급에 해당하는 보수 제공

○ 방과후학교 사업

	대상자	• 대상: 학생 전체(초·중·고)
		• 선정기준: 사업학교 전체 학생
		  – 수요자의 선택에 의한 자율적 참여를 원칙
		  – 저소득층 자녀 대상 자유수강권제도 운영

	서비스	• 보육, 특기·적성, 수준별 보충학습, 자기주도학습 및 창의적 교육 프로그램 운영 • 저소득층이나 차상위계층을 대상으로 수강료 지원 • 지역주민을 대상으로 한 프로그램 운영 • 지자체, 대학 등 지역의 인적·물적 자원 활용 • 방과후학교지원센터 운영

전달 체계	전달 조직	• 주무부처 및 관청: 교육부, 시·도교육청
		• 사업수행기관: 단위학교(초·중교)
		  – 전국 초중학교(사립초 제외)
		  – 학교운영위원회의 심의(자문)를 거쳐 학교장 중심 자율운영
		  – 학교의 여건상 민간 위탁을 할 경우, 비영리기관(단체)에는 프로그램의 전부 또는 일부를, 영리업체에는 개별 프로그램 단위로 학교운영위원회의 심의(자문)을 거쳐 위탁 가능

	수행 인력	• 단위 학교에서 자격을 인정한 현직 교원, 외부강사, 자원봉사자 등 • 방과후학교 코디네이터

○ 초등돌봄교실

	대상자	• 대상: 저학년 초등학생 – 초등학교 저학년 중 저소득층 및 맞벌이부부 자녀 우선
	서비스	• 돌봄교실 운영 • 방과후학교 프로그램 참여 유도 • 안전사고 예방 및 안전귀가 교육
	전달	• 주무부처 및 시행관청: 교육부, 시·도교육청, 지방자치단체

전달 체계	조직	• 사업수행기관: 초등학교 　– 공모, 심사 및 선정, 운영지원의 절차를 거침
	수행 인력	• 돌봄전담강사(학교운영위원회의 심의(자문)를 거쳐 보육교사(1, 2급) 또는 유치원, 초·중등교사 자격소지자) 　– 농산어촌과 같이 강사 확보가 어려운 경우, 사회복지사, 평생교사 등 학생지도관련 　자격증 소지자 및 교육관련 기관 종사자 채용 가능

○ Wee프로젝트

	대상자	• 대상: 위기학생 　– 가족적 위기, 교육적 위기, 개인적 위기에 중복 노출된 학생 　– Wee 클래스 대상: 학습부진, 따돌림, 대인관계 미숙, 학교폭력, 미디어 중독, 비행 　등으로 인한 학교부적응 학생 및 징계대상자 　– Wee 센터 대상: 단위학교에서 선도 및 치유가 어려워 학교에서 의뢰한 위기 학생 　및 상담 희망 학생 　– Wee 스쿨 대상: 심각한 위기 상황으로 장기적인 치유, 교육이 필요한 학생, 학교나 　Wee 센터에서 의뢰한 학생 또는 학업 중단자
	서비스	• 부적응 학생 예방 등을 위해 필요한 계획을 수립하고 시행 • 학부모 및 교사에 대한 상담, 자문, 교육지원 • 지역사회 자원 및 유관기관과의 연계·협력 활성화 • 그 밖의 학생 진단, 상담, 치유 등을 위한 필요한 사항 지원 • 상기 서비스를 위해 다음의 시설을 운영 　– 단위 학교 내 학교상담실 운영 　– 교육지원청 단위로 학생상담지원센터 운영
전달 체계	전달 조직	• 주무부처 및 시행관청: 교육부, 시·도교육청, 　– 사업지원: KEDI, Wee프로젝트 총괄팀(선정, 운영, 관리 총괄) • 사업수행기관 　– Wee 스쿨: 시·도교육청 　– Wee 센터: 교육지원청 　– Wee 클래스: 단위학교
	수행 인력	• 전문상담사: 교육감 등이 일정한 자격을 갖춘 사람 중에서 근무계약을 맺은 사람 　– 교육학, 상담학, 심리학, 청소년학, 사회복지학 등 관련학과 전공자(학사 이상), 　전문상담교사(2급 이상), 청소년상담사, 임상심리사, 사회복지사 등 관련 자격증 　소지자, 그 밖에 교육감이 자격이 있다고 인정하는 자

○ 다문화학생 교육지원

대상자	• 대상: 다문화가정 학생 – 다문화가정 생성배경에 따라, 국제결혼가정자녀와 외국인가정자녀로 구분 – 국제결혼가정 자녀는 출생지에 따라 국내출생자녀, 중도입국자녀로 구분	
서비스	• 학교 밖 다문화학생의 공교육 진입 시스템 구축 – 한국어 교육과정 도입 및 기초학력 책임지도 – 이중언어 교육 강화 – 진로/진학 지도 • 다문화 친화적 교육체제 구축을 위한 글로벌선도학교 육성 – 일반학생, 학부모, 교사에 대한 상호이해교육 강화	
전달 체계	전달 조직	• 주무부처 및 시행관청: 교육부, 시·도교육청 • 사업수행기관: 글로벌 선도학교로 지정된 학교(초·중·고교)
	수행 인력	• 다문화 코디네이터 – 지역 내 평생교육기관과 협력하여 학교 밖 다문화학생을 적극적으로 발굴하고 학교 입학을 지원하는 등의 역할 담당 • 멘토 – 교사, 퇴직교원, 이중언어강사, 대학생 등이 다문화가정 학생의 학습 및 생활지도

○ 탈북학생 교육지원

대상자	• 대상: 탈북학생 – 학령기 북한이탈 아동·청소년	
서비스	• 초기 적응교육 지원 및 내실화 • 체계적·통합적 맞춤형 교육 • 성장·자립 지원 강화 • 탈북청소년 친화적 교육기반(infra) 구축	
전달 체계	전달 조직	• 주무부처 및 시행관청: 교육부, 시·도교육청 – 사업지원: KEDI 탈북청소년지원센터 • 사업수행기관: – 시·도교육청: 자체사업 수행, 탈북청소년교육지원센터 운영 지원, 맞춤형 교육지원 사업(특교 지원사업) 추진, 특별교부금 집행결과 보고 – 특수학교: 하나원 하나둘 학교, 한겨레 중·고등학교 – 일반학교: 탈북학생 재학 학교
	수행 인력	• 전담 코디네이터 – 탈북학생 (20명 이상)밀집지역에 배치 – 탈북학생의 생활지도, 학습지원, 학부모 상담, 복지 지원 등

		– 교육, 사회복지, 상담, 청소년 등 관련분야 경력 및 자격증 소지자가 코디네이터로 활동 • 멘토교사 – 멘토링, 상담, 부진 교과 보충교육, 맞춤형 학습 지원

○ 전원학교 사업

<table>
<tr>
<td colspan="2">대상자</td>
<td>• 대상: 농산어촌 거주학생
• 선정기준: 사업학교 재학생</td>
</tr>
<tr>
<td colspan="2">서비스</td>
<td>• 연중돌봄학교 운영
  – 학기중, 주말, 방학 특성에 맞춰 운영되는 교육·문화 프로그램, 핵심과제 중심
    (학력증진, 특기·적성계발, 맞춤형 돌봄) 운영
• 특색있는 교육과정, 다양한 방과후 교육, 도농 교류 프로그램
• 지역주민의 교육문화 공간, 주민참여 프로그램, 지역개발사업 연계
• 학교운영자율성 강화
• 자연과 첨단 e-learning 교실
  – 자연친화적 시설환경, 첨단 e-learning 교실 운영</td>
</tr>
<tr>
<td rowspan="4">전달
체계</td>
<td rowspan="3">전달
조직</td>
<td>• 주무부처 및 시행관청: 교육부, 시·도 교육청
• 사업수행기관: 사업학교로 선정된 농어촌 면소재 초·중학교</td>
</tr>
<tr>
<td>
<table>
<tr><td>공모형</td><td>09년에 선정되어 11년까지 운영된 전원학교와 연중돌봄학교를 대상으로 시·도교육청에서 심의 거쳐 추천</td></tr>
<tr><td>지정형</td><td>매년 3월 기준으로 2개 이상의 소규모 학교가 통폐합한 경우, 시·도교육청에서 요건을 확인 후 추천하여 지정</td></tr>
</table>
</td>
</tr>
<tr>
<td>수행
인력</td>
<td>• 교장 공모제, 교사 공모제, 교사 초빙제를 통한 우수 인력
  – 인턴교사 등 보조인력
  – 프로그램 기획 지원 인력</td>
</tr>
</table>

○ 드림스타트 사업

대상자	• 성장 및 복지여건이 취약한 가정의 만 12세(초등학생) 이하 아동 및 그 가족, 임산부
	  – 국민기초수급 및 차상위계층 가정, 결손가정, 성폭력피해아동, 한부모가정, 다문화가정, 조손가정 등에 대한 우선지원
	  – 센터별 300명 내외

서비스	• 가정방문을 통한 사례관리: 아동발달에 필요한 필수서비스 제공 • 맞춤형 통합서비스: 아동의 개별적 욕구와 상황에 맞춰 선택적 서비스 제공(보건·복지·보육(교육) 등 포함)

		• 아동복지자원의 연계·조정 역할을 수행하는 공공전달체계 구축

전달
체계
	전달
	조직
		• 주무부처 및 시행관청: 보건복지부, 지방자치단체
		• 사업수행기관: (시군구 직영)드림스타트센터
		  – 시군구 내 취약계층 아동 밀집지역(대상아동 300명 이상) 중심
		  – 사업실시 연수가 오래된 시군구('10년 이전 사업시작) 등은 전체 읍면동을 사업대상으로
		    하고 지원대상을 단계적으로 확대

	수행
	인력
		• 사회복지, 간호·보건, 행정 분야 각 1인씩 최소 3인의 전담공무원
		• 건강, 보육, 복지 영역별 아동통합서비스전문요원
		  – 사례관리 대상 아동수 300명 기준으로 추가 아동 80명까지 1명 채용(최대 3명까지
		    추가채용 가능)
		• 지역사회복지사(아동복지교사)
		  – 지역아동센터 이용 아동에 대한 사례관리 업무 등을 담당
		  – 시군구별 1명씩 드림스타트에 배치

○ 지역아동센터

대상자		• 취약계층 아동
		  – 국민기초생활보장 수급권자 가정 아동
		  – 차상위계층, 조손, 다문화, 장애, 한부모 아동
		  – 기타 지역사회에서 보호와 지원이 필요하다고 판단하는 아동

서비스		• 보호 프로그램: 빈곤·방임 아동보호, 일상생활지도, 급식제공, 위생지도 등 • 교육 프로그램: 학교생활준비, 숙제지도, 예체능교육, 안전교육, 기초학습 부진아동 특별지도, 독서지도 등 • 문화 프로그램: 문화체험, 견학, 캠프, 공동체활동, 놀이활동지원, 특기적성 등 • 복지 프로그램: 사례관리, 상담·정서적 지원, 부모교육, 가정방문 등 • 지역사회연계 프로그램: 지역 내 인적·물적자원 연계, 결연후원, 지역복지활동 등

전달
체계
	전달
	조직
		• 주무부처 및 시행관청: 보건복지부, 지자체
		• 사업수행기관: 지역아동센터
		  – 시설을 설치하고자 하는 자는 "아동복지시설설치신고서"와 관련 서류를 구비하여
		    관할 시군구청장에게 신고하며, 관할 시군구청장은 설치 신고를 받고 심사를 거쳐
		    신고수리 후 아동복지시설 신고증을 교부

	수행
	인력
		• 생활복지사: 사회복지사 3급 이상, 유치원·초·중등교사 자격, 보육교사 1급,
		  아동복지지도원 자격 중 최소 1개 이상 소지자
		• 아동복지교사
		  – 전담형: 교사 1인 1개 기관, 주 5일(1일 5~6시간)
		  – 프로그램형: 교사 1인 이상을 기관 연계, 주 1~5일 범위(1일 5~6시간)

O CYS-Net (위기청소년 지역사회안전망)

대상자		• 위기청소년 – 가출, 인터넷 중독 및 학업중단 등의 위기청소년
서비스		• 지역사회 청소년통합지원체계를 통합 전문상담 확대 – 상담 및 정서적 지원, 정서적 지지, 사회적 보호, 교육 및 학업 지원, 진로 및 취업 지원, 의료 및 건강 지원, 여가 및 문화 활동 지원, 법률자문 및 권리구제
전달 체계	전달 조직	• 주무부처 및 시행관청: 여성가족부, 지방자치단체 • 사업수행기관: 지역사회청소년통합지원체계(CYS-Net) 및 청소년상담지원센터 (195개소)
	수행 인력	• CYS-Net 상담원(청소년 상담사) – 상담관련 석사학위 취득자, 상담관련 학사학위 취득자로서 상담 실무경력 6개월 이상, 4년제 대학 졸업 후 상담 및 활동지도관련 실무경력 1년 이상, 2년제 대학 관련분야 졸업 후 실무경력 3년 이상, 청소년 상담사, 청소년지도사, 사회복지사로서 실무경력 1년 이상 요건 중 1개 이상 충족된 자

O 청소년 방과후 아카데미

대상자		• 청소년(만 10세~14세) – 맞벌이·한부모·부모의 실직·파산·신용불량 등 경제적 어려움 등으로 방과후 홀로 지내는 청소년 – 부모와 청소년의 자발적인 신청을 통한 선발
서비스		• 전문체험 활동 – 문화예술, 스포츠, 과학탐구, 직업개발, 리더십개발, 봉사활동 등 – 강습형태가 아닌 체험활동 위주 • 학습지원 활동(기본공통 과정), 자율체험 활동, 생활지원(급식, 귀가, 상담, 심리검사, 건강관리 등)
전달 체계	전달 조직	• 주무부처 및 시행관청: 여성가족부, 지방자치단체 • 사업수행기관: 청소년수련관, 청소년문화의집, 공공청소년공부방, 청소년단체시설 등
	수행 인력	• 청소년 지도사 2급 이상 소지자 또는 청소년 육성 및 방과후 지도 3년 이상 경력을 가진 PM(운영책임자) • 청소년 지도사 3급 이상 소지자 또는 청소년 육성 및 방과후 지도 1년 이상 경력을 지닌 SM(실무책임자)

일반적으로 교육복지의 양적 팽창은 보다 다양한 대상에게 교육복지 서비스를 제공할 수 있다는 측면에서 긍정적으로 평가되고 있다. 한편, 현재 양적으로 증가된 교육복지 서비스가 교육복지 대상에게 효과성 있고, 효율성 높게 제공되고 있는지에 대해서는 의문의 여지가 있다. 교육복지 서비스의 효과성과 효율성 문제는 교육복지 관련 사업의 양적 증가와 지원이 함께 늘어나는 만큼 그 운영실태 점검에 대한 요구를 높이고, 현행 교육복지 서비스 전달체계에 대한 논의를 불러일으킨다.

현행 교육복지 전달체계는 교육복지가 필요한 대상자가 서비스 수혜에 있어서 누락되거나 충분한 서비스를 받지 못하는 사각지대를 발생시키고 양적 팽창이 복지체감도의 향상으로 이어지지 못한 한계도 노출하고 있다. 이러한 한계를 파생시킨 원인 중 하나는 다수의 교육복지 사업이 그 대상을 가구의 소득 수준을 기준으로 선정하여 다양한 대상자를 포괄하지 못하고 있다는 점이다. 즉, 교육복지 대상을 법정 저소득층 위주로 편중되게 선정해온 데서 비롯된 한계이다.

특히, 교육복지 사업 간 유사 서비스가 많아 교육복지 서비스 이용자의 다양한 욕구를 포괄하지 못하거나, 서비스가 있다 하더라도 욕구를 충족할 만큼 질이 높지 않은 경향도 있다. 또한, 대도시에 비해 농산어촌은 지역적인 특성으로 인해 전문 인력을 충분히 확보하기 힘들거나, 기관의 수가 한정되어 있는 등 접근성이 열악해서 서비스가 충분히 제공되는 못한 점도 있다. 지방자치단체의 재정 지원에 의존하는 교육복지 사업들의 경우, 지역의 사정에 따라 예산 확보가 영향을 받게 되어 사업의 안정성을 보장하기 어려운 한계도 있다.

2012년부터 교육복지는 물론 전반적인 복지 관련 사업의 사각지대를 해소하여 지역주민의 복지체감도를 향상시키기 위한 노력으로 공적 복지 전달체계 개선이 이루어지고 있다. 특히, 각 지역단위로 주민의 다양한 욕구를 다룰 수 있는 다양한 사회복지 서비스를 통합적으로 지원하기 위해 각 지자체별로 희망복지지원단이 구성되어 운영되고 있다. 그럼에도 불구하고 여전히 교육복지 전달체계에 문제가 있다는 지적이 다수 있다(이태수 외, 2004; 김정원 외, 2007; 김인희, 2010; 김경애, 2011; 장덕호 외, 2012).

교육복지 전달체계 문제로서 교육복지 사업 간 중복과 편중은 교육복지 대상의 포괄성, 욕구에 부합하는 서비스의 다양성, 한정된 자원과 관련된 서비스 양의 충분성 등으로 인해 교육복지서비스가 필요한 대상자들이 누락되는 사각지대의 문제로 연결될 수 있어 간과할 수 없는 문제이다. 구체적으로 교육복지 사업에서의 중복과 편중은 여러 맥락에서 문제시될 수 있다(김경혜·선화숙·최현재·이묘림·이민홍·강희설, 2006; 지은구, 2012). 우선, 활용될 수 있는 자원이 한정되어 있다는 사실과 관련하여, 욕구를 충족하는데 요구되는 양보다 많은 양의 서비스를 제공하는 것은 자원의 낭비를 발생시켜 사업의 효율성을 떨어뜨리고 사업 대상의 의존성을 높일 수 있다. 뿐만 아니라, 향후 사업을 위한 예산 확보를 위해 평가 기준이 되는 대상자 수를 늘리려는 과도한 경쟁을 유발하여 사업의 본래 목적보다 실적이 중시되는 결과도 초래한다. 주관 부처와 명칭만 다른 사업들이 동일 대상에 대한 유사한 서비스를 제공함으로써 사업의 정체성이 모호해지고, 비슷해 보이는 교육복지 관련 사업들 중 어떤 것을 선택해야 하는지에 대해 교육복지 대상이 불필요한 혼란을 경험할 수 있다. 특히, 교육복지 사업이 다수 시행되고 있다 할지라도, 유사 서비스만 존재한다면 정작 교육복지 대상의 다양한 욕구를 해소시켜 줄 서비스는 부재하거나 부족할 수 있다. 동일한 대상 집단에 편향적으로 서비스가 제공되는 것은 교육복지 서비스가 필요한 다른 범주의 대상자들을 소외시키는 문제를 야기한다.

국내에서 교육복지 서비스 및 관련 사업을 집행하는 핵심 조직은 학교라고 할 수 있으나, 지역사회의 유관 사회 서비스 기관들을 통해서도 교육복지 서비스가 제공되고 있다. 하지만, 교육부, 보건복지부, 여성가족부 등으로 중앙부처 차원에서 관리체계가 나누어진 교육복지 전달체계에는 해당 서비스 간 연계와 협력이 부족한 문제가 있다. 이같은 연계 및 협력 부재 문제는 지방교육청과 지역자치 단체 사이에서도 동일하게 존재한다. 즉, 수평적 소통은 물론 전달체계의 상층부와 하층부에 속한 조직 간에도 수직적 소통이 부족한 상태를 야기한다. 또한, 학교와 지역시설 등 실천 현장에서도 조직 간, 인력 간 소통이 잘 이루어지지 않아 통합적으로 교육복지 업무를 조정·연계하는 체제도 미흡하다.

현행 우리나라 교육복지 전달체계는 교육복지 서비스를 생산하는 중앙정부·자치단체에 따라 각각의 사업 목적, 대상 기준, 평가 방법 등을 지닌 다수의 사업들이 학교와 지역에 개별적으로 배정되고 있다. 무엇보다 교육복지 집행 현장에서 이들 사업들이 제공하는 서비스를 유기적으로 연결하는 기반도 마련되지 않아 사업의 효과성과 효율성을 기대하기 힘든 구조이다. 이러한 현행 교육복지 전달체계 문제는 교육복지 사업에서 발생하는 중복 및 편중과도 관계가 있다. 예를 들어 교육복지우선지원사업은 교육복지서비스의 통합 연계, 네트워킹과 협치, 생활세계 중심 등의 접근법을 강조하였으나, 실제로 학교와 지역사회 기관 간의 역할분담이 합리적으로 이루어지지 않아 운영 프로그램의 중복을 초래하였다고 지적되고 있다(김정원, 2007). 또한, 교육복지우선지원사업과 드림스타트 사업 간에는 제공되는 서비스가 매우 유사하고, 유사 서비스를 같은 대상자가 수혜하는 등 이로 인해 자원 및 행정력의 낭비가 발생하는 경우도 있다(홍성대, 2011).

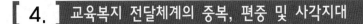

[4.] 교육복지 전달체계의 중복, 편중 및 사각지대

보다 발전된 교육복지 전달체계 구축을 위해서는 현행 교육복지 사업들의 중복과 편중 현상에 주목하여 전반적인 교육복지 전달체계 쟁점 검토가 필요하다. 이러한 맥락에서 우선, 주요 교육복지 사업의 구성체제와 내용을 비교·검토하여 중복 및 편중 정도와 사각지대 발생 사례를 탐색해 보았다. 다음으로 교육복지 실천현장 담당자들을 대상으로 한 인식조사 결과를 통해 교육복지 전달체계에서 발생하는 문제점으로 지적된 서비스 중복과 편중 및 사각지대 문제를 확인해 보았다.

1) 사업 구성체제 면에서 중복과 편중

현행 우리나라 주요 교육복지 사업은 목적과 내용 상 사업 간의 구분이 뚜렷하지 않다. 사업의 구성체제 상 중복과 편중을 보다 명확히 파악하기 위해서는 개별 사업의 서비스 및 대상 각각을 비교·검토할 필요가 있다. 교육복지 사업의 구성체제와 내용의 비교·검토를 통한 중복 및 편중 정도 분석에는 앞에서 제시한 〈표 11-1〉 교육부·보건복지부·여성가족부 주관 전체 11개 사업을 대상으로 하였다.

구체적인 분석 결과로서 〈표 11-2〉는 교육부에 의해 주관된 7개 사업, 보건복지부에 의해 주관된 2개 사업, 여성가족부에 의한 2개 사업들에 의해 제공되고 있는 서비스 유형을 제시하고 있다. 분석 결과 이들 사업들에 의해 제공되고 있는 주요 서비스가 교육지원과 정서지원 영역에 편중되어 있음을 알 수 있다. 구체적으로 '학습지원'의 경우 총 11개 사업 중 10개 사업, '학교적응지원'은 8개

표 11-2　정부 부처 주관 교육복지 관련 사업별 제공 서비스

서비스		주관 부처별 사업										
		교육부							보건복지부		여성가족부	
		교육복지우선지원사업	방과후학교사업	초등돌봄교실	Wee프로젝트	다문화학생교육지원	탈북청소년교육지원	전원학교사업	드림스타트	지역아동센터	CYS-Net	청소년방과후아카데미
교육지원	학습지원	●	●	●		●	●	●	○	●	●	●
	일상생활지도					●	●		○	●		●
	특기/적성개발		●	●				●	○	●		●
	진로/진학지도					●	●		○	○		●
	부모교육/지원	●			●	●	●		●	●		●
정서지원	심리상담	●			●			●	●	●	●	
	학교적응지원	●			●	●	●	●	○	○		●
	멘토링					●			○	○		
보건	의료지원	●							●	○	●	●
생활지원	현금/현물								○	○		
	급식								○	●		●
문화	문화/여가체험활동	●				●	●		●	●	●	●
안전	돌봄/보호		●	●				●	○	●		
네트워킹	통합적사례관리								●	●		
	지역사회연계	●	●		●			●	●	●	●	●
기타	가정방문								●	●		
	법률자문/권리구제								○	○	●	

* 해당 사업 홈페이지, 사업 매뉴얼, 주관 부처의 보도자료 등에 의해 제시된 주요 제공 교육복지 서비스는 '●' 표시.
* 통합사례관리를 지원하는 사업에서 주요 서비스로 밝힌 것 이외에 대상자의 욕구에 따라 실제적으로 해당 서비스를 포함할 수 있는 경우에 'O' 표시.

사업, '심리상담'은 7개 사업, '지역사회연계' 및 '부모교육·지원'은 각각 8개 사업이 중복으로 제공되고 있다는 것을 확인할 수 있다.

아울러, 중앙부처별로 시행되고 있는 교육복지 사업들로부터 지원받고 있는 대상별 분석 결과는 〈표 11-3〉과 같다. 우선 연령별 지원 대상을 살펴보면, 총 11개 교육복지 관련 사업 중 1개 사업을 제외한 10개 사업 모두 초등학교 연령에 서비스를 제공하고 있다. 즉, 초등학교 연령에 상당히 편중되어 있음을

표 11-3 정부 부처 주관 교육복지 관련 사업별 지원 대상

대 상		교육부							보건복지부		여성가족부	
		교육복지우선지원사업	방과후학교사업	초등돌봄교실	Wee프로젝트	다문화학생교육지원	탈북청소년교육지원	전원학교사업	드림스타트	지역아동센터	CYS-Net	청소년방과후아카데미
연령	만 7~9세	●	●	●	●	●	●	●	●	●	●	
	만 9~12세	●	●		●	●	●	●	●	●	●	●
	만 13~15세	●	●		●	●	●			●	●	●
	만 15~18세	●			●					●	●	
	모든 학생		●					●				
교육취약계층	저소득층	●	○	●	○	○	○	○	●	●	○	●
	농산어촌청소년	○	○	○	○	○	○	●	○	○	○	○
	다문화 자녀	●	○	○	○	●		○	○	○	○	○
	탈북청소년	●	○	○	○		●	○	○	○	○	○
	그 외	●	○	○	○	○	○	○	●	●	●	●
맞벌이 가정 자녀		○	○	●	○	○	○	○	○	○	○	●
위기학생		○	○	○	●	○	○	○	○	○	●	○
부모/가족		●	○		●	●	●		●	●		●

* 교육복지 관련 사업별로 초점 대상을 '●'로, 초점 대상의 조건을 충족할 해당 서비스를 받을 가능성이 있는 다른 범주에 속한 잠재적 대상은 'O'로 표시한 것이다.
* '모든 학생'은 교육복지 사업 실시 학교의 재학생 전체이다.
* 교육취약계층은 김정원(2007)이 제시한 분류를 따랐고, '그 외'는 한부모 및 조손 가정, 장애학생 등을 포함하였다.
* '위기학생'은 학교폭력, 성폭력 가·피해자 등을 포함한다.

알 수 있다. 이와 비교하여, 중학교 연령은 9개 사업, 고등학교 연령은 6개 사업이 서비스를 제공하고 있다. 그 외 대상 범주는 상호배타적이지 않고, 실제 취약계층에 속한 대상이 동시에 2개 이상의 범주와 관계된 복잡한 상황에 처할 수 있음을 고려할 때, 한 명의 대상이 다수 사업의 잠재적 대상자로 중복될 가능성이 있다.

위에서 살펴본 서비스 내용 및 지원 대상에서 발생하는 중복과 편중 이외에도 서비스 운영 시간의 중복과 편중도 고려될 필요가 있다. 개별 사업에 따라 어느 정도의 재량이 인정되고 있음에도 불구하고, 방과후 학교 사업, 드림스타트, 청소년 방과후 아카데미 등을 포함한 다수의 교육복지 관련 사업들이 방과후 시간부터 이른 저녁시간 사이에 교육복지 서비스를 집중적으로 제공하고 있다. 이 때문에 교육복지에 대한 욕구가 다양하여 개별 사업의 서비스를 이용할 필요가 있는 경우, 이러한 서비스 시간의 중복과 편중 현상으로 인해 원하는 서비스 이용을 선택적으로 포기해야 하는 문제가 발생할 수 있다.

2) 사업 구성체제 면에서 야기된 사각지대

앞에서 살펴본 교육복지 사업의 구성체제 분석을 토대로 발생할 수 있는 여러 가지 사각지대를 확인할 수 있다. 우선, 대상자 선정 기준으로 인한 사각지대가 있다. 유사한 취약 상황에 처해 있는 아동·청소년들 사이에 필요한 교육복지 서비스를 받는 경우와 그렇지 못한 경우가 동시에 발생하는 경우가 있다. 이는 크게 두 가지 이유에서 기인한다. 첫째, 현행 교육복지 관련 사업 다수가 서비스 제공을 위한 대상자를 선정하기 위한 1차적인 기준이 경제적 수준에 편중되고 있기 때문에, 개인이 해결하기 어려운 교육복지 욕구나 문제에 직면했음에도 불구하고 가구의 소득이 일정 수준을 초과하는 경우, 경제적 수준을 대상자 선정 기준으로 적용하는 교육복지 관련 사업의 대상자가 되지 못하여 필요한 서비스를 받을 수 없는 경우가 있을 수 있다. 즉, 교육복지 서비스가 필요하나 기초생활수급자보다 높은 가구소득으로 인해 대상자에서 제외되는 경우가 발생한다. 그 예로, 저학년 초등학생 중 저소득층에 속하거나 맞벌이 부부의 자녀를 우선하는 초등돌봄교실은 부모가 맞벌이를 하지 않고 재산세가 저소득층 기준을 넘어 우선 대상자 기준을 충족하지 못하지만 가족 내 주요 돌봄 제공자의 갑작스런 사고나 사망, 질병으로 인한 입원 등으로 아동의 정상적인 돌봄이 불가능한 경우, 동 사업의 서비스가 필요함에도 불구하고 대상자에서 제외될 가능성이 있다는 점이다.

둘째, 일부 교육복지 관련 사업의 경우, 대상자가 수행기관 선정 여부에 달려 있는 경우가 있어, 이 경우 수행기관으로 선정되지 못하면, 기준에 해당되지만 교육복지 서비스를 받지 못하는 경우가 발생한다. 특히, 해당 교육복지 사업을 수행하는 기관이 학교이고, 학교를 수행기관으로 선정하는 경우에 더욱 그러한 사례가 많이 발생한다. 예를 들어, 2013년까지 교육복지우선지원사업은 사업을 시행하고자 하는 학교의 신청을 받아 해당 학교에 재학 중인 저소득층 학생 수를 기준으로 사업 학교를 선정하였고, 해당 사업 학교는 재학생 중 저소득층을 포함한 교육취약계층에 속하는 학생을 우선적으로 지원하였다. 이러한 경우 유사한 교육취약 상황에 처해있을 지라도 사업 학교의 학생이 아닌 경우 동 사업을 통해 필요한 서비스를 받는 것은 불가능한 교육복지 사각지대가 발생할 수밖에 없다.

필요한 서비스의 부족 및 부재로 인한 사각지대가 발생하기도 한다. 교육복지 규모가 확대되고, 다수의 관련 사업이 시행되고 있으나 정작 교육복지 대상자가 시급하게 필요로 하는 교육복지 서비스를 받지 못하는 경우가 존재할 수 있다는 점이다. 이는 일부 서비스에만 편중된 교육복지 사업이 진행되고 있는 현상과도 무관하지 않다. 특히 교육복지 사업에 활용할 수 있는 자원과 예산이 한정되어 있다는 측면에서 보면, 개별 교육복지 관련 사업에 존재하는 유사 서비스들은 결국 교육복지 서비스의 다양성을 제약하는 원인으로 작용할 수 있다. 즉, 교육복지에 대한 욕구와 문제가 다양해지고 있음에도 불구하고, 대상자가 정작 가장 필요로 하는 서비스는 제공되지 않을 수 있다. 한 예로, 저소득층에 속하지 않는 한부모 가정에서 주요 돌봄 제공자이자 가사를 담당한 할머니가 건강악화로 장기간 입원치료가 필요하여 초등학생인 손자를 돌볼 수 없게 될 경우, 돌봄서비스와 함께 필요한 일상생활 지원을 제공하는 교육복지 사업은 찾아보기 어렵다.

또한, 교육복지 관련 사업에 할당된 자원 부족 및 지역 내 인프라 부족으로 인한 사각지대가 발생한다. 사업에 할당된 예산, 수행 인력 등을 포함한 자원이 부족할 경우, 대상자 선정 기준을 충족함에도 불구하고 필요로 하는 서비스를 제공받지 못하고 소외될 수 있다. 예를 들어, 재원의 100%가 지차제로부터 충당되는 탈북학생 교육지원과 초등돌봄교실의 경우, 지자체의 정책이나 재정 상황이 사업의 예산 규모를 좌우하며 서비스의 다양성과 규모 등에 영향을 미친다. 결국, 한정된 예산 안에서 사업을 시행하기 위해 특정 서비스에 선택적으로 자원을 집중함으로써, 대상자가 원하는 다른 서비스의 공급이 줄어들거나 부재할 수 있다. 또 다른 예로, 지역 내 드림스타트 센터를 설립하여 운영되고 있는 드림스타트 사업을 살펴볼 수 있다. 동 사업은 센터별 정원을 300명 내외로 한정하고 추가 아동 80명당 아동통합서비스전문요원 1명을 채용하되, 최대 3명까지 추가채용이 가능하도록 하고 있다. 그러나 만약 추가 아동을 위한 지역 내의 가용 전문 인력이 부족한 경우, 대상자가 충분하고 적절한 수준의 서비스를 제공받지 못할 수 있다. 특히, 전문가 1인당 아동 80명이라는 기준은 세심한 관찰, 관계 형성이 필요한 아동에게 적정 수준의 서비스를 제공하기 어렵게 만든다. 즉, 필요한 상담, 프로그램 개발, 사례관리에 치중할 수 없고 피상적이고 형식적인 서비스 전달만이 이루어지게 된다. 이는 실적 중심 서비스 전달의 원인이 될 수 있다.

기타 물리적 접근성의 제약으로 인한 교육복지의 사각지대가 발생한다. 교육복지 서비스를 제공하는 기관이 거주지에서 멀리 떨어져 있거나 지역 내에 존재하지 않아 물리적 접근성이 떨어질 경우, 사각지대가 발생할 수 있다. 아무리 질 좋고 다양한 서비스가 존재할 지라도, 접근성이 떨어질 경우 해당 서비스를 시급하게 필요로 하는 대상자가 이용하기 어렵기 때문에 사각지대가 발생한다. 예를 들어 농산어촌 지역의 경우, 특성상 사업 기관과 대상자가 거주하는 곳과의 거리가 멀거나, 수행 기관까지 왕래하기 위한 교통수단이 매우 불편하거나 마땅치 않을 경우, 결국 해당 서비스가 필요하지만 이용하지 못하는 문제로 이어질 수 있다.

결과적으로, 교육복지 관련 사업에서 중복과 편중, 그리고 사각지대가 존재하는 한, 사업의 효율성은 손상되며 대상자의 교육복지 욕구 충족 및 관련 문제 해결이라는 사업의 목표와 직접적으로 관계된 효과성도 저해할 가능성이 높다. 앞에서 살펴보았듯이 주요 교육복지 사업의 구성체제를 토대로 중복과 편중이 있고, 상이한 주관 부처와 관계 없이 동일한 집단을 대상으로 유사 서비스가 편중 및 중복으로 제공되고 있어, 서비스 운영시간 역시 방과후 시간부터 저녁시간에 집중되어 있다. 구체적으로 다문화 가정 자녀 또는 탈북청소년과 같이 대상에서 뚜렷하게 구별되는 사업을 제외하고, 정부 부처에 의해 발주되어 시행되고 있는 개별 교육복지 사업 간의 차이점을 찾기가 쉽지 않아서 중복과 편중 문제가 발생하고, 이는 다시 교육복지에 있어 사각지대를 야기한다. 또한, 활용할 수 있는 예산과 자원이 한정되어 있다는 것을 고려할 때, 동일한 대상에게 유사한 특정 서비스가 과잉으로 공급되는 상황이나, 지원 대상자 기준의 포괄성 부족, 필요한 서비스 부재 또는 서비스의 다양성 부족, 서비스의 질적·양적 충분성 보장의 어려움, 그 외 물리적 접근이 열악한 경우나 학부모의 인식이나 협조 등이 부족한 경우에도 현행 교육복지 관련 사업의 사각지대가 발생할 수 있다.

3) 중복과 편중, 사각지대에 대한 관계자 실증 조사

위에서 제시한 것처럼, 교육복지 사업의 구성체제 검토를 통해 각 사업에서 제공되는 서비스의 중복 및 편중 정도를 확인하는 것과 달리, 동일한 대상자에게 서비스가 집중되는 경우는 그 대상이 처한 상황과 사례가 다양한 만큼 실제 현장을 함께 검토할 필요가 있다. 이를 위해 동일한 대상이 개별 교육복지 관련 사업으로부터 유사한 서비스를 동시에 이용할 때 발생하는 중복수혜를 중심으로 중복과 편중의 정도와 사각지대 여부를 교육복지 수행 인력들의 인식 조사를 통해 확인해 보았다. 교육복지 사업의 중복과 편중 및 사각지대 정도에 대한 인식 조사는 전국의 지역교육청과 초·중·고교에 근무하는 교육복지 관련 사업의 정책 기획 및 집행에 참여한 전체 2,054명을 대상으로 실시하였다. 조사 대상의 인구학적 정보는 〈표 11-4〉와 같다.

조사에 참여한 전체 응답자 중 62.6%가 우리나라 교육복지 사업에 중복과 편중이 존재하다고 답하였다. 한편, 응답자들은 현 교육복지 관련 사업에서

표 11-4 　교육복지 사업 중복과 편중 및 사각지대 인식 조사 참여자

변 수	구 분	명(%)	전체 명(%)
성 별	남	692(33.7)	2,054(100)
	여	1,362(66.3)	
직 위	교장·교감	600(29.2)	2,054(100)
	일반 교사	615(29.9)	
	지역사회교육전문가* 프로젝트조정자**	787(38.3)	
	교육행정전문직	52(2.5)	

* 학생들의 욕구를 파악하여 이를 해결하기 위해 다양한 활동과 프로그램, 및 상담을 진행하고, 가정-학교-지역의 자원을 연계. 교장과의 계약을 통해 학교에서 활동하며, 지전가라는 줄임말로 흔히 지칭한다.
** 지역교육청의 교육복지우선지원사업 전담팀에 소속되어 교육취약 아동·청소년에 대한 총체적 지원을 위해 교육, 복지, 문화 등 다차원적 영역의 기관과 인력 간의 연계협력을 도모하고, 대상 학교 사업을 위한 지원과 업무 조정 등 관련 실무를 담당하고 있다(김정원 외, 2008a).

중복과 편중이 발생하게 된 가장 주요한 원인으로 '교육복지 관련 사업을 시행하는 법·행정체계 또는 부처의 분산'을 꼽았다. 그 다음으로 '교육복지 관련 사업 수행 기관들 간의 소통 및 협력 부족', '교육복지 관련 사업대상자 관리를 위한 행정체계 미비', '교육복지 개념 정립 미비로 인한 유사 사업 중복 시행', '교육복지 관련 사업 실적을 높이기 위한 기관/인력들 간의 과다 경쟁'이 각각 교육복지 관련 사업에서 중복과 편중이 발생하게 된 원인인 것으로 나타났다.

교육복지 사각지대 여부에 대한 조사의 경우, 전체 응답자 중 현 교육복지 관련 사업에서 사각지대를 경험한 경우는 73.4%로 나타났고, 그렇지 않은 경우는 26.6%를 보였다. 아울러, 사각지대와 관련하여 '교육복지 관련 사업 내에 적절한 서비스가 없어 이용할 수 없는 경우'를 가장 많이 경험하였다고 응답하고 있다. 아울러 교육복지 사업에서 사각지대가 발생하는 원인에 대한 조사에서는 '지역 내 해당 교육복지 관련 사업을 수행하는 기관이 부재'인 경우와, '지역 내 해당 사업이 존재하지만 정보/안내 부족', '사업대상자 선정 기준이 불합리함', '지역 내 해당 사업을 수행할 예산이 부족함'의 차례로 응답하였다.

5. 교육복지 전달체계 효율화를 위한 제언

현재 교육복지는 다문화 가정, 탈북 청소년, 한부모 가장, 맞벌이 가정 등 다양한 집단을 포괄할 수 있는 방향으로 나아가고 있지만 아직까지도 경제 수준을 대상자 선정의 중요한 기준으로 적용하고 있다. 때문에 다수의 교육복지 관련 사업을 통한 서비스가 저소득층 가정의 자녀에게 집중되는 경향이 있으며, 교육복지 서비스가 필요함에도 불구하고 이러한 기준을 충족하지 못한 아동·청소년은 소외되는 경우가 있다. 특히, 경제 수준을 기준으로 대상자를 선정하는 것은 서비스가 전달되는 과정에서 낙인의 문제를 파생시키고, 학교에서 교육복지 서비스를 받는 것을 부끄러워하거나 거부하는 경우도 야기한다. 앞으로는 교육복지의 대상이 저소득층만이 아닌 교육복지 서비스가 필요한 모든 학생임을 분명히 하고, 경제적 수준만이 아닌 다각적인 차원에서 대상자의 상황을 분석하여 필요한 서비스를 제공하려는 노력이 필요하다. 또한, 학교에 다니고 있는 아동·청소년과 비교하여 교육복지 서비스에 대한 접근은 물론 대상자 발굴도 어려워 소외되기 쉬운 학교 밖 아동·청소년들 역시 고려하여 교육복지 대상자 선정 기준을 마련해야 한다. 이를 위해, 지역사회 기관이 중심이 되어 이들에 대한 체계적 접근과 서비스 제공을 보장하는 방식을 고려할 수 있다. 궁극적으로, 교육복지 대상자의 선정 기준은 본인이 원하는 경우 누구나 자발적인 신청을 통해 교육복지 서비스를 받을 수 있는 형태로 나아가야 한다.

다음으로 현행 교육복지 전달체계를 사례관리 중심으로 개편되어야 할 것이다. 현재 대부분의 교육복지 관련 사업들은 특정 대상 집단을 목표로, 단위 학교나 지역사회 기관을 통해 미리 계획된 서비스를 제공하고 있다. 이러한 형태의 전달체계는 교육복지 서비스가 필요한 모든 대상자를 포괄할 수 없고, 서비스를 받는 대상자의 경우에도 실제 욕구와 제공되는 서비스가 맞지 않을 수 있다. 이러한 한계를 극복하기 위해서는 기존의 전달체계 형식을 벗어나 대상자를 중심으로 그들의 욕구에 맞춘 통합적인 서비스를 지속적으로 제공할 수 있는 사례관리 시스템의 도입이 필요하다. 사례관리 기반 교육복지 서비스 전달은 대상자가 성장함에 따라 변화하는 교육복지 욕구에 효과적으로 대응하며 평생에 걸친 개인의 교육복지를 실현할 수 있는 생애주기적 교육복지로 나아가는 기반이 된다.

사례관리 체제로의 교육복지 전달체계 전환과 더불어 지속적인 서비스 제공을 보장하기 위해서는 교육복지 관련 기관들이 교육복지 대상자의 정보를 공유할 수 있는 통합관리 시스템인 교육복지 서비스 정보시스템(가칭) 마련을 통해 서비스를 제공할 필요가 있다. 현행 전달체계 속에서는 대상자가 거주지를 옮길 경우, 새로운 지역의 교육복지 관련 기관들이 대상자의 정보를 알기 어려운 경우가 많다. 이는 서비스 제공의 단절을 초래하고, 특정 서비스를 이미 이용하고 있는 대상자에게 유사한 서비스가 중복 및 편중되는 경우를 발생하게 한다. 결과적으로 교육복지 대상자의 비밀보장이라는 윤리적인 문제를 고려하는 한에서, 교육복지 관련 사업을 수행하는 기관들이 대상자의 정보를 공유할 수 있는 통합관리 시스템을 구축할 필요가 있다. 특히, 현재 초등학교 연령에 다수의 교육복지 관련 사업이 집중되어 있으므로, 향후 교육복지 서비스가 학령전 아동은 물론, 중·고생까지 포괄하여 연속적으로 제공될 수 있도록 하는 노력이 필요하다는 점에서도 개별 아동의 개인 프로파일 생성을 통해 해당 아동이 교육사다리를 올라가는 동안 지속적으로 교육복지 서비스 및 프로그램 이용과 관련된 서비스를 받을 수 있는 통합관리 시스템으로서 교육복지 정보시스템의 구축 및 활용이 요구된다.

끝으로 교육복지 서비스 필요계층의 수적 규모와 관계없이 필요한 교육복지 서비스는 유사할 수 있으므로 아동·청소년이 가장 많이 모이는 학교 중심의 서비스를 강화할 필요가 있다. 한편, 실제 학교를 통해 제공되는 교육복지 사업은 의무가 아닌 신청을 통한 선정으로 이루어지는 경우가 많아 교육복지에 대한 교장이나 교사의 관심이나 인식의 영향을 받는다. 따라서 학교장이나 교사가 교육복지에 대한 필요성을 절감하고 이를 위해 적극적인 태도를 가지도록 교육복지에 대한 인식 제고 노력이 요망된다. 특히, 아동·청소년의 교육복지 실현은 사회복지사나 지역사회교육전문가(가칭 교육복지사)만이 전담하는 분야가 아니기 때문에, 교육복지가 필요한 대상자가 적절한 서비스를 적시에 제공받기 위해서는, 지역사회교육전문가-담임교사-교내 행정직원이 함께 팀을 이루어 협력해야 한다. 구체적으로, 담임교사는 교육복지 서비스가 필요한 학생을 일차적으로 발굴하여 사회복지사나 지역사회교육전문가에게 의뢰하고, 서비스가 제공되어 욕구가 충족되고 문제가 해결되는 과정과 사후 과정을 모니터링하며, 사회복지사나 지역사회교육전문가는 의뢰받은 학생에게 필요한 서비스가 제공될 수 있도록 사례관리를 통한 종합적인 지원을 제공해야 한다. 한편, 교육복지 실천현장에는 프로젝트 조정가, 지역사회교육전문가, 교사, 자원봉사자 등 다양한 인력이 활동하고 있으며, 종종 업무 간에 혼동이 발생하기도 한다. 따라서 학교현장에서의 교육복지 수행 인력 간에 보다 명확한 업무분담이 필요하다.

■ 김경애(2011). 교육복지의 새로운 패러다임 모색: 현장중심의 통합적 교육복지 추진방안. 제6차 미래를 위한 교육복지 토론회 자료집. 한국교육개발원.

■ 김경혜·선화숙·최현재·이묘림·이민홍·강희설(2006). 복지시설간 서비스 중복 실태와 개선방안. 서울: 서울시정개발연구원.

■ 김인희(2010). 교육소외의 격차 해소를 위한 교육복지정책의 과제. 한국사회정책, 17(1), 129-175.

■ 김정원(2007). 교육복지투자우선지역 지원사업 효과 분석. 한국교육개발원.

■ 김정원·최영태·김경애·김민·양병찬(2007). 교육복지투자우선지역 지원사업 운영 모델 개발 연구. 서울: 한국교육개발원.

■ 박주호·김진숙·장연진·김정덕(2013). 교육복지 전달체계의 효율성 제고방안: 중복, 편중, 사각지대 개선을 중심으로. 교육복지정책중점연구소. 연구보고서 CR 2013-02.

■ 이봉주(2004). 사회복지전달체계 개편방안. 정책 & 지식, 104, 2-11.

■ 이태수·정무권·이혜영·박은혜·윤철경·김현숙·윤철수(2004). 교육복지 구현 종합 방안 연구. 교육인적자원부

■ 이현주(2007). 사회복지전달체계 관련 조직 및 인력 개선. 한국보건사회연구원. 정책 현안자료 2007-11.

■ 장덕호·김성기·박경호·손병덕·유기웅·윤철수·이덕란·하봉운(2012). 미래 지향 적 교육복지 정책의 방향과 과제. 한국교육개발원

■ 지은구(2012). 공공사회복지전달체계 개편의 문제점과 개선방안. 사회과학논총, 31(2), 55-86.

■ 홍성대(2011). 복지사각지대 해소 방안으로서의 사례관리 활성화를 위한 법·제도 적 과제. 입법과 정책, 3(2): 127-149.

제12장

학교와 지역사회 간의 연계·협력 강화

[1.] 교육복지 자원으로서 지역사회

교육복지는 그 집행의 시발점이자 종착지는 학교이므로 학교중심으로 교육복지 서비스가 이행되는 것이 일반적 현상이다. 한편, 교육복지가 일반적으로 학교를 중심으로 이행되지만, 구체적으로 교육복지 문제는 단순히 학교 또는 교육당국만의 노력으로 완전히 해결될 수 있는 문제가 아니다. 즉, 교육복지 실현은 학교가 서비스 이행의 중심이 되지만, 교육복지를 위해 요구되는 필요 자원은 가정과 연계하거나 인근 지역사회로부터 최대한 확충하고 활용되어야 한다.

예를 들어 학교는 가정이 파탄나거나 가출한 학생을 대상으로 한 교육복지 서비스 실행을 위해서 인근 지역사회에 소재한 사회복지 단체, 사회복지사, 자선가 등과 연계하여 건전한 가정에 입양을 주선하거나, 결연 사업 등을 통하여 지속적으로, 경제적으로 그리고 정서적으로 이들을 돌보는 활동이 필요하다. 또한, 학생에 대해 충실한 교육복지를 보장하기 위해 학교는 학업, 체육, 예술, 인성 개발 등에 도움이 되도록 지역사회의 체육시설, 의료시설, 문화시설, 교회시설 등을 활용할 필요성도 있다. 결과적으로 학교에서 학생의 교육복지를 실현함에 있어 지역사회와 연계하여 이행될 수밖에 없는 이유는 제한된 학교자원만을 가지고는 학교체제 내에서 발생하는 다양하고 복잡한 교육복지 문제를 해결하는 데는 한계가 있기 때문이다(성민선, 조흥식·오창순·홍금자·김혜래, 2009). 이에 따라 교육복지를 위해서 지역사회 자원을 학교 안으로 끌어들이는 노력이 중요하다. 교육복지 담당자의 고유성과 전문성 발휘에 있어 학교 안으로 지역사회의 자원을 끌어들이는 일이 핵심이다.

궁극적으로 학교는 학생의 교육복지를 위해서뿐만 아니라, 학생들의 다양한 요구에 대응하기 위해 지역사회 기반 지원 서비스를 고려하는 것이 필요하다. 학교는 학생들의 보건치료부터 고용상담에 이르기까지 여러 가지 서비스를 제공하고 있는데, 이는 모두 지역사회 기반 자원을 활용하고 있다. 어떤 서비스는 학교로부터 벗어난 상태에서 학생들에게 제공되지만, 또 다른 서비스는 학교와 지역사회(교회, 클럽, 지역복지기관 등)와 연계 조정된 상태에서 제공된다. 이러한 맥락에서 지역사회는 학교 및 학생들을 위한 인간적·사회적 및 재정적 자본 개발을 지원하는 핵심임을 인식해야 한다.

한편, Allen-Meares(2007)는 교육복지 수요가 높은 빈곤층 지역일수록 학교와 지역사회가 서로 단절되어 있거나 상호 불신 상태에 있어 지역사회가 교육복지 대상 학생을 제대로 돌보지 못하고 있음을 지적하고 있다. 현재 우리나라의 경우도 지역사회와 학교가 연계된 시스템 구축을 기반으로 교육복지 서비스 이행이 중요함에도 불구하고 잘 실현되지 못하고 있다(장덕호·김성기·박경호·손병덕·유기웅·윤철수·이덕란·하봉운, 2012; 정동욱, 2011). 예를 들어 김정원·최영태·박인심·김경애(2006)는 교육복지투자우선지역지원 시범 사업 평가연구에서 학교와 지역사회와 긴밀히 연계된 교육복지가 이루어지지 못하고 있음을 밝히고 있다. 또한, 김정원(2007)는 실제로 학교 등 관련 기관 간 협의체 운영이 전반적으로 활발하지 못하여 교사와 지역사회교육전문가 간에 역할 분담이 불분명하고, 사업성과에 부정적인 효과를 초래하며, 또한 지역 기관 차원에서 볼 때 학교와 지역사회 기관 간 합리적인 역할 분담이 이루어지지 않아 운영 프로그램 중복문제가 발생함을 지적한다. 이러한 지적들을 고려해 볼 때, 성공적인 교육복지 실현을 위해 학교와 지역사회와의 연계 및 협력 관계 형성이 매우 중요함을 알 수 있다(이상오, 2000; 이혜영, 2002; 홍봉선, 2004; 류정순, 2007; 정영수, 2009; 김인희, 2010).

[2. 학교와 지역사회 연계·협력의 당위성

앞에서 언급했듯이, 학교 자체 역량만으로 오늘날 학생이 직면한 다양한 사회적 문제를 대처하기는 부족하다(Driscoll & Goldring, 2003). 이는 학교교육에서 학생들의 다양한 수요 또는 요구에 부합하기 위한 핵심수단으로서 학교와 지역사회 간 연계·협력, 즉 파트너십 형성이 필요하다는 점을 시사한다. 학교와 지역사회의 연계와 관련하여 Driscoll와 Goldring(2003)는 학생의 교수-학습 맥락에서 새로운 관점을 제시한다. 그들에 따르면, 무엇보다 지역사회가 학교에서 학생들을 위한 교수 및 학습 상황(context)으로서 작용한다는 점이다. 학생들은 인지과학 차원에서 그들이 지닌 기존 지식을 기반으로 하여 학교 수업에서 새로운 지식과 이해를 형성한다. 이 관점을 견지하는 경우, 교사들은 학교 수업을 효율적으로 전개하기 위해서 주어진 교과에 학생들이 가지고 온 기존 지식을 이해하고 고려해야 한다. 구체적으로 교사는 학생들이 해당 교과에서 발생하는 그들의 불안전한 이해나, 그릇된 믿음, 그리고 섣부른 개념 해석에 보다 더 관심을 기울일 필요가 있다. 한편, 학생들이 수업에서 이용·활용하는 기존 지식은 그들이 대부분 시간을 보내는 지역사회나 가정 상황에 의해 형성되고 영향을 받는다. 따라서 교사들은 학생들이 지니고 있는 기존 지식에 대해 생각하고, 메타인지 기술을 개발하도록 하는 것이 중요하다. 학생들이 이미 알고 있는 것, 그들이 알아야 한다고 생각하는 것, 또한 알 필요가 있다고 하는 것을 성공적으로 분류하려면, 학습 상황을 연계하는 것이 필수적이다. 이러한 점에서 학교 안에서 학생의 교수와 학습을 위한 상황으로서 지역사회의 역할이 필요하다.

또한, Driscoll와 Goldring(2003)이 제시한 관점에 따르면, 학교와 지역사회의 연계 형성의 당위성은 지역사회가 학생의 학습을 위한 상황으로서 학습의 전이를 촉진하기 때문이다. 일반적으로 학생들이 학습의 전이를 촉진하기 위해서는 실제 상황에 자신들의 학습을 연계하는 것이 필요하다. 이에 따라 문제 중심 학습을 강조하는 학습환경 형성이 학생의 학습전이를 촉진시키는데 매우 중요하다. 학교 수업을 통한 학습이 용이하게 전이가 일어나도록 하기 위해서는 지식이 사용되는 실제 세상 상황, 즉 지역사회와 학교의 학습을 연계해야 한다. 교수와 학습을 위한 상황으로서 지역사회는 학교에서 학생들의 학습을 촉진하는 구조를 제공할 뿐만 아니라, 학습에 가치가 부가되는 것을 형성하고 결정한다(Driscoll & Goldring, 2003). 효율적 학교교육을 위해서 교사는 학생의 이전 지식과 이해를 형성하는 학교 밖의 학습환경을 인지하는 것이 결정적으로 중요하다. 이는 곧 학습에서 살아있는 교과서로서 지역사회의 자원과 이슈를 활용할 때 학교에서 학생들에게 효과적 학습이 발생한다는 점을 시사하고 있다.

Epstein과 Sanders(2000)는 학교와 가정 및 지역사회가 보다 밀접하게 함께하는 파트너십을 형성해야 한다는 주장을 아동의 학습 및 발달에 대한 '영향력의 중복적 영역 이론(Theory of overlapping spheres of influence)'으로 뒷받침하고 있다. 세 상황(가정, 학교 및 지역사회)은 아동에 대한 영향력에 있어 중복적 영역으로 작용한다. 그들의 관점에 따르면, 교육에서 가장 효과적인 가족, 학교 그리고 지역사회는 아동의 학습 및 발달과 관련하여 공유된 목표와 공통 미션을 가진다는 점을 강조한다. 이러한 관점은 사회조직은 분리된 목표와 독특한 미션을 설정하는 경우에 가장 효과적이다는 막스베버 관점과 정반대이다(Epstein & Sanders, 2000). '영향력의 중복 영역 이론 관점'은 Bronfenbrenner(1979)의 생태체제 이론을 확장한 것으로, 보다 폭넓은 이론적 상황에서 Coleman(1988)에 의한 사회적 자본 개념을 지지한다. 가족, 학교 및 지역사회 구성원의 상호작용 결과는 영향력의 중복적 영역 모델 내부구조에서 사회적 자본으로서 축적되고 저장된다. 잘 조직화된 파트너십이 가족, 교육자, 그리고 지역사회에서 다른 구성원들로 하여금 효과적 방식으로 상호작용하도록 할 때 사회적 자본은 증가된다. 사회적 자본은 학생들의 학습과 발달을 지원하고, 가족을 건강하게 하며, 학교를 발전시키고 지역사회를 부유하게 하는 사회적 활동이나 접촉에 쓰이고 투자된다.

결과적으로 오늘날 학교와 지역사회 연계는 학습하기 위한 기회와 가르치기 위한 기회를 위한 역량 차원에서 형성되어야 한다. 학교 자체만으로는 학생들이 학습하기 위해 요구하는 기회와 지원 그리고 사회가 요구하는 높은 기대 수준을 달성할 수 없다. 따라서 학교와 지역사회가 연계한 통합 서비스 프로그램이 학생의 장벽을 제거하는 수단으로 작용한다.

보다 구체적으로 학교와 지역사회 간의 연계·협력은 궁극적으로 학교에서 학생들로 하여금 유의미한 학습경험을 가지도록 하는데 주요한 수단으로 작용한다. 이는 곧 학교와 지역사회 간의 연계·협력이 학교에서 학생들의 교육복지를 실현하기 위한 수단이 됨을 의미한다. 그렇지만, 우리나라 학교들은 종종 학생들의 이해를 형성하고 학교에서 유용한 기술을 제공할 수 있는 지역사회 체제를 고려하지 않는 경우가 많다.

3. 학교와 지역사회 파트너십 강화를 위한 요건

학교와 지역사회 간의 파트너십 형성은 학교교육에서 학생들의 다양한 수요와 요구에 부합하기 위한 핵심 수단으로 작용하고 궁극적으로 학생의 교육복지를 실천하는 전략으로서 작용한다. 따라서 오늘날 학교는 지역사회와 분리되어 작동하고 기능하는 전통적인 관계모델을 탈피하여 새로운 패러다임으로서 지역사회와의 유기적 연계협력모델 형성이 요망된다. 이러한 맥락에서 Dodd와 Konzal (2002)은 오늘날 학교들이 지역사회와 관계에서 전통적 위성모델(stellite model)을 탈피하고 새로운 시너지모델(synergistic model)을 지향하여 지속적으로 개발되어야 한다고 주장한다. 그들에 따르면, 전통적 위성모델 기반 학교는 복잡하고 빠르게 변화하는 현대 사회에서 학생들을 잘 교육시키거나 그들의 다양한 요구를 지원하는데 더 이상 효과적이지 못하다. 지역사회와의 관계에서 학교들이 지속적으로 추구하고 발전시켜야 하는 전형적인 시너지모델의 특징은 학생들을 잘 가르치기 위한 방법에 대한 방향 안내에 중요한 가치를 부여하며, 공동체 사회(Gemeinschaft)가 추구하는 이념 및 가치와 일치한다. 구체적으로 새로운 시너지모델의 특징과 내용은 〈표 12-1〉에서 과도기모델(Transitional model)과 비교하여 잘 보여주고 있다.

표 12-1	학교와 지역사회 관계에 있어 과도기모델과 새로운 시너지모델 비교

과도기모델	새로운 시너지모델
개별화된 교육과정, 개인 발달 학교교육에 초점	학문적 그리고 개인 발달 모두, 아동의 총체적 복지에 초점
학교를 중심으로 양방향 의사소통 관계	학교, 가정, 지역사회 간 이음매 없는(seamless) 관계
다소 약한 관료적이고 보다 인간적인 문화	탐색, 학습, 돌봄의 문화
문화적, 사회적으로 인식된 차이 존재	문화적·사회적으로 존중되고 상호가치가 부여된 차이 존재
학부모와 지역사회와 제한된 권력의 공유	학부모와 지역사회와 함께 공유된 권력
원조자로서 학부모와 지역사회	파트너로서 학부모와 지역사회
교사가 자신의 업무 과정에 학부모와 지역사회를 전형적으로 포함하지 않음	공통목적의 추구 및 발견이 목표

주: A. W. Dodd와 J. L. Konzaldp 의한 How communities build stronger schools, 2002, p. 109 및 p. 124에 서 요약.

학교와 가정 및 지역사회와 관계에 있어 시너지모델을 제시한 Dodd와 Konzal (2002)은 교육(education)과 학교교육(Schooling)을 개념적으로 구별해서 접근하고 있다는 점이 특징이다. 그들에 따르면, 학교교육에서 책무성은 교사와 학교행정가에게 주어진 반면에, 교육에서 책무성은 지역사회를 포함한 우리 모두에게 그 책무성이 주어진다. 아동이 성공적인 성인으로 성장하기 위해서는 지적인 발달뿐만 아니라 정서적·사회적 성장이 필요하기 때문에, 그들의 교육을 성공적으로 행하는데 있어, 학교, 가정 및 지역사회의 연계·협력이 본질적으로 중요하다는 견지이다. 아동이나 학생이 '나의 아이들'이 아닌, '우리 아이들'로서 취급되고 교육된다.

학교와 지역사회 간 연계·협력 강화 일환으로서 시너지모델의 성공적 달성에 있어서의 핵심은 취학자녀를 두고 있지 않는 일반 지역주민이 학교와 지역사회 간에 파트너십 형성이 중요하다는 인식을 적극적으로 가지게 하는 것이다(Dodd & Konzal, 2002). 이를 위해 교사, 학교행정가, 교육청 직원들은 지역사회 구성원들과 전략적으로 공공관계를 형성하고, 지역사회 구성원에게 혜택이 주어지는 다양한 파트너십 프로그램을 개발하고 지역사회 구성원에 초점을 둔 사회운동을 전개하는 등의 지속적 노력이 요망된다.

특히, 교사와 교장은 학교교육에 학부모와 지역사회 인사 또는 기관의 참여와 개입을 증가시키는 것과 관련하여 자신들의 관점을 변화시켜야 한다. 전통적으로 학교장은 학부모나 지역사회가 학교에 부당한 개입을 막는데 그 역할과 직무에 초점을 두었고, 지역사회로부터 폐쇄된 체제 하에서 학교의 의사결정을 진행하였다. 예를 들어 학교장은 학부모가 교사를 접촉하기 전에 먼저 자기를 만나기를 요구했고 학부모로부터 교사를 보호하는 역할에 초점을 두었다. 즉, 전문가의 자율성과 학부모의 관여 사이에 적절한 균형을 유지시키는 것이 학교장의 핵심 역할이었다. 하지만 오늘날의 학교장들은 이제 더 이상 지역사회로부터 학교를 보호하기 위해 그들의 기능을 학교와 지역사회 간에 완충자적(buffering) 역할에 한정할 수 없다. 이제 학교장들은 학교교육에 지역사회와 학부모의 참여를 촉진하기 위해 지역사회와 학교 간에 가교자적(bridging) 역할을 발휘할 필요가 있다(Driscoll & Goldring, 2003).

참고문헌

- 김인희(2010). 교육소외의 격차 해소를 위한 교육복지정책의 과제. 한국사회정책, 17(1), 129-175..
- 김정원·최영태·박인심·김경애(2006). 교육복지투자우선지역지원 시범사업 평가보고서. 서울: 한국교육개발원.
- 김정원(2007). 교육복지투자우선지역 지원사업 효과 분석. 한국교육개발원.
- 류정순(2007). 교육복지개선대책 및 교육안전망센터 장기발전 방안.
- 성민선·조흥식·오창순·홍금자·김혜래(2009). 학교사회복지의 이론과 실제. 서울: 학지사.
- 장덕호·김성기·박경호·손병덕·유기웅·윤철수·이덕란·하봉운(2012). 미래 지향적 교육복지 정책의 방향과 과제. 한국교육개발원.
- 정동욱(2011). 교육복지정책의 쟁점과 추진방향 연구. 한국인적자원연구센터. 연구과제 KHR 2011-5.
- 정영수(2009). 교육복지정책의 방향과 과제. 교육정치학연구, 16(3), 31-52.
- 이상오(2000). 평생학습사회구축을 위한 교육복지체제의 모형개발.
- 이혜영(2002). 교육복지정책. 한국교육평론.
- 홍봉선(2004). 우리나라 교육복지의 방향과 과제. 한국사회복지학, 56(1), 253-282.
- Allen-Meares, P. (2007). *Social work services in schools*(5th ed.) Boston: Allyn & Bacon.
- Bronfenbrenner, U. (1979). *The Ecology of human development: Experiments by nature design.* Cambridge: MS. Harvard University Press.
- Coleman, J. S. (1988). Social capital in the creation of human capital. *American Journal of Sociology, 94,* 95-120.

■ Dodd, A. W., & Konzal, J. L. (2002). *How communities build stronger schools: stories, strategies, and promising practices for educating every child.* New York, NY: Palgrave Macmillan.

■ Driscoll, M. E., & Goldring, E. B. (2003). Schools and communities as contexts for student learning: new directions of research in educational leadership. Presented on April 22, *2003 at the annual meeting of AERA.* IL: Chicago.

■ Epstein, J. L., & Sanders, M. G. (2000). Connecting home, school, and community: new directions for social research. In M. T. Hallinan (Ed.). *Handbook of the Sociology of Education*(285-306). New York: Kluwer Academic/ Plenum Publishers.

제 4 부
교육복지 모형 탐색과 전망

제13장 Education Welfare

복지국가 유형에 따른 교육복지의 제도적 모형*

함승환**

[1. 서 론]

　　교육복지 개념의 체계적 정교화를 위해서는 교육과 복지의 사회정치적 결합구조에 대한 심층적인 이해가 요구된다. 이러한 시도의 하나로서, 본 장에서는 먼저 교육복지 개념을 교육의 사회정치적 목적과 관련하여 재조명하고, 이를 바탕으로 복지국가 유형에 따른 교육복지의 제도적 구현 양상을 예비적으로 분석·논의한다. 이를 통해 한국의 교육복지 관련 정책담론을 보다 풍부

　* 본 장은 함승환 외(2014)의 논문을 수정·보완한 것임.
　** 함승환: 한양대학교 교육학과 조교수(hamseunghwan@gmail.com).

하게 하고 더욱 체계적인 후속연구를 촉발하기 위한 분석틀 구성의 한 방향을 제시하고자 한다.

교육복지 개념에 대한 다양한 관점이 존재함에도 불구하고 일반적으로 교육복지는 교육기회 균등화 및 교육격차의 해소 등을 지향함으로써 교육의 형평성을 제고하려는 일련의 제도적 노력들을 의미한다(김정원 외, 2010; 박주호·김진숙·장연진·차윤경·김정덕, 2013; 정동욱, 2012). 교육복지에 대한 정책적 관심과 지원 및 이에 대한 연구는 학습자가 지니는 이러한 기본적 권리로서의 교육이 제대로 이루어지도록 지원·촉진하기 위한 체계적인 노력의 일환으로 이해될 수 있다. 교육복지가 학습자에게 공평한 교육기회와 양질의 교육경험을 제공함으로써 교육의 형평성을 제고하고 교육적 정의의 구현에 기여하려는 목적을 지닌다는 점에 주목할 때(안병영·김인희, 2009), 교육복지에 대한 논의는 학습자의 다양성 포용, 교육기회의 평등 및 학습기회의 형평성과 적절성 제고, 학습성과의 격차 완화 등의 개념을 포괄하여 종합적인 차원에서 이루어질 필요가 있다는 관점도 제기되고 있다(함승환·김왕준, 2013).

우리나라의 교육복지 정책은 국민기초교육수준의 보장, 다양한 형태의 교육 부적응 및 불평등의 해소, 복지친화적 교육환경의 조성 등의 측면을 강조해왔다는 점에서 국제적 수준의 교육형평성 담론과도 그 맥락을 같이 하고 있다. 예컨대 1948년 UN의 '세계인권선언'은 "인간은 누구나 교육 받을 권리를 가진다"(제26조 제1항)고 명시하고 있으며, 2014년 현재 세계 101개국이 수락 또는 비준한 UNESCO의 '교육차별철폐협약'도 "인종, 피부색, 성별, 언어, 종교, 정치적 견해, 국적, 경제적 계층, 출생" 등에 따라 교육적 차별이 있어서는 안 될 것을 강조하고 있다(제1조 제1항). 이 협약은 "모든 형태와 수준의 교육"에 걸쳐 "교육기회 접근, 교육의 기준과 질, 교육이 주어지는 조건"에 차별을 두지 않을 것을 명시하고 있다(제1조 제2항).

우리나라 헌법 역시 그 전문에서 "정치·경제·사회·문화의 모든 영역에 있어서 각인의 기회를 균등히 하고, 능력을 최고도로 발휘하게 하며, … 국민 생활의 균등한 향상을 기하고 … 우리들과 우리들의 자손의 안전과 자유와 행복을 영원히 확보"하는 것의 중요성을 명시하고 있다. 또한 헌법 제10조(인간으로서의 존엄과 가치), 제11조(법 앞의 평등), 제31조(교육 받을 권리), 제34조(인간다운 생활을 할 권리 및 국가의 사회보장·사회복지 증진 노력 의무), 제37조(열거되지 않은 기본권 보장) 등도 교육복지의 중요한 헌법상 법원이 된다(박재윤·황준성, 2008; 이혜영·박재윤·황준성·류방란·장명림·이봉수, 2006). 유사한 맥락에서 교육기본법 제2조 역시 교육은 "모든 국민으로 하여금 인격을 도야하고 자주적 생활능력과 민주시민으로서 필요한 자질을 갖추게 함으로써 인간다운 삶을 영위"할 수 있도록 함을 그 목적으로 한다고 밝히고 있다.

교육복지에 대한 사회적 관심이 꾸준히 높아지고 있으며 이에 대한 학술적 논의 역시 점차로 활발하게 진행되고 있음에도 불구하고 국내에서 교육복지와 관련한 기존의 쟁점은 주로 교육복지 정책의 수혜 대상 선정과 이들에게 제공될 서비스 내용 및 전달체계의 결정 등에 한정되어 왔다. 이러한 접근은 교육복지의 효과적 구현을 위해 반드시 요구되는 유용한 접근임에도 불구하고 교육복지 개념을 자칫 관련 요소들의 기계적 조합의 문제로 협소화할 가능성을 지니고 있다. 교육복지 개념의 체계적 정교화와 이의 심층적 이해를 위해서는 교육과 복지의 사회정치적 결합구조에 대한 보다 종합적인 접근이 요구된다.

2. 교육의 사회정치적 목적과 교육복지

교육은 사회정치적 목적을 지니며, 교육의 목적에 대한 규정은 탈맥락적인 기술적 합리성 차원의 문제라기보다는 상당한 정도로 역사적 경로에 의존적인 방식으로 전개되는 사회정치적 선택과 제도화의 문제이다. 오늘날 세계 여러 나라에서 교육을 통해 추구되는 사회정치적 목적은 대체로 민주사회의 유지·발전, 사회의 경제기반 강화·확대, 사회적 지위획득 통로 개방 등 세 가지 정도로 요약될 수 있다(Fiala, 2006; Labaree, 1997). 한 사회의 역사적 맥락 속에서 이러한 목적들 가운데 어떠한 것이 어느 정도로 추구되어 왔는지의 조합은 다양할 수 있으며, 이러한 점에서 교육복지의 제도적 구현 양상도 국가별로 다소 다르게 나타날 수 있다.

첫째, 교육은 민주사회를 지속적으로 유지·발전시키기 위한 목적을 갖는다. 일찍이 Durhkeim(1956)은 교육을 사회화 과정으로 보고 외적인 강압이 아닌 내면화된 집합의식을 통해 사회질서의 유지 및 사회통합의 기초가 되는 사회적 연대의 강화가 가능하게 된다고 보았다. 오늘날 여러 학자들 역시 다양한 관점에서 교육을 '정치적 사회화'로 이해하는데, 이러한 관점들을 가로지르는 공통점은 교육을 통해 사회구성원은 민주사회의 시민으로서 추구해야 할 가치와 따라야 할 규범을 내면화하고 이에 따른 태도 및 행동 방식 등을 체화한다는 것이다(Claussen & Mueller, 1990; Langton, 1969). 이와 다른 관점에서 Gutmann(1987)은 교육을 '의식적인 사회재생산' 과정으로 본다. 그에 따르면 교육은 한 사회의 민주정치체제가 단순히 영속적으로 유지되도록 하는 정치적 사회화 과정 이상을 의미하며, 교육의 목적은 사회구성원 모두가 그 사회의 미래를 만들어가는 과정에 '의식적으로' 참여할 수 있도록 적극적으로 돕는데 있다는 것이다.

교육이 민주사회를 유지·발전시키기 위한 목적을 지닌다는 입장은 특히 교육을 통한 '사회적 평등'의 실현이라는 이상과 맞닿아 있는데, 이는 교육형 평성을 그 핵심으로 하는 교육복지 개념과 긴밀하게 관련되어 있다. 민주사회에서 각 개인은 제도적으로 평등한 정치적 권리를 부여받지만 사회에는 다양한 형태의 불평등이 존재한다. '정치적 평등'과 '사회적 불평등' 간의 이러한 긴장관계는 사회적 불평등 요소들을 줄여나감으로써 실질적인 '민주적 평등'에 다가가려는 다양한 공적 노력을 요구하는데(Labaree, 1997), 교육은 이러한 노력이 집중되는 대표적인 영역 가운데 하나이다. 근대 공교육 제도의 본격적인 세계적 확산 및 공고화가 시작된 20세기 중반 이후 가속화된 교육기회의 확대는 오늘날 대중교육의 보편화를 넘어 고등교육의 급격한 팽창으로까지 이어져오고 있다(Boli, Ramirez, & Meyer, 1985; Schofer & Meyer, 2005). 교육은 민주사회에서 모든 시민의 '당연한' 의무이자 권리로 간주되며 시민의 평등성에 바탕을 둔 민주사회모델을 지탱하는 중요한 제도적 기둥으로서의 성격을 지닌다. 이러한 관점에서 교육복지란 양질의 교육이 모든 시민에게 차별 없이 시민권의 일부로서 제공되는 것을 의미하는 것으로 이해될 수 있다.

둘째, 교육은 사회의 경제기반을 효율적으로 강화·확대하는데 기여하기 위한 목적을 가진다. 한 사회의 구성원의 집단적 교육수준은 그 사회의 경제성장 가능성을 가늠하는 중요한 지표 가운데 하나로 여겨진다. 사회구성원의 교육수준을 양적 및 질적 차원에서 높이기 위한 사회적 차원의 재정적 '투자'는 그것이 효율적으로 이루어질 경우, '노동력의 질' 제고를 통한 사회 전반의 경제성장에 기여할 수 있을 뿐만 아니라, 나아가 범죄나 질병 등에 따르는 사회적 비용의 감소 효과로까지 이어져 결과적으로 장·단기적인 '투자수익'을 기대할 수 있다는 것이다(Hanushek & Kimko, 2000; Levin, 2009). 이는 세계 여러 나라가 경쟁적으로 자국민의 '역량'을 체계적으로 측정하기 위한 다양한 노력을 기울여 왔다는 점에서도 확인할 수 있는데(Kamens & McNeely, 2010; OECD, 2005), 이러한 노력은 높은 수준의 '인적 자본' 확충을 위한 '합리적 선택'이라는 신화적 믿음이 그 제도적 정당성의 토대로 작용한다.

교육이 사회의 경제기반을 강화·확대하는데 기여할 수 있어야 한다는 입장은 교육제도가 '사회적 효율성'의 원칙에 따라 구조화되어야 한다는 점을 강조한다(Labaree, 1997). 교육은 '사회적' 제도이기 때문에 그 형태와 내용이 고

정적인 것이 아니라 사회의 변화에 따라 지속적으로 변화·진화하도록 요청받는다. 교육이 사회가 요구하는 인재를 효율적으로 키워내는 기능을 담당하고 있다고 볼 때, 교육은 현재와 미래의 노동시장 구조를 효과적으로 반영하는 방식으로 조직화될 필요가 있다. 오늘날 노동시장은 상당한 정도로 수직적 및 수평적으로 분화되어 있으며, 이러한 상황에서 사회구성원 모두가 획일적으로 동일한 양과 형태의 교육을 받는 것은 결과적으로 사회적 효율성을 떨어뜨릴 수 있다. 사회적 효율성을 강조하는 입장에 보면 모두에게 표준화된 형태의 교육기회를 제공하기 보다는 세분화되고 복잡한 노동시장의 수요를 예측·반영하는 여러 형태의 교육이 다양한 수준에서 제공되는 것이 중요하다(Tazeen, 2008; Zhao, 2012). 이러한 입장은 '교육소외'의 극복을 지향하는 교육복지 개념과 관련하여 중요한 시사점을 제공하는데, 특히 개별 학생이 자신에게 의미 있는 학습경험으로부터 소외되지 않도록 하기 위해서는 학교 형태의 다양화 등을 통해 탈획일화된 형태의 교육기회가 제공될 필요성이 부각된다.

셋째, 교육은 사회구성원 개개인에게 사회적 계층이동의 개방된 통로로서 기능할 수 있어야 하는 목적을 지닌다. 교육이 한 사회의 민주적 성숙과 경제적 풍요에 기여할 수 있어야 한다는 앞서의 두 관점은 교육의 목적을 거시적인 사회적 맥락 층위에서 조망한 것인 반면, 교육이 사회이동 통로로서 기능할 수 있어야 한다는 관점은 교육의 사회정치적 목적의 초점을 개별 '교육소비자' 수준에 둔 것이다(Labaree, 2010). 소비자의 입장에서 볼 때, 교육은 사회의 수직적 계층구조에서 자신(혹은 자녀)의 지위를 공고히 하거나 상향적 계층이동의 기회에 접근하기 위한 중요한 수단으로 간주되며, 이들은 자신의 선택이 사회적 희소성을 띠는 일정 수준의 지위의 획득에 도움이 될 것이라는 기대에 따라 행동할 가능성이 높다. 이는 곧 특정 졸업장이 가지는 시장성 내지 교환가치가 교육소비자에 의해 매순간 추정·평가되고 있다는 의미이기도 하다. 이러한 관점에 볼 때 교육은 상당한 정도로 사적 재화로서의 성격을 지닌다.

사회구성원 개개인이 '교육시장'의 '합리적 행위자'라면 이들은 자신을 타인과 구분 짓는 차별화된 교환가치를 획득할 수 있는 방식으로 행동하려 할 것이다. 이를 위해 교육소비자는 보통 두 가지 전략을 사용할 수 있는데, 하나는 더욱 상급의 교육기관에 진학하는 것이고, 다른 하나는 보다 선별된 교육기관이나 프로그램을 선택하는 것이다. 전자는 '학력 인플레이션' 현상과 관련되며, 후자는 '명문' 교육기관에 대한 교육소비자의 선호와 관련된다. 교육을 통해 자신을(혹은 자녀를) 타인과 구분 짓기 위해 사회구성원 다수가 경쟁할 경우 이는 본질적으로 비교를 통한 상대적 성취를 기준으로 삼는 '제로섬 게임'이므로 사회구성원의 전체적인 학력은 꾸준히 높아지면서도 일정 수준의 학력이 가지는 교환가치 역시 지속적으로 하향 재조정된다. 이는 다시 더욱 차별화된 교육에 대한 소비 수요를 낳게 되고 교육시장은 이를 반영하는 방식으로 지속적으로 진화한다. 이러한 상황이 심화되어 전개될 때 교육복지는 지위획득 경쟁에서 불리한 입장에 있는 계층이나 집단을 효과적으로 선별하여 이들에게 추가적인 자원을 제공함으로써 교육기회의 불평등을 완화하려는 노력에 초점을 두고 구체화될 가능성이 높다.

3. 복지국가 유형과 교육복지

복지국가 유형론을 체계화한 대표적 학자인 Esping-Andersen(2007)은 '탈상품화'와 '계층화'라는 두 가지 개념을 중심으로 복지국가를 유형화한다. 우선 탈상품화 개념은 어떤 국가가 그 사회의 구성원으로 하여금 시장에 의존하지 않고도 적절한 수준의 인간다운 삶을 영위할 수 있도록 기본적인 서비스를 시민권의 일부로서 제공할 수 있는 정도를 의미한다. 그는 또한 복지국가란 사회 불평등 구조에 개입하여 이를 교정하고자 하는 메커니즘인 동시에 그 자체로 계층화 체계일 수 있다는 점에 주목한다. 한 사회가 역사적으로 발전시켜 온 복지국가 체제의 성격에 따라 복지제도를 통해 사회계층 간 불평등을 완화하고 사회적 평등을 구현하는 정도나 양상이 상이하게 나타날 수 있다는 것이다. 이러한 두 개념을 바탕으로 그는 복지국가 체제를 사회민주주의, 보수적 조합주의, 자유주의 유형으로 구분한다. 개별 국가는 이러한 세 가지 유형 가운데 하나에 정확히 해당되기보다는 많은 경우 다양한 복합체적 형태를 보이지만(Arts & Gelissen, 2002), 이러한 유형론은 복지와 교육의 관계에 대해 '사회모델'과의 연관성 속에서 분석적으로 접근해 볼 수 있도록 하는 유용한 기회를 제공한다(Beblavý, Thum, & Veselkova, 2011; Peter, Edgerton, & Roberts, 2010).

먼저 사회민주주의 복지국가는 사회적 권리의 탈상품화 원칙이 취약계층뿐만 아니라 중산층에게까지 확대되어 적용되는 사회이다. 이러한 사회에서 추구되는 복지란 삶을 영위하기 위한 최소한의 필요에 대한 충족을 보장하는 소극적 개념이 아니라 사회적 권리에 대한 최고 수준의 기준이 모두에게 보편적으로 적용될 수 있도록 하는 적극적 개념이다. 모든 계층의 사회구성원이 하나의 보편적 보험체계의 적용을 받으며, 모두가 이 보험체계의 비용을 함께 부담하고 모두가 혜택을 공유하는데, 이는 복지의 재분배적 기능 강화와도 관련된다. 사회민주주의 복지국가의 정책에서 나타나는 주요한 특징은 개인이 시장과 가족에 의존하지 않고 홀로 자립할 수 있는 사회적 조건의 구축을 강조한다는 점이다. 이러한 면에서 국가는 조세수입을 극대화하고 사회문제를 최소화할 필요가 있는데, 이를 위해 개인에게는 일할 수 있는 기회를 사회적 권리로서 보장하고 사회 전반적으로는 가능한 한 완전고용을 달성하기 위해 노력한다.

다음으로, 보수적 조합주의 복지국가는 사회보험을 통해 직업군별 및 계층별로 다른 종류의 복지급여가 제공되는 것을 두드러진 특징으로 하는 유형이다. 따라서 사회계층 간 있어왔던 전통적 지위격차는 사회보험을 통해서도 지속적으로 유지된다. 하지만 국가의 사회복지 지출 수준이 높으며, 개인이나 집단에게 부여되는 사회적 권리의 폭이 심각한 논쟁점으로 등장하는 일은 드물다. 즉, 복지제도를 통한 계층화의 변화를 기대하기는 어렵지만 탈상품화 수준은 높은 것이다. 이 유형에서는 시장의 효율적 기능에 대한 자유주의적 집착은 강하게 나타나지 않으며, 국가는 복지공급자로서 시장을 대체할 수 있을 정도의 준비가 되어 있다. 민간보험과 같은 사적 복지제도들은 주변적인 역할을 하는데 머문다. 이 유형의 국가에서는 전통적인 가족제도의 역할이 중요하게 여겨지며, 일반적으로 국가의 복지적 개입은 가족이 그 구성원을 부양할 능력이 소진되었을 때에 한해서 일어난다.

마지막으로, 자유주의적 복지국가에서는 국가가 제공하는 복지의 초점은 공공부조를 통한 저소득층 지원에 있다. 이러한 사회에서는 전통적인 자유주의적 노동윤리 규범이 강하게 작동하여, 개인은 자유로운 시장에서 자신의 능력을 실현하도록 장려될 뿐만 아니라 노동을 선택하기 보다는 복지에 의존하려는 성향을 최소화하도록 유도된다. 복지급여의 수준은 가능한 한 낮게 책정되며, 수혜 대상의 선별은 자산조사 등 엄격한 과정을 통해 낙인을 동반하는 방식으로 이루어진다. 그 결과 복지의 탈상품화 효과는 최소화되며, 국가가 제공하는 복지에의 의존도가 높은 빈곤층과 그렇지 않은 비빈곤층 간의 계급-정치적 이중구조가 나타날 가능성이 높다. 국가는 국가 중심의 복지를 강화하기 보다는 시장을 활성화하는데, 이러한 시장의 활성화는 국가가 최저 수준의 복지만을 보장함으로써 간접적으로 유도되기도 하고, 국가가 사적 복지제도들에 보조금을 제공함으로써 적극적으로 이루어지기도 한다.

이러한 유형론을 바탕으로 볼 때, 각 복지국가 유형은 그에 따른 특징적인 교육복지 구현모델을 발전시켜 왔을 가능성이 있다. 우선, 전형적인 사회민주주의 복지국가는 사회적 권리의 탈상품화 원칙이 중산층에게까지 확대 적용되는 적극적인 '보편적' 복지가 높은 수준으로 제도화되어 있는 사회라는 점에서 사회경제적 불평등 수준이 상대적으로 매우 낮은 국가라고 할 수 있다. 이러한 국가에서는 양질의 무상교육이 모두에게 제공되어 교육 전반에 걸쳐 사회계층 간 높은 수준의 교육형평성을 보이기 때문에 특별한 교육복지 정책이나 사업에 대한 사회정치적 수요가 오히려 적을 가능성이 높다. 교육제도 자체가 '복지적으로' 구성되어 있는 것이다. 보다 근본적으로 사회민주주의 복지국가에서는 강력한 복지제도를 바탕으로 한 부의 재분배 효과가 크기 때문에 교육을 통한 사회경제적 지위의 세대 간 고착화 자체가 사회적 논쟁점으로 크게 부각되지 않는다. 따라서 이러한 사회에서는 사회구성원이 교육에 대하여 '교육소비자' 관점에서 접근하려는 동기가 비교적 강하게 나타나지 않으며, 교육의 기능은 민주사회의 구현과 사회의 경제기반 강화 등 교육의 공적 목적에 초점을 두고 발현된다.

보수적 조합주의 복지국가에서는 국가의 사회복지 지출 수준은 높으나 복지제도는 사회계층 간의 지위격차를 지속적으로 유지하는 방식으로 구조화되어 있다. 이러한 국가에서는 교육의 기능은 사회의 계층구조를 유지하는 바탕 위에서 사회를 안정적으로 발전시키는 것에 그 초점이 있으며, 교육의 핵심적인 사회정치적 목적은 사회 각 분야에 필요한 다양한 인적 자원을 효율적으로 생산하는 데 있다. 이는 일반적으로 학교계열의 조기 분리의 형태로 나타나며, 직업교육 계열이 교육체제 안에서 커다란 부분을 차지한다. 이러한 조기 분리는 교육을 통한 지위경쟁을 조기에 잠재우는 효과로 이어질 수 있다. 지위격차의 지속적 유지에도 불구하고 국가의 사회복지 지출 수준이 높기 때문에 사회구성원 모두가 비교적 높은 수준의 복지혜택을 누리며, 교육 영역도 많은 부분 복지적 관점에서 접근되어 전반적으로 교육여건이 좋고 무상교육 및 자녀수당 등을 포함한 다양한 혜택이 제공된다. 또한 보수적 조합주의 복지국가에서는 전통적인 가족제도를 유지하려는 문화적 경향이 강하게 나타나기 때문에 취약계층 아동에 대해서는 이들의 부모를 위한 추가적인 경제적 및 교육적 지원이 병행될 가능성이 높다.

자유주의적 복지국가에서는 국가 중심의 복지제도가 잘 발달되어 있지 않고 대신 시장이 발달되어 있으며, 사회경제적 불평등 수준이 높다. 자유주의적 복지국가의 중요한 특징은 복지제도를 통해 사회적 평등을 보장하기보다는 교육제도를 통해 평등한 기회를 제공한다는 것이다. 강력한 공적 복지제도가 부재하는 상황에서 교육은 계층 간 불평등을 완화하기 위한 핵심적 제도로서 부각된다. 따라서 교육이 사회구성원 개개인에게 사회적 지위획득을 위한 열린 통로로서 기능할 수 있어야 한다는 사회정치적 기대가 크다. 이러한 사회에서 교육은 사회적 계층 이동의 핵심적 도구로서 인식되며, 사회구성원은 교육에 대하여 교육소비자 관점에서 접근하려는 동기를 강하게 지닌다. 사회적 지위격차 그 자체보다는 교육격차를 완화하기 위한 다양한 정책이 발달하며, 이들 정책의 초점은 평등한 교육기회 제공을 통한 지위획득 통로 개방성의 확대 및 민주적 평등성의 강화에 놓인다. 특히 교육을 통한 지위경쟁에서 불리한 처지에 있는 특정 소외계층이나 취약집단을 체계적으로 선별하여 이들에 대한 특별한 도움이나 자원을 제공하는 것이 정책적으로 중요하게 부각된다.

[4.] 스웨덴, 독일, 미국의 사례

사회민주주의 복지국가 유형의 대표적인 사례 중 하나인 스웨덴에서는 교육체제 자체가 복지적으로 구성되어 있어서 교육형평성이 저해되는 상황이

많은 부분 사전에 예방된다. 스웨덴의 교육복지 제도가 가지는 가장 큰 특징은 "교육과 복지가 별도로 작동하는 것이 아니라"(김정현, 2013, p. 72) "교육체제 자체가 교육복지로서의 역할을 수행"(노기호, 2013, p. 79)한다는 점이다. 특히 "취약집단이나 취약지구를 위해 특별한 조치를 마련하기 전에 보다 근본적으로 교육체제 자체가 [학생들로 하여금] 여러 가지 사회적 배경과 무관하게 [양질의] 교육을 제공받을 수 있도록 구성되어"(정혜령, 2007, p. 2) 있다. 고등교육 단계 역시 대학원 과정까지 모두 무상이며, 학비 지원과 더불어 학습에 필요한 재정 보조가 동시에 이루어진다(이윤미, 2011). 이는 사회적 권리에 대한 최고 수준의 기준이 모두에게 보편적으로 적용될 수 있도록 하는 사회민주주의 복지국가형 적극적 복지 개념이 교육 영역에도 적용된 것으로 해석될 수 있다.

사회민주주의 복지국가에서는 가능한 한 완전고용을 통해 조세수입을 극대화함으로써 복지재정을 충분히 확보하고 사회문제의 최소화를 통해 복지지출의 안정성을 유지하는 것이 중요한데, 스웨덴의 교육제도에도 이러한 복지 정책 관점이 반영되어 나타난다. 예컨대 2004년 12월 스웨덴 의회는 '복지권리 결정권' 법안을 통과시켰는데, 이 법에서는 스웨덴의 기초지자체인 각 코뮨이 "의무교육을 받은 20세 이하의 청소년들의 고용실태에 관한 정보를 보유하고 있어야 할 책임"(정혜령, 2007, p. 33)이 있다고 명시하고 있다. 이는 비자발적으로 교육체제나 노동시장 외부에 있는 청소년들에게 지자체가 지역사회와 협력하여 이들의 자활을 위한 적절한 지원을 효과적으로 제공할 수 있도록 하기 위한 것으로 볼 수 있다. 또한 스웨덴은 아동보육 제도가 매우 잘 갖추어져 있는 대표적인 국가인데, 이는 여성의 노동시장 참여를 적극 지원하기 위한 국가 차원의 노력과 맞닿아 있다.

교육제도의 구축이 높은 수준의 보편적 복지 관점에 기초한 스웨덴에서는 이민자들도 교육에 대해서 스웨덴 사람과 동일한 권리를 가진다. 스웨덴 정부는 이민자 자녀들이 스웨덴어와 더불어 모국어를 함께 구사할 수 있도록 하는 것을 지향하며, 이들은 취학전 교육 단계부터 모국어 지원을 받을 수 있다. 또한 이민자들뿐만 아니라 망명자들에게도 교육받을 권리는 동등하게 주어진다(정혜령, 2007). 장애 학생에 대해서는 통합교육을 기본원칙으로 하고 있어서 특별한 지원을 필요로 하는 경우를 제외하고는 장애 아동도 비장애 아동과 함께 교육받으며, 분리교육은 필요한 범위 내에서 최소한으로 이루어진다(노기호, 2013). 또한 스웨덴은 다른 서구 사회에 비해 사회적 계층 이동도 매우 활발하게 나타나는데(신광영, 2011), 이는 스웨덴의 교육이 계층 이동 통로로서도 높은 개방성을 띠고 있는 것과 무관하지 않다.

보수적 조합주의 복지국가인 독일의 경우 무상교육 및 자녀수당 등을 포함한 견고한 교육복지 체제가 구축되어 있지만 학교계열의 조기 분리 등을 통해 사실상 계층 간 교육기회 구조가 상이하게 나타난다는 특징이 있다. 교육의 탈상품화 수준은 높지만 교육이 사회이동의 통로로서 낮은 개방성을 보이는 것이다. 이는 사회계층 간의 지위격차가 복지제도를 통해 그대로 유지되는 보수적 조합주의 복지국가의 특징이 교육제도에도 그대로 반영된 것으로 볼 수 있다. 독일의 취약계층을 구성하는 대표적인 집단은 이민 배경 가정으로, 직업교육은 이들을 위한 교육정책의 핵심을 이룬다(이은미, 2007). 독일에서는 4년 간의 초등교육 이후 중등교육을 시작하면서 학교계열의 조기 분리를 통해 진로가 결정되어 다른 교육과정을 거쳐 가게 되는데, 중등교육 기관은 크게 대학진학 준비를 전제로 하는 김나지움과 기타 직업교육 중심의 학교 형태들로 나뉜다. "학교에서 직업으로의 이행과정에서 사회적 통합에 도움을 줄 수 있는" 다양한 지원이 마련되어 있는데, 특히 "공공청소년복지기관과 학교와의 긴밀하고 효과적인 파트너십을 중요하게 다루고 있다"(노기호, 2006, p. 774).

독일에서 "직업교육의 활성화는 사회전반에 직업교육에 대한 긍정적 인식을 심어주고 학생들에게 삶에 대한 다양한 진로 기회를 제공하여 불필요한 대학진학을 감소시키므로 고학력 현상이 초래할 수 있는 부정적 영향과 교육재원의 낭비를 막을 수 있다. 직업교육의 수준이 다양하므로 직업에 따라 대학에 진학하지 않고도 대학 수준에 준하는 높은 수준의 교육을 받을 수 있다. 뿐만 아니라 비교적 [학업흥미도가 낮은] 학생들은 실습 위주의 직업교육을 바탕으로 주체적 삶을 영위할 수 있는 자기계발의 기회를 갖고 학습동기를 가질수 있다"(김경애·김숙이·정수정·김진희·이병곤, 2012, pp. 246-247). 학교계열의 조기 분리와 직업교육의 활성화는 사회 서비스 전반에 걸친 높은 수준의사회복지 지출과 함께 맞물려 교육을 통한 지위경쟁 동기를 조기에 잠재우고, 교육의 기능은 사회의 계층구조를 안정적으로 유지하는 바탕 위에서 사회발전을 효율적으로 도모하는 것에 집중된다.

독일에서 교육정책은 복지정책과 긴밀하게 연계되어 추진되며, 특히 "학교교육은 전반적인 생활지원과 함께 초등학교에서 대학까지 무상교육을 원칙으로 하고 있다"(김경애 외, 2012, p. 256). "독일에서의 유치원 교육비는 비록 개인 부담이긴 하지만 독일의 세금제도와 유사하게 부모들이 월급에 비례해서 지불하도록"(이은미, 2007, p. 35) 되어 있다. 독일의 교육복지는 그 대상 측면에서아동 및 청소년뿐만 아니라 부모까지도 포함하고 있는데, 독일의 '아동·청소년지원법'은 "가족이 자녀를 양육할 수 없는 위기상황에서 국가가 공적으로 양육을 지원할 의무"(박성희, 2011, p. 149)를 강조한다. 이 법은 부모의 경제적 빈곤으로 인해 자녀교육이 어려운 상황에 처한 경우에는 부모 상담 및 지원이있어야 함을 명시하고 있다. 아동을 양육하는 부모에 대한 적극적인 지원이 중요하게 여겨지고 있는 것이다. 이는 전통적인 가족제도의 역할을 중요하게 여기고 가족 단위의 복지적 개입이 발달한 보수적 조합주의 복지국가의 특징이독일의 교육제도에도 투영되어 나타난 것으로 볼 수 있다.

미국은 국가 중심의 복지제도가 낮은 수준으로 발달된 대신 시장이 고도로 발달되어 있는 전형적인 자유주의 복지국가로서, 아동의 사회·경제적 배경과 학업성취가 매우 밀접하게 연관되어 있고 사회계층 간 학업성취 격차가 크게 나타난다. 따라서 "큰 틀에서의 교육체제 개선을 위한 정책들의 주된 목적이 저학력 학생과 학교를 끌어올려 교육격차를 해소하는 데 집중되어 있다"(김경애 외, 2012, p. 131). 교육형평성을 제고하기 위한 정책은 '위기 아동'이나 '낙오 아동'을 체계적으로 선별하여 이들에게 지원되는 자원의 양을 확대하는 것에 초점을 맞추어 왔다. 미국의 대표적인 교육복지 관련 법률인 '낙오아동방지법' 은 "초중등교육에서 고질화된 인종, 지역, 계층 간 교육격차를 국가의 위기로 인식하고 이를 해소하기 위해 채택된 교육개혁법이다"(염철현, 2010, p. 83).

'낙오아동방지법'은 국가 수준의 표준화된 교육과정 기준 제시와 학업성 취도 측정 및 평가 시스템 개발 등의 요소를 포함하는 교육책무성을 강조하고 있다. 이 법은 2001년 "제정될 당시에는 사회적 여론뿐만 아니라 정치권에서 여야를 막론하고 이 법안이 제시하고 있는 목표에 대해서는 공감대를 형성하 여 통과될 수 있었다. … 하지만 법안의 목표와 성과와는 별도로 집행 과정에 대해 다양한 비판이 제기되고 [있는데, 주된 비판은] 표준화된 학업성취 기준 이라는 장치를 통해 [주정부, 교육구, 각급 학교에] 고도의 제한과 통제를 가하 고 있다는 것이다"(윤창국, 2010, p. 217). 또한 "실질적인 이득을 얻는 대상은 소외계층의 학생들도 책무성을 강화해야 하는 학교도 아닌 대형 출판사나 사 설 시험기관과 같은 기업이라는 비판"(윤창국, 2010, p. 218)도 제기되고 있다.

미국에서는 취약계층 학생의 학업성취도를 끌어올리고 이들의 고등학교 졸업률과 대학진학률을 높이기 위해서는 영·유아 단계부터 이들이 양질의 교 육을 받을 수 있어야 한다는 인식 하에 영·유아교육에도 정책적 노력을 기울 여오고 있다. 대표적으로 1960년대 중반부터 시작된 '헤드 스타트' 프로그램 은 저소득층 가족의 유아들에게 종합적인 교육, 보건, 사회 서비스의 제공을 통해 이들의 사회적·인지적 발달을 도움으로써 취학전 학업준비도를 높이기 위한 사업이다(이경희, 2012). 이 사업의 연장선상에서 1990년대 중반 이후 '조 기 헤드 스타트' 프로그램도 실행되고 있는데, 이 프로그램은 기존에 3세부터 시작되던 적용대상 연령을 0세 및 임산부까지로 확대한 것으로, 저소득층 가족의 빈곤의 세습화 방지를 위해 보다 조기에 개입하려는 노력으로 볼 수 있다.

이를 종합하면, 스웨덴은 '사회민주적 평등성 기반' 교육복지, 독일은 '사회적 효율성 기반' 교육복지, 미국은 '사회이동 개방성 지향' 교육복지로 요약될 수 있다. 스웨덴은 높은 수준의 복지재정 확보 및 복지지출을 통해 부의 실질적 재분배를 사회 전반에 걸쳐 실현하고, 교육 역시 철저히 사회민주적 평등성에 기반을 둔 복지적 관점에서 제도화되어 있다. 이로 인해 개인은 교육을 통한 지위경쟁에 대해 높은 수준으로 동기화되지 않으며, 대신 교육은 상당한 정도로 '공공재'로서 충실히 기능할 수 있게 된다. 독일은 스웨덴과 마찬가지로 대규모의 복지재정 확보 및 복지지출이 특징적이지만, 스웨덴과 달리 사회계층 구조가 복지를 통해 안정화·공고화된다. 교육 역시 학교계열의 조기 분리를 통해 사실상 교육기회 구조에 계층 간 제도화된 차이가 존재한다. 모든 교육을 포함한 사회적 권리가 탈상품화 수준이 높은 방식으로 제공되며, 이는 교육을 통한 지위경쟁이 사회적으로 가열되어 나타나지 않는 것과도 관련된다. 교육의 사회정치적 기능은 사회의 각 분야에 필요한 인적 자본의 효율적 축적을 통해 사회를 안정적으로 유지·발전시키는데 초점이 놓인다. 미국은 스웨덴이나 독일과는 달리 국가 중심의 공적 복지제도가 낮은 수준으로 발달해 있으며, 복지제도를 통한 사회적 권리의 평등한 보장보다는 교육제도를 통한 평등한 기회의 제공이 우선시된다. 사회구성원 개개인에게 교육은 높은 수준으로 사적 지위경쟁 수단으로 인식되며, 정책적 차원에서는 지위경쟁에 불리한 집단의 선별 및 이들에 대한 도움 제공을 통한 교육격차 완화를 골자로 하는 교육책무성이 강조된다.

[5.] 한국의 교육복지 정책에 대한 함의

　　교육복지는 교육과 복지가 상호 어떠한 사회정치적 연결 구조를 지니는
지에 따라 다양한 형태로 구체화될 수 있다. 먼저 교육적 관점에서 볼 때, 교육
이 가지는 다양한 사회정치적 목적들 가운데 한 사회에서 어떠한 것이 강조되
어 왔는지는 그 사회가 역사적 경로 위에서 발전시켜온 사회모델에 따라 다르
게 나타나게 된다. 교육은 '사회적' 제도인 것이다. 사회적 제도는 사회모델 속
에서 구체화되는데, 복지적 관점에서 보면 사회모델을 결정하는 하나의 중요
한 축은 한 사회가 사회구성원의 사회적 권리 보장을 위해 어떤 형태의 제도
를 발전시켜 왔는가 하는 것이다. 이는 복지국가 유형의 문제와 관련된다. 이
러한 관점에서 볼 때 교육복지의 개념과 이를 구현하기 위한 정책적 구상 및
그 추진 전략은 한국의 사회모델에 대한 철저한 이해를 바탕으로 정교화 될
필요가 있다.

　　특히 간과하지 말아야 할 점은 교육복지는 본질적으로 '교육적 노력'이면
서도 동시에 교육정책의 영역 안에서만 따로 다루어질 수 없는 복합적인 성격
을 지닌다는 점이다. 많은 교육문제가 그러하듯이 교육복지라는 정책 아젠다
역시 교육제도를 포괄하는 광범위한 사회제도에 대한 충분한 이해 속에서 접
근되어야 한다. 한국은 교육을 통해 매우 짧은 기간 동안 눈부신 경제성장과
상당한 수준의 민주화를 이루었으면서도 동시에 교육이 높은 수준에서 지위경
쟁을 위한 사적 수단으로 인식되는 특수성을 지닌 사회이다. 복지제도 역시 한
국은 사회적 권리의 탈상품화 측면에서 보면 대체적으로 자유주의 복지국가
유형에 가까우면서도 여러 측면에서 보수적 조합주의나 사회민주주의 요소들
을 함께 지니고 있다. 뿐만 아니라 동아시아 국가들의 독특한 복지국가 유형이

존재할 가능성(Aspalter, 2006; Peng & Wong, 2010) 및 우리나라의 복지체제가 지니는 특수성(김태성, 2007; 정무권, 2009)에 대한 논의도 제기된 바 있다. 한국형 교육복지모델의 정교화를 위해서는 한국 사회에서 교육제도가 발전해 온 역사적 경로와 이것이 한국의 사회복지 제도의 발전 경로와 어떠한 사회정치적 연결성을 가지는지에 관한 함수관계에 대해 종합적이고 치밀한 탐구가 필요하다.

교육복지를 위한 제도적 기획과 실천 과정에서 다양한 형태의 현실적 제약이 존재할 수 있다는 점도 간과해서는 안 된다. 교육과 관련하여 지금까지 있어 왔던 수많은 정책적 노력은 새로운 양상의 또 다른 교육문제나 사회적 갈등요소를 만들어 내는 원인이기도 했다는 역설은 교육이라는 사회적 프로젝트가 얼마나 복잡성과 예측의 난이성을 내포하는지 환기시켜준다. 이러한 점에서 볼 때, 교육복지와 관련한 해외의 다양한 정책 사례들에 대한 체계적인 현황 파악 및 이를 바탕으로 한 구체적 정책 개발은 매우 중요한데, 이 또한 교육과 복지에 대한 사회정치적 접근에서 나타나는 탈국가적 보편성과 함께 한국적 특수성에 대한 심도 있는 검토를 바탕으로 조심스럽게 이루어질 필요가 있다. 이것이 간과될 경우 성공적인 해외 사례를 바탕으로 아무리 정교하게 설계되고 강력하게 추진되는 정책일지라도 한국의 교육복지를 둘러싼 제도환경에서 유기적 토착화가 어렵게 되거나 한국의 교육복지 제도환경을 건강한 방식으로 재구조화하는 데에는 제한적인 효과만을 가져올 가능성이 높다. 우리나라의 교육복지 정책이 효과적으로 성공하기 위해서는 한국 사회의 교육과 복지를 둘러싼 포괄적 제도 및 이를 떠받들고 있는 사회모델에 대한 충분한 고려 속에서 정책이 설계·추진되어야 한다.

참고문헌

- 김경애·김숙이·정수정·김진희·이병곤(2012). 해외 교육복지정책 연구. 서울: 한국교육개발원.
- 김정원·김경애·김민·김영삼·김효진·박인심·양병찬·이경상·이정선·이지혜·이화정·허남순·홍봉선(2010). 교육복지의 이론과 실제. 서울: 학이시습.
- 김정현(2013). 북유럽의 교육복지 법제에 관한 비교법적 연구: 종합보고서. 서울: 한국법제연구원.
- 김태성(2007). 두 개의 예외적인 복지체제 비교연구: 한국 복지국가 모형의 탐색. 서울: 서울대학교출판부.
- 노기호(2006). 독일의 교육복지정책과 법제의 동향. 법과정책연구, 6(2), 759-780.
- 노기호(2013). 북유럽의 교육복지 법제에 관한 비교법적 연구: 스웨덴. 서울: 한국법제연구원.
- 박성희(2011). 아동·청소년의 행복 보장을 위한 독일의 교육복지 개념 고찰. 한독사회과학논총, 21(2), 143-165.
- 박재윤·황준성(2008). 교육복지에 관한 법리 및 관련 법제의 현황과 과제. 교육법학연구, 20(1), 49-81.
- 박주호·김진숙·장연진·차윤경·김정덕(2013). 교육복지 개념과 이론적 토대 확립을 위한 기초연구. 서울: 교육복지정책중점연구소.
- 신광영(2011). 스웨덴의 계급과 교육. 교육비평, 30(1), 63-81.
- 안병영·김인희(2009). 교육복지정책론. 서울: 다산출판사.
- 염철현(2010). 미국 연방차원의 교육복지법 개관 및 시사점. 교육법학연구, 22(1), 71-90.
- 윤창국(2010). 미국교육복지정책의 변화: 1960년대 이후 초중등교육법 제1편을 중

심으로. 비교교육연구, 20(4), 203-226.

■ 이경희(2012). Head Start and its implications for educational welfare policy in Korea. 교육복지정책 포럼 자료집, pp. 63-87. 한양대학교 한국교육문제연구소.

■ 이윤미(2011). 평생학습과 교육복지. 교육비평, 30(1), 43-62.

■ 이은미(2007). 독일. 교육안전망지원센터 정책개발팀(편), 외국의 교육안전망 사례, pp. 71-146. 서울: 한국교육개발원.

■ 이혜영·박재윤·황준성·류방란·장명림·이봉주(2006). 교육복지에 관한 법제 연구. 서울: 교육인적자원부.

■ 정동욱(2012). 교육복지의 이론적 재구성: 대상에서 내용 중심으로. 교육복지정책 포럼 자료집, pp. 27-34. 한양대학교 한국교육문제연구소.

■ 정무권(편)(2009). 한국 복지국가 성격 논쟁 II. 서울: 인간과 복지.

■ 정혜령(2007). 스웨덴. 교육안전망지원센터 정책개발팀(편), 외국의 교육안전망 사례, pp. 1-69. 서울: 한국교육개발원.

■ 함승환·김왕준(2013). 국제 교육복지 정책 동향파악 및 현황조사 연구. 서울: 교육복지정책중점연구소.

■ 함승환·김왕준·김정덕·양경은·최경준(2014). 복지국가 유형과 교육복지의 제도적 모형. 다문화교육연구, 7(3), 135-151.

■ Arts, W., & Gelissen, J. (2002). Three worlds of welfare capitalism or more? A state-of-the-art report. *Journal of European Social Policy*, 12(2), 137-158.

■ Aspalter C. (2006). The East Asian welfare model. *International Journal of Social Welfare*, 15(4), 290-301.

■ Beblavý, M., Thum, A.-E., & Veselkova, M. (2011). *Education policy and welfare regimes in OECD countries: Social stratification and equal opportunity in education*. Brussels, Belgium: Center for European Policy Studies.

■ Boli, J., Ramirez, F. O., & Meyer, J. W. (1985). Explaining the origins and expansion of mass education. *Comparative Education Review*, 29(2), 145-170.

■ Claussen, B., & Mueller, H. (Eds.) (1990). *Political socialization of the young in East and West*. Frankfurt am Main, Germany: Peter Lang.

■ Durhkeim, E. (1956). *Education and sociology* (Trans. S. D. Fox). Glencoe, IL: Free Press.

■ Esping-Andersen, G. (2007). 복지 자본주의의 세 가지 세계(박시종 옮김). 서울:

성균관대학교 출판부.

- Fiala, R. (2006). Educational ideology and the school curriculum. In A. Benavot & C. Braslavsky (Eds.). School Knowledgy in Comparative and historical perspective (pp. 15-34). Hong Kong, China: CERC-Springer.
- Gutmann, A. (1987). *Democratic education*. Princeton, NJ: Princeton University Press.
- Hanushek, E. A., & Kimko, D. D. (2000). Schooling, labor-force quality, and the growth of nations. *American Economic Review*, 90(5), 1184-1208.
- Kamens, D. H., & McNeely, C. L. (2010). Globalization and the growth of international educational testing and national assessment. *Comparative Education Review*, 54(1), 5-25.
- Labaree, D. F. (1997). Public goods, private goods: The American struggle over educational goals. *American Educational Research Journal*, 34(1), 39-81.
- Labaree, D. F. (2010). *Someone has to fail: The zero-sum game of public schooling*. Cambridge, MA: Havard University Press.
- Langton, K. P. (1969). *Political socialization*. New York, NY: Oxford University Press.
- Levin, H. M. (2009). The economic payoff to investing in educational justice. *Educational Researcher*, 38(1), 5-20.
- OECD (2005). Definition and selection of key competencies: Executive summary. Paris, France: OECD.
- Peng, I, & Wong, J. (2010). East Asia. In F. G. Castles, S. Leibfried, J. Lewis, H. Obinger, & C. Pierson (Eds.). *The Oxford handbook of the welfare state* (pp. 656-670). New York, NY: Oxford University Press.
- Peter, T., Edgerton, J. D., & Roberts, L. W. (2010). Welfare regimes and educational inequality: A cross-national exploration. *International Studies in Sociology of Education*, 20(3), 241-264.
- Schofer, E., & Meyer, J. W. (2005). The worldwide expansion of higher education in the twentieth century. *American Sociological Review*, 70(6), 898-820.
- Tazeen, F. (2008). *Linking education policy to labor market outcomes*.

Washington, DC: World Bank.

■ Zhao, Y. (2012). *World class learners: Educating creative and entrepreneurial students*. Thousand Oaks, CA: Corwin.

제14장 Education Welfare

한국형 교육복지 모형 구축을 위한 제언

　　현재 우리 사회는 양극화가 심화되고, 계층 간 교육격차 역시 심각해지고
있다. 그동안 정부는 교육격차 심화문제에 대처하기 위해 다양한 교육복지 정
책 사업을 추진해 오고 있다. 그렇지만, 전개되고 있는 여러 가지 교육복지 사
업을 총괄하는 교육복지 모형 부재로 인해 교육복지 대상자에게 효율적인 서
비스를 제공하지 못하고 있다. 향후 선진 복지국가로 거듭 나기 위해선 한국형
교육복지 모형 구축이 필요하다. 다음에서는 미래 한국형 교육복지 모형의 구
축에 있어, 필요한 핵심적인 요인을 열거하고 그에 대한 정책적 제언을 해 보
고자 한다. 정책 제언을 위한 대상에는 교육복지 목적, 교육복지 지원 대상,
교육복지 서비스 내용 및 범위, 교육복지 서비스 이행 주체, 교육복지 자원 확
충, 교육복지 전달체계의 효율화를 포함한다.

[1.] 교육복지의 목적

한국사회에서 우리 국민의 교육에 대한 태도와 가치는 사회문화적 현상이기 때문에 단기적 정책이나, 단순한 교육정책만으로 설명 및 예측하거나 처방하기는 어렵다. 특히, 우리나라는 아직도 전통적 가족주의와 유교문화 풍토를 기반으로 한 입신양명 사상이나 제사와 족보문화가 아직도 살아 있다. 이러한 사회문화적 배경 하에서 우리 아이들은 자신만을 위한 자아실현적 존재가 아니라, 가족의 대표이고 가문의 얼굴이기 때문에 그 부모들은 자식들의 교육에 대한 투자와 더 좋은 지위를 위해 교육비를 부담할 무한한 의지를 가지고 있다. 한편, 1990년대 중반 이후 우리나라가 직면한 문제는 그동안 급속한 사회경제 발전을 해 온 과정과 맞물려 교육이 사회적 부와 지위의 세습화를 촉진하고 있다는 점이다. 한 마디로 교육이 부와 소득의 격차를 줄이는 방향으로가 아니라 오히려 확대하는 방향으로, 즉 불평등을 보다 크게 하는 방향으로 작용하고 있다는 것이 문제이다. 특히, 우리나라의 경우 그 동안 불균형적 경제성장 결과로서 소득격차가 심화되었고, 이는 우리나라 부모의 자녀교육에 대한 열정과 집착 풍토와 맞물려 교육격차를 더욱 심화시키고 있다.

2000년대 이후부터는 교육격차를 해소하기 위한 노력의 일환으로서 교육소외계층을 대상으로 지원 위주 정책에 초점을 둔 교육복지가 사회정책 분야에 화두로 등장하였다. 최근까지도 교육복지의 목적은 취약계층의 자녀나 교육소외 아동에게 교육의 기회를 적극적으로 제공함으로써 잠재적 능력을 최대한 계발하게 하여 개인의 교육적 욕구를 충족시키고 우리 사회 구성원으로서 온전히 성장·발전하도록 돕는데 있었다.

한편, 여전히 상당수 학생 및 아동들은 그들의 삶에서 심각한 심리·정서·사회적 문제들을 겪고 있다. 일반 아동들에게서도 정서적 문제가 상존하고, 도시지역은 과도한 학력경쟁 속에서 사교육과 음성적 불법과외가 성행하고 있다. 농어촌학교의 학생들은 양질의 방과 후 수업기회조차 받기 힘든 상황이고, 사회저변에 확산된 빈곤계층의 학생, 다문화 가족 자녀, 탈북학생과 함께 교육소외의 새로운 사각지대가 심화되고 있다. 이와 더불어 이들 교육복지 대상 아동이나 학생들에게 나타나는 문제는 외관적으로 교육기회 접근제한, 교육 부적응, 교육기회 불충분, 교육 불평등으로 나타나고 있다. 이들 문제는 단순히 학생 개인의 원인인 경우도 있지만 사회환경적 요인과 연계된 문제인 경우가 많다. 특히, 아동 및 청소년은 신체적, 인지적, 정서적, 그리고 사회환경적 측면과 상호작용 하면서 발달하기 때문에 사회에 적응하면서 독립적인 존재로서의 전인적 발달을 위해선 각 측면에서 욕구와 문제는 종합적으로 상호 연계 속에 해결되어야 한다. 따라서 교육복지 서비스는 수요자인 학생이나 대상 아동이 지닌 복합적 문제와 욕구를 해소해 주는 종합적 서비스 이행 모형 개발이 필요하다. 결과적으로 교육복지 실현은 아동이나 학생이 우리 사회에서 건강한 사회구성원으로서의 삶의 질을 향상시킬 수 있도록 하기 위해 인지적 발달, 정서적 발달, 사회적 발달, 직업적 발달, 신체적 발달을 위해 종합적이고 지속적인 서비스를 제공하는 것이어야 한다.

궁극적으로 교육복지 목적은 소외·취약계층 학생들을 포함해서 모든 학생들이 미래사회 핵심인재로 성장할 수 있도록 지원하고, 우리나라 사회가 지속가능한 성장을 하도록 사회적 투자(social investment)관점을 지향하는 접근이 필요하다. 이제부터는 모든 학생들이 능력 개발을 최대화할 수 있는 적극적 교육복지 정책으로 전환이 요청되는 시점이기도 하다. 이를 위해서는 교육복지 수요를 체계적·적극적으로 발굴하고, 서로 다른 교육복지 수요를 체계적으로 분석하여 해당 학생이나 아동에게 맞춤형 교육 지원 강화책이 필요하다.

지금까지 우리나라에서 교육복지는 심화된 교육격차와 교육기회의 불평등으로 인해 발생되는 제반문제 해결에 초점을 두고 있다. 이에 따라, 교육복지의 서비스 대상이 누구냐의 경우, 이는 교육격차 기준과 불평등 기준을 기반으로 한 상대적인 문제였다. 교육복지의 서비스 대상은 교육격차를 파생시키는 각종 원인을 지니고 있거나, 상대적으로 교육격차의 범위에 포함된 아동이나 학생으로 간주되었다. 구체적으로 교육복지는 교육적 취약계층 학생이나 교육소외 그룹을 대상으로 하고, 이들에 대한 우선적 지원이 핵심이었다. 특히, 교육 실제에서 교육복지는 그 지원 대상 아동이나 학생이 지닌 특정 결함을 개선하기 위해서 교정적(corrective)이거나 보상적 접근에 초점을 두고 있었다. 이러한 맥락에서 볼 때, 교육복지 대상은 사회경제적 취약계층의 학생뿐만 아니라, 농어촌 아동·청소년, 다문화 가정의 아동·청소년, 북한이탈 아동·청소년, 학업중단 아동·청소년, 개인특성·가족문제·또래관계·학교·사회환경으로 인한 학교부적응 학생에 이르기까지 다양한 교육격차를 경험하고 있는 아동·청소년을 포함하고 있다.

　　현재까지 교육복지 지원 대상은 교육에서 형평성 가치 실현과 취약계층 아동이나 청소년의 전인적 인권 보장 차원에서 우선 지원자로서 선별되어 왔었다. 즉, 교육복지 대상의 경우 상대적으로 우선 지원 대상이라는 사회적 가치가 핵심 기반으로 자리 잡아 왔다는 점이다. 이러한 맥락에서 볼 때 교육복지는 모든 아동이나 모든 학생을 지원 대상으로 하고 있기 보다는, 교육격차라는 결함을 개선하거나 부적응 또는 교정적(corrective)인 수요를 가진 특정 아동 및 학생에 대한 보상적 서비스가 핵심이었다. 특히, 교육복지가 주로 공적인 서비스 활동으로 간주되어 왔기 때문에, 교육복지를 위한 재화와 용역은 정부 재정을 기반으로 하고 있어, 재원의 한계가 분명하다는 사실이다. 이에 따라, 무엇보다도 교육복지의 지원 대상의 문제는 지출 재원의 한계로 인해 형평성 보장 차원에서 상대적 우선순위 원리가 적용되는 것이 불가피하다.

한편, 복지수준이 높아지고 선진화되는 미래사회의 경우 교육 및 복지재정이 지금보다 훨씬 확대될 것을 예상할 수 있다. 이러한 경우, 향후 교육복지는 통합적·예방적 차원에서 지원적이고, 투자적 접근 패러다임으로 변화될 것이 분명하다. 이에 따라 미래사회에서는 궁극적으로 교육복지 대상이 선별적 차원의 우선적 복지 수요를 지닌 특정계층 학생을 넘어 점차 일반 학생들까지도 포함될 것이라는 것이다. 이와 유사한 맥락에서 정동욱(2011)은 학교교육에 적응을 하지 못해서 이탈한 청소년들과 수업에서의 차별과 낙인효과로 인해 학교수업에 만족하지 못하는 학생들 뿐만 아니라, 교육결과 요소와 관련하여 정상적으로 학교교육을 받았다고 하더라도 최소한의 학업성취를 보이지 못한 일반 학생들 역시 교육복지의 대상이 되어야 한다는 점을 강조하였다. 아울러 그는 사회생활에 필요한 기본적인 기능을 익히지 못한 성인, 과거 학교교육으로부터 소외된 성인들까지 교육복지의 대상에 포함되어야 함을 주장한다.

[3.] 교육복지 서비스 내용 및 범위

우리나라의 경우 헌법과 교육기본법에 의거 모든 국민은 평생 학습권이 보장되어 있다. 즉, 모든 국민은 인간으로서 전 생애에 걸쳐 필요한 교육적 지원 서비스를 제공 받는 것이 법적으로 당연하다. 이에 따라 전 생애에 걸쳐 교육복지가 실현되기 위해선 특정지역이나, 특정학교 중심만의 교육복지 서비스 제공을 넘어, 개별 아동이나 학생 중심 교육복지 서비스가 제공될 필요가 있다. 개별 아동이나 학생이 전 생애에 거쳐 교육사다리를 올라가는 동안 지속적으로 교육복지 서비스가 보장되어야 한다.

구체적으로 정동욱(2011)의 정리에 따르면, 교육복지는 실제로 현실화하는 과정에서 교육의 투입(input)-과정(process)-산출(output) 중 어느 부분에 강조를 둘 것인지에 대해서 투입, 과정, 산출 모두에 관심을 두어야 한다는 사실이다. 그러나 현재까지 교육복지 실제에서 주된 관심은 교육복지의 지원 내용이 교육의 투입요소에 초점이 맞추어져 왔다는 점이다. 출발선에서의 형평성에 대한 관심을 비롯하여 학교교육을 받기 위한 기본적인 여건을 보장해야 한다는 측면에서 인적·물적 재원의 투입을 강조하였다. 한편, 시대적 여건 변화에 따라 출발선 상에서의 동등한 여건 보장이라는 교육의 투입에 대한 초점보다는 일정한 학업성취의 보장이라는 결과에 보다 더 관심을 두어야 한다는 의견도 있다. 이혜영(2002)의 경우, 교육복지의 지원 내용과 그 범위와 관련하여 다음과 같이 시대 변화별 지원 초점의 차이를 언급하고 있다. 우선, 교육기회가 일부 상류계층에 제한되어 있던 과거 시절의 경우, 교육복지는 교육기회의 확대에 초점을 두었다. 교육기회가 어느 정도 확대된 이후의 경우, 교육복지는 지역이나 계층에 관계없이 모든 학교의 조건을 동등하게 갖추도록 지원하는 것이 핵심이었다. 최근의 경우, 교육복지는 낮은 학습성취를 보이는 학생에 대한 지원, 학교부적응 학생에 대한 배려 등을 통해 모든 학생이 일정 수준의 교육성취에 도달하도록 지원하는 것이 핵심 내용이라는 것을 강조하고 있다. 또한, 교육복지에서 그 지원 범위를 결과적인 차원에서 반드시 모든 학생들이 보장받아야 할 최소한의 기초교육 수준(national minimum)이라고 주장하는 경우도 있다(김인희, 2006; 류방란·이혜영·김미란·김성식, 2006; 김은선, 2009). 이 경우는 모든 학생들이 유의미한 교육여건 및 과정을 통해 형성하게 되는 기초적인 교육수준을 보장하도록 지원하는 것이 바로 교육복지라는 시각이다.

　실제로 교육복지가 지원 대상 아동이나 학생에게 어느 수준까지 그 서비스를 제공하고 보장해야 하는가? 이는 교육복지 서비스 이행 내용 및 범위 보장 문제이다. 즉, 교육복지 서비스가 실제 지원 목적을 달성했는가라는 결과 실현의 문제는 아니다. 이러한 견지에서 보면, 교육복지 서비스가 교수학습만을 포함하는 서비스인가, 아니면 교수학습이 유의미하고 충실하게 이루어지도록 그 여건을 지원하는 각종 부가적 서비스인가를 구분해서 그 보장 내용과 범위를 살펴보는 것이 보다 분명한 결론을 이끌어 낼 수 있다. 우선, 직접적인 교수학습을 포함하는 교육복지 서비스의 경우, 최대보장 원칙이 적용되어야 할 것이다. 구체적으로 교육의 투입, 과정 및 산출에 이르기까지 모든 기회가 평등하게 보장되도록 지원 내용과 범위가 최대로 확장되어야 할 당위성이 요구된다는 점이다. 반면에 교수학습 여건을 지원하는 각종 부가적 교육복지 서비스의 경우, 즉 저소득층에 대한 학습보조 자료비 지원, 정보화 지원, 급식비나 의료 및 보건 서비스 지원의 경우, 국민적 합의에 의해 최소한의 일정 수준까지만 지원해야 하는 당위성 원칙이 있다는 점이다. 후자의 경우 아동이나 학생의 인권보장 차원에서 최소 여건 보장의 원칙을 유지하는 반면, 전자는 교육의 기본 원리에 따라 대상 아동이나 학생 개개인이 지닌 개인차를 고려하여 그에 적합한 교육 서비스를 최대한 제공하는 원칙이 지배한다는 사실이다.

　교육복지의 지원 내용과 범위와 관련해서 정동욱(2011)은 교육복지를 통해 궁극적으로 달성해야 하는 최소한의 절대적 기준(national minimum)에 대한 구체화 과정을 통해서 그 답이 찾아질 수 있다는 점을 주장한다. 즉, 그에 따르면, '최소한의 기준'은 교육복지에서의 지원 내용인 '무엇'에 해당하며, '절대적'이라는 용어는 어느 수준까지 해당 기준을 달성해야 하는 것인가를 내포하고 있다는 점이다. 궁극적으로 교육복지의 내용은 인간의 존엄성을 근간으로 한 학습권에 대한 충분한 보장이고, 이러한 보장의 기준에는 일정한 사회적 합의를 통해 최소한 절대적 기준이 정의된다는 사실이다. 분명한 한 가지 사실은 상대적으로 소외계층에 대한 지원과 투자로 간주되던 종전 교육복지의 내용 영역이 점차 교육과정, 수업의 질, 학업성취 등과 같은 교육의 과정 및 결과 영역까지로 확대되고 있다는 점이다(정동욱, 2011).

4. 교육복지 서비스 이행 주체

교육복지 최종 수요자는 학생이고, 교육복지 서비스 이행의 종착지가 학교라는 점은 일반적인 사실이다. 학교를 중심으로 집행되는 교육복지에서 누가 교육복지 이행 주체인가? 구체적으로 학교에서 교육복지 서비스 이행에 있어, 교육복지 서비스 수행 주체의 경우 학교장인가, 지역사회전문가(사회복지사)인가, 아니면 교사인가가 쟁점이다. 궁극적으로 교육복지 이행 주체의 문제는 위에서 논의한 교육복지 서비스 내용 및 범위와 일맥상통한 점이 있다. 학교에서 이행되고 있는 교육복지 내용이 교수-학습 지원에서부터, 심리 정서 발달 지원, 원활한 교수학습 활동이 이루어지도록 하는 교육여건을 지원하는 각종 복지 서비스(예, 학습보조 자료 지원, 급식 지원, 문화 활동 지원, 의료 및 보건 서비스 등)까지를 포함하고 있다. 이들 다양한 교육복지 서비스 내용들이 각각 구분되어 별개로 이행되기도 하지만, 각 서비스 내용이 상호 연계되거나 중첩되어 이행되기 때문에 학교 내에서 교육복지 이행 주체의 문제가 발생하고 있다. 굳이 이행 주체를 구분해 본다면, 교육복지 대상 아동 및 학생에 대한 교수학습 지원 및 심리 정서 발달 지원의 주체는 교사이다. 그리고 교수학습 및 심리 정서 발달 지원 이외의 부가적 복지 서비스 이행 주체는 학교사회복지사(지역사회전문가 또는 사회복지사)라고 볼 수 있다.

한편, 교육복지 서비스는 대상 아동 및 학생의 어떤 특정한 면에 대한 파편적이고 부분적 지원이 아니라, 전 인간적인 총체적 지원의 성격을 지니고 있다. 이에 따라 교육복지 대상 아동이나 학생이 지닌 문제, 상처, 또는 아픔은 개별적인 상황을 넘어 학교현장에서 종합적으로 문제를 접근하고 관리되어야 한다. 특히, 장기적이고 복합적인 욕구와 문제를 가진 개별 학생을 지속적인 책임을 가지고 다양한 서비스를 통합적으로 제공 연계하고 문제해결 과정을 모니터링하여 종합적으로 관리해 가는 것이 필요시 된다. 실제, 교육복지 대상의 문제는 단순히 학생 개인의 문제인 경우도 있지만 사회환경적 요인과 연계된 문제인 경우가 많다. 따라서 교육복지는 기초지식 습득 관련 사항, 수업료 및 급식비 부족 등 경제적 요인, 심리사회적 문제, 무단결석 및 학업성적 부진 등 학교부적응 문제, 상급학교 진학 어려움 등을 포괄적으로 다루어야 한다. 또한 단순히 교수학습을 위한 교육기회 보장뿐 아니라 신체적 건강, 정서적 안정, 문화적 소양, 사회성 향상 등 아동의 건강한 성장과 발달을 위해 다양한 서비스와 프로그램이 필요시 된다.

이처럼 교육복지 서비스가 전 인간적인 총체적 지원의 성격을 가지기 때문에서 학교 내에서 교육복지 이행의 주체는 어느 특정 직위자만이 아니라, 학교 구성원 전체라고 보아야 한다. 교사 및 학교사회복지사를 포함하여 전체 학교 구성원이 연계 협력할 때 교육복지 서비스가 효과적이고 효율적으로 이행될 수 있다는 사실이다. 한편, 학교 내에서 통상 학교장과 교사는 교육복지의 이론과 실제에 대한 전문성이 부족하여 교육복지를 학교교육 활동으로 보지 않는 경향도 있다. 반면에 지역사회전문가(사회복지사)는 교육이론과 실제에 대한 전문성이 미약하여 해당 교사와 연계 협력을 통해 교육복지 서비스를 성공적으로 이행하지 못한 경우도 있다(박주호 외, 2013). 학교 내에서 교육복지의 원활한 이행과 그 서비스의 질 제고를 위해 이해관계자 모두 교육복지에 대한 이해를 높이고 교육과 사회복지 분야 관련 지식 및 기술 습득이 필요하다. 보다 구체적으로 향후 교원 양성 과정에 교육복지 관련 학습내용이 포함되어야 하고, 기존 교원의 경우, 재 교육 프로그램을 통해서 교육복지에 대한 이해를 제고하는 등 교육복지 역량 강화가 필요하다. 아울러 가칭 교육복지사 자격증제도를 도입하여 기존 사회복지사들이게 미흡한 학교조직, 교수학습, 아동 발달 관련 지식, 기술 및 태도 함양도 요구된다.

[5. 교육복지 자원 확충

　　오늘날 학생이 직면한 다양한 교육적·사회적 문제를 대처하기는 학교 자체 역량만으로 부족하다(Driscoll & Goldring, 2003). 이는 학교교육 기능이 확대되고 다양화된 오늘날, 학교교육(schooling)은 더 이상 학교와 교사만에 의한 전유물이 아니 다는 점을 시사하고 있다. 학교교육은 가정 및 사회적 관계 맥락 속에서 존재한다는 사실이다(Dodd, & Konzal, 2002). 이러한 맥락은 성공적인 학교교육과 학생의 교육복지를 위해 학교들로 하여금 종전의 폐쇄적 배타성을 극복하고 지역사회와 가정과 관계에 있어 개방적 관계유지를 불가피하게 하고 있다. 즉, 학교 내에서 개별 아동의 교육문제를 효율적으로 처방하기 위해선 가정 및 사회와 상호작용이 필요하다는 것이다. 우리나라 학교들의 경우, 과거 70년대까지만 해도 교사가 가정방문을 통해 학생의 교육여건을 파악하여 학교교육을 수행하였으나, 현재는 과열경쟁과 촌지문제 등으로 인해 학교는 가정과 사회로부터 격리된 채 운영되어 오고 있다.
　　교육복지 요구의 대처는 단순히 학교나 교육당국만의 노력으로 완전히 해결될 수 없다는 사실이다. 즉, 교육복지의 성공적 실현을 위해 건전하고 열린 학교 문화 조성이 필요한 시점이다. 교육복지전문가(가칭 학교사회복지사)

등 다양한 이해관계자가 학교교육에 참여하고, 함께 학생문제를 대처하는 풍토를 조성해야 한다. 교육복지 대상 아동이 가진 문제(e.g., 경제적, 가정적, 신체적, 정서적 문제 등)는 복합적이어서 교사나 학교자체 역량만으로 해결되지 못한 경우가 많다. 무엇보다 학교장과 교사 및 교육복지전문가 간에 상호 긴밀한 의사소통이 중요이다.

한편, 문제는 교육복지 수요가 높은 빈곤층 지역일수록 학교와 지역사회가 서로 단절되어 있거나, 상호 불신 상태에 있어 지역사회가 교육복지 대상 학생을 지원하고 제대로 돌보아 주지 못하고 있는 점이다(Allen-Meares, 2007). 이러한 점은 교육복지 수요가 높은 지역 학교의 교육복지 대상 아동이나 학생을 위해 각종 지역사회 단체의 적극적 학교교육 참여와 지원이 요망된다는 사실이다. 구체적으로 가정 파탄 학생 또는 가출 학생 등은 학교가 지역의 사회복지 단체, 사회복지사, 자선가 등과 연계하거나, 건전한 가정에 입양 주선 또는 결연사업 등을 통하여 지속적인 경제적·정서적 돌봄 활동이 요망된다. 또한, 학교는 지역사회의 체육시설, 의료시설, 문화시설, 교회시설 등을 활용하여 교육복지 대상 학생이 학업, 체육, 예술, 인성 개발 등에서 도움을 받도록, 교육복지 종합 서비스를 제공하는 것이 필요하다.

담세 범위 내의 정부예산에 의한 교육복지 자원만으로는 다양하고 수많은 교육복지 서비스 요구를 충족하기에는 부족하다. 지역의 각종 사회단체 및 봉사기관의 참여를 통해 교육복지 자원 확충이 요구된다. 민간 영역인 기업, 사회복지단체 및 지역사회 단체가 보유한 교육적 자원을 학생의 교육복지를 위해 학교 내로 적극적으로 끌어 들일 수 있도록 참여 인센티브를 제도화할 필요도 있고 적극적 시민운동도 요망된다.

우리나라 정부예산은 교육부문과 사회복지가 구분되어 있는 구조이다. 또한, 아동 및 학생을 대상으로 교육복지가 해당 부처별로 독자적인 사업과 사업비 집행구조 하에 운영되고 있다. 학교 내 아동 및 학생을 위한 각종 교육복지 사업은 지방 교육청을 통로로 해서 교육부가 전담하고 있고, 학교 밖 청소년을 위한 교육복지 사업은 주로 여성가족부 예산구조 하에 집행되고 있다. 또한, 성장 및 복지여건이 취약한 아동 대상의 경우 보건복지부가 지방행정관청을 통해서 교육복지 사업을 수행하고 있다. 이렇게 별개의 사업 기획과 개별적 예산집행 구조는 우리나라에서 교육복지 서비스가 비효율적 이행이 이루어질 경향성이 높다. 교육복지 관계자 실제 조사에 있어서도 교육복지의 사각지대와 중복 및 편중이 발생하게 된 원인을 ‘교육복지 관련 사업을 시행하는 법·행정체계 또는 부처의 분산’과 ‘교육복지 관련 사업 수행 기관들 간의 소통 및 협력 부족’을 가장 우선으로 꼽았다(박주호 외, 2013).

　　정부예산 지원 영역으로만 보면, 교육예산은 교육 서비스가 우선 지원되는 영역이고, 사회복지 예산 지원은 복지 대상에 대한 복지 서비스가 지원되는 영역이다. 교육복지의 경우 그 서비스 내용이 교수학습이나 정서 발달 지원에 초점을 둔 사업은 교육예산에 포함되는 경우가 많고, 서비스 지원 내용이 직접적으로 교수학습만이 아니라, 교수학습(교육)을 위한 여건 지원인 경우나, 아동이나 학생의 순수한 생활복지 지원 분야인 급식, 보육, 보건의료, 기초 생활품 지원 등의 교육복지는 교육부 이외의 부처(보건복지부, 여가부 등)가 주관하고 있다. 문제는 이들 교육복지 지원 서비스가 최종 수혜 대상이 주로 학교에 소속된 아동이나 학생인 경우 각 서비스가 효율적으로 원활하게 연계하여 복지 수혜 시너지가 발휘되고 있지 못하다. 서비스 중복이나 편중은 물론 사각지대를 만들어 내는 원인이 된다는 점이다(이혜영 외, 2011). 구체적으로 김정원 외 (2008)는 여러 부처에서 교육복지 관련 사업을 실시하고 있는데 동일 대상에 대해 상이한 기준을 적용하는 경우가 있다는 문제를 지적하고 있다. 유사한 의미에서 김경애(2011)의 경우도 사업 목적, 예산, 평가 등에서 각기 별개의 여러 교육복지정책 사업이 부처별로 따로, 그리고 시기를 달리하여 학교와 지역에 배정되기 때문에 현장에서 이들을 유기적으로 연계하여 전달하기 어렵다는 점을 지적하고 있다.

이러한 맥락에서 볼 때, 현재 우리나라 교육복지 전달체계에 있어 협력과 연계구조가 필요하다는 사실이다. 이를 위해 중앙정부 차원에서 우선 각 부처 간에 업무 조정과 연계를 통해서 거시적 차원으로 교육복지의 큰 그림을 그리고, 후속으로 교육복지 관련 정책 입안, 위원회 구성, 시스템 구축 등이 필요하다(장덕호, 2012; 정동욱, 2011). 그 다음으로 지역사회 수준에서는 주로 지역의 특수성을 고려한 지역교육복지체제의 수립, 지역사회와 학교 및 유관 기관과의 네트워크 및 파트너십 구축이 요망된다. 이를 위해서 구체적으로 중앙과 지방 차원에서 효율적인 교육복지 전달체계 구축을 위한 협치 이행구조 형성을 제안한다. 현재 교육복지는 중앙정부 차원에서 각 부처별 사일로(Silo) 형태로 서비스가 분산 집행되고 있다. 향후에는 기존 사일로 형태의 교육복지 집행구조를 탈피하여 각 부처가 연계협력을 하도록 범정부 교육복지협의회 체제를 마련하여, 이 협의회를 통해 다양한 교육복지 사업이 기획 단계부터 지원 대상, 지원 기준, 지원 내용 등을 조율하도록 하는 것이 필요하다. 아울러 지역 단위에서도 협치 행정위원회체제를 마련하여 교육복지 서비스 집행의 효율화를 위해 일원화된 의사결정기구 마련이 요망된다. 향후 교육복지 전달체제를 〈그림 14-1〉과 같이 현행 '사일로(Silo)' 모형에서 중앙과 지역 단위 수준에서 협치행정을 위한 관계중앙부처 및 지방 기관이 참여하는 위원회가 동반

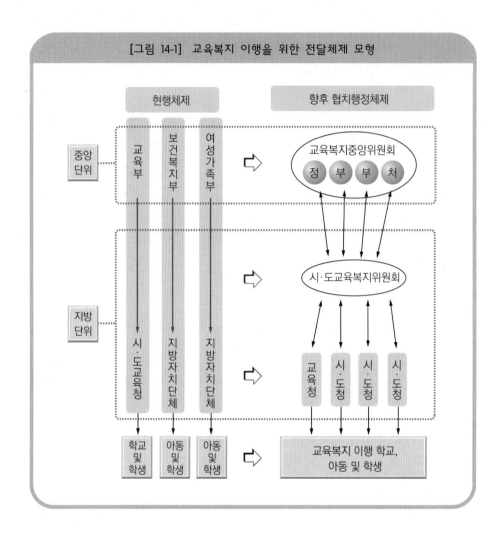

[그림 14-1] 교육복지 이행을 위한 전달체제 모형

현행체제

향후 협치행정체제

중앙
단위

교육부 / 보건복지부 / 여성가족부 → 교육복지중앙위원회 (정·부·부·처)

지방
단위

시·도교육청 / 지방자치단체 / 지방자치단체 → 시·도교육복지위원회

교육청 · 시·도청 · 시·도청 · 시·도청

학교 및 학생 / 아동 및 학생 / 아동 및 학생 → 교육복지 이행 학교, 아동 및 학생

된 '모래시계(Sandglass)' 모형의 교육복지 전달체제 모형으로 전환할 것을 제
안한다.

- 김경애(2011). 교육복지의 새로운 패러다임 모색: 현장중심의 통합적 교육복지 추진방안. 제6차 미래를 위한 교육복지 토론회 자료집. 서울: 한국교육개발원.
- 김은선(2009). 교육복지투자우선지역 지원사업의 이용자만족도에 관한 연구. 사회복지개발연구, 15(4). 351-382.
- 김인희(2006). 교육복지의 개념에 관한 고찰. 교육행정학연구, 24(3), 289-314.
- 김정원·김성식·김원경·김홍원·김홍주·문무경(2008), 교육복지 마스터플랜 수립연구, 한국교육개발원.
- 류방란·이혜영·김미란·김성식(2006). 한국 사회 교육복지지표 개발 및 교육격차분석-교육복지지표 개발. 한국교육개발원.
- 박주호·김진숙·장연진·김정덕(2013) 교육복지 전달체계의 효율성 제고방안: 중복, 편중, 사각지대 개선을 중심으로. 교육복지정책중점연구소. 연구보고서 CR 2013-02.
- 박주호·김진숙·장연진·차윤경·김정덕(2013). 교육복지 개념과 이론적 토대 확립을 위한 기초연구. 교육복지정책중점연구소. 기본연구보고서 RR 2013-01.
- 이혜영(2002). 교육복지정책. 한국교육평론.
- 이혜영 외(2011). 교육환경전망과 정책적 대응방안. 한국교육개발원.
- 장덕호(2012). 미래지향적 교육복지 정책의 방향과 과제. 서울: 한국교육개발원.
- 정동욱(2011). 교육복지정책의 쟁점과 추진방향 연구. 한국인적자원연구센터. 연구과제 KHR 2011-5.
- Allen-Meares, P. (2007). *Social work services in schools*(5th ed.) Boston: Allyn & Bacon.
- Dodd, A. W., & Konzal, J. L. (2002). *How communities build stronger schools:*

stories, strategies, and promising practices for educating every child. New York, NY: Palgrave Macmillan.

■ Driscoll, M. E., & Goldring, E. B.(2003). Schools and communities as contexts for student learning: new directions of research in educational leadership. Presented on April 22, *2003 at the annual meeting of AERA.* IL: Chicago.

찾아보기

편저자 약력

박주호

현재 한양대학교 교육학과 교수, 교육복지 정책중점연구소 소장
연세대학교 교육학과 및 행정학과 학사, 미 The Univ. of Georgia 석사,
　미 The Univ. of Georgia 박사
제35회 행정고시 합격, 교육부 지식정보정책과장, 학술진흥과장 및 대학지원과장 등 역임

교육복지의 논의: 쟁점, 과제 및 전망

초판인쇄　　2014년 12월　5일
초판발행　　2014년 12월 15일

편저자　　　박주호
펴낸이　　　안상준

편　집　　　김선민·김효선
기획/마케팅　이선경
표지디자인　최은정
제　작　　　우인도·고철민

펴낸곳　　　(주)**박영story**
　　　　　　서울특별시 금천구 가산디지털2로 53
　　　　　　등록 2014. 2. 12. 제2014-000009호
전　화　　　02)733-6771
f a x　　　02)736-4818
e-mail　　　pys@pybook.co.kr
homepage　　www.pybook.co.kr
ISBN　　　　979-11-85754-09-3　93370

정　가　　　18,000원